LA BATALLA
ESPIRITUAL

*Lecciones de Liberación
de Cautividad Espiritual
a Libertad en Cristo*

STELLA DAVIS

Traducido por María Teresa Álvarez

Editado por Juan Carlos Ortiz-Falcón

Immaculate Heart Press

Imprimátur:

Yo, Víctor Tamayo, Obispo Auxiliar de Barranquilla, doy el imprimátur a este libro y lo recomiendo como un libro excelente, para que sirva como guía de crecimiento espiritual personal y como herramienta para ayudar a otros en su fe.

Víctor Tamayo Betancourt
Obispo Auxiliar de Barranquilla, Colombia, S.A.
Febrero 26, 2010

CONTENIDO

Prólogo

AHORA EN SUS OCHENTAS, Stella Davis ha servido a Dios, a su familia y a la Iglesia la mayor parte de su vida. En este libro nos detalla lecciones de la batalla espiritual que no se encuentran en ninguna otra parte, y nos narra su jornada de fe desde su devota niñez, atraves de su sagrado matrimonio, y culminando en los pasados treintaicinco años de trabajo como una Evangelista Católica Romana. Stella Davis ha viajado alrededor del mundo enseñando, sanando y ejerciendo liberaciones espirituales.

A manera de trasfondo, les diré que conocí a Stella Davis en 1994. En esa época, yo empezaba a ayudar a personas que pertenecían a los grupos de la Nueva Era, quienes sufrían traumas espirituales y psicológicos serios, debido a su incursión en el ocultismo. Yo misma había sido curandera de la Nueva Era en la década de los ochentas y había sido inicialmente liberada de esta secta del ocultismo atraves de las oraciones milagrosas de un Sacerdote muy humilde quien servía en el ministerio de sanación espiritual. Sin embargo, dado a que por muchos años yo no había recibido la liberación que necesitaba, todavía en mi quedaban vestigios de ataduras y opresiones que necesitaban una liberación espiritual profunda.

En 1994, una amiga me habló de una evangelista Católica llamada Stella Davis, quien tenía el carisma de hablar en las lenguas de los países extranjeros que ella visitaba durante sus misiones de enseñanza y sanación. Decidí llamarla y luego me reuní con ella. Inmediatamente después empecé a asistir a los desayunos de oración bimensuales que ella dirigía y también empecé a referirle a ella mucha gente para que les diera consejería, sanación y liberación. En estos últimos quince años, yo misma he recibido los beneficios de las sanaciones y liberaciones a través de las manos de Stella, ya que yo tenía en mi muchas cicatrices debido a mis batallas espirituales y a mis debilidades personales en el ministerio en que sirvo y en mi diario caminar de vida Cristiana.

El propósito de Stella al escribir este libro, el cual es la secuencia de su primer libro, Giving God the Praise (Dándole la Alabanza a Dios), es para transmitir enseñanzas sobre la batalla espiritual, tanto a sacerdotes como a laicos, a través de la narración de sus experiencias propias y las experiencias de su equipo de servicio. Como veterana que es en el ministerio de liberación espiritual, Stella se dio cuenta que varios textos que ella había leído, y que están disponibles al público y a sacerdotes, no tratan el tema con la debida profundidad que ella cree debería tratarse, especialmente en esta época donde el mal ha aumentado en el mundo, y donde la necesidad de saber cómo combatirlo es tan grande.

Stella pasó mucho tiempo en oración preparándose para escribir este libro, y el texto resultante prueba ser un compendio importante de lecciones que ella ha aprendido durante muchos años de ministerio. Se me pidió que editara el texto el año pasado. Después de leerlo, sin embargo, me di cuenta que, aunque es meticuloso, incluía solamente una pequeña porción de las lecciones que otra gente y yo habíamos aprendido de Stella Davis como testigos de su vida y de su ministerio. Otras personas y yo la convencimos de que no queríamos que estas lecciones se las llevara a la tumba cuando muriera. ¡Necesitábamos dar a conocer más información a otras personas que la necesitaran!

Por eso durante las fiestas Navideñas del año 2006 Stella y yo nos encontramos sentadas junto al fuego de la chimenea de la sala de su casa en Alexandria, Virginia, con una grabadora y una taza de té. De ahí acumulamos el equivalente a una semana de preguntas y respuestas en muchísimas cintas para grabar de 90 minutos cada una. Estas conversaciones se convirtieron en este libro.

Las siguientes páginas están llenas de sus propias narraciones sobre su servicio de ministerio al pueblo de Dios. Estas historias sorprenderán a los curiosos, convertirán a los incrédulos, e inspirarán a aquellos que desean vivir vidas santas de amor y servicio. Mientras que los carismas de Stella Davis son muchos y son dramáticos, su actitud siempre ha sido que ella no hace nada sino lo que cualquiera podría hacer a través del poder del Espíritu Santo.

Hay un dicho antiguo que dice: "Cuando un ladrón encuentra a un santo, sólo se fija en sus bolsillos." Mi deseo para este libro es que Stella sea reconocida como una muestra para nuestros tiempos y como una testigo fuerte para los creyentes del próximo siglo. Ella es una mujer que hace trabajo que por siglos se ha considerado casi totalmente exclusivo para Sacerdotes. Su testimonio nos dice que el Espíritu se mueve a donde Él quiere, y que todos los Católicos estamos llamados a usar los carismas que se nos ha dado el Espíritu para el servicio del Evangelio. Los retos que confronta la Iglesia y el mundo hoy en día se vencerán a través de las gracias necesarias para construir el Reino. Pero, primeramente debemos tener ojos para ver y oídos para oír lo que el Espíritu nos trata de enseñar y dar. Se dice que la presunción es el pecado más grande pues detiene la acción del Espíritu Santo antes de que tenga oportunidad de obrar Sus milagros. ¡El dejar la incredulidad a un lado mientras se lee este libro permitirá a los lectores un mayor entendimiento y le dará oportunidad al Espíritu de Dios a que fluya! La teología de Stella es simple: creamos lo que la Biblia dice que Dios es y puede hacer; creamos lo que dice la Biblia que somos y podemos hacer y vivámoslo. Yo he visto por mi misma lo que esta simple fórmula puede hacer.

Quisiera relatar brevemente un incidente, el cual fue mi introducción a los carismas de Stella. Había vivido en España de pequeña y por lo tanto puedo hablar muy buen Español. En 1996 regresé a España en una misión con Stella Davis y un grupo de mujeres a una parroquia de escasos recursos en Madrid. En esa época, España sufría un contragolpe de liberalismo luego del final del régimen de Franco. Las drogas y el sexo estaban diezmando los niños y las familias. Las personas que vinieron a la misión de Stella pedían por intenciones que eran realmente abrumadoras y le rompían el corazón a cualquiera.

Durante la misión, serví como intérprete sustituta y por lo tanto sabía de seguro que Stella ni podía entender ni habar Español. Le causaba un gran dolor a ella no poder entender las plegarias de la gente que le rodeaba y le pedía ayuda. Sin embargo, en cierto momento durante un servicio de sanación, por algunos veinte minutos Stella empezó a hablar un Español perfecto desde el púlpito. Dio una profecía procedente de Dios Padre, quien tenía un mensaje de consolación para todos los padres de familia presentes ahí en esa noche. La profecía era que El, Dios Padre, amaba a sus hijos y que El los rescataría. Era uno de los momentos de gracia más conmovedores y significativos que he experimentado en mi vida. Al mismo tiempo que esta escena de gracia sucedía al frente de la iglesia, había otra escena desenvolviéndose en la parte trasera de la iglesia. Los seminaristas locales habían oído hablar de una "trabajadora de maravillas" y vinieron a observarla. Jalaron sillas en la parte posterior de la iglesia y encorvados, se sentaron con la barbilla recargada en las manos. Sus caras revelaban una sospecha perpleja.

Las lecciones en estas páginas también contienen muchas promesas para el liderazgo de la iglesia. Como ferviente defensora de los dones y dignidad del Sacerdocio, Stella en su propia forma humilde ha intentado ser una madre espiritual para sacerdotes que se entrenan con ella o por ella, mostrándoles que el liderazgo debe de nacer del corazón, con las rodillas y la cabeza dobladas en servicio. Solamente en sometimiento total al Espíritu Santo y a los carismas del sacerdocio, podría un sacerdote hablar y trabajar con verdadera autoridad.

Durante la grabación de esta entrevista, Stella invirtió mucho tiempo preocupándose por los detalles de la preparación de comida y manteniéndome entretenida. Con frecuencia nos detuvimos para hacer trabajos espirituales o corporales de misericordia: visitar en un hospital a una ex-prisionera que padecía de cáncer, para orar por las personas que llamaban por teléfono a todas horas del día o de la noche; para abrir la puerta a las 11 p.m. a orar por un hombre consternado buscando liberación.

El corazón del Ministerio de Stella, sin embargo, son las

sesiones de oración y liberación que toman lugar en su casa~en una capilla~ los Lunes por la mañana y que, con frecuencia, se extienden hasta la tarde. Stella y su equipo de liberación primero van a Misa por las mañanas en sus respectivas parroquias. Luego se encuentran en la capilla de la casa de Stella donde hacen oraciones y canciones de alabanza. A aquellos que tienen necesidad de liberación y quienes han recibido consejería previamente, se les lleva a otra habitación donde Stella y su equipo de liberación y quienes están en ayuno inician el proceso de liberación. En la capilla se quedan un grupo de damas fieles, quienes rezan La Coronilla a la Divina Misericordia de manera consecutiva hasta que la liberación o liberaciones terminan. Esta Coronilla está comprobada ser una oración poderosa durante una liberación.

Más detalles sobre estas liberaciones están incluidos en las páginas más a delante. Aunque me gustaría agregar una sola observación. Habiendo presenciado estas sesiones de liberación durante los años, he notado cómo Stella frecuentemente abraza a las personas a quienes está liberando mientras les expulsa los malos espíritus, justo como una madre abrazaría a un hijo, con amor y ternura. En una ocasión la cuestioné sobre este tema ya que pensaba que podría ser dañino para ella. Ella me contestó que el demonio odia estar cerca de una persona bautizada y con La Sagrada Eucaristía dentro de ella.

Este es el tipo de poder en el que a Stella le gustaría que nosotros creyéramos y usáramos. Este es un modelo de autoridad y del correcto uso de poder que la Iglesia puede usar como fundación mientras se recupera de su reciente crisis de liderazgo y confianza, la cual ha dañado profundamente la causa de la Nueva Evangelización.

Sería una pena que este libro se mantuviera en las repisas como literatura devocional femenina o si Stella Davis se convirtiera en estatua puesta sobre un pedestal, o peor aún, si se le viera como una cosa anormal. Este es un libro de texto serio escrito por una Cristiana auténtica para estudiantes avanzados en la batalla espiritual, tanto para hombres como para mujeres. Es un llamado al arrepentimiento, sanación, liberación...y acción.

Clare McGrath-Merkle, O.C.D.S., M.T.S.
Editor, The Cross and the Veil Website

Prefacio

En estas páginas, ofrezco los frutos de mis treinta y cinco años de experiencia como persona laica llamada por Dios al ministerio de sanación y liberación. Espero que este tratado sea instructivo y útil para muchos, especialmente para aquellos que tienen almas a su cargo. Con la Gracia de Dios, este libro los iluminará, los ayudará en el discernimiento de espíritus, y les permitirá ver la providencia de Dios al realizar este tipo de trabajo en esta época.

Fenómenos extraordinariamente sobrenaturales son cada vez más comunes en nuestros días y no se pueden pasar desapercibidos. Aun aquellos que se consideran "ilustrados," y quienes sostienen que la fuerza de la naturaleza es ilimitada, son puestos a prueba por los hechos innegables de lo preternatural o sobrenatural. Las intrigas de Satanás son tan activas hoy como lo eran cuando Dios primero me llamo al ministerio. Por esa razón este libro deberá ser del interés de una audiencia amplia.

Es una pena que en un gran país como el nuestro (Estados Unidos), con su libertad de prensa y millones de Biblias, libros y revistas, la gente sepa menos sobre fuerzas demoníacas que los ciudadanos de África o del Tíbet o Colombia. Posiblemente debido a una negligencia enorme, los ministros de nuestra generación no han informado a la sociedad sobre la realidad de los poderes demoniacos.

Hay tres fuentes de fuerza común para el entendimiento humano. Existe la fuerza divina, o fuerza que proviene de la omnipotencia de Dios; la fuerza satánica, o la fuerza que viene de Lucifer, el ángel caído (Isaías 14); y la fuerza humana, o la fuerza del hombre. La tercera fuerza es una fuerza neutral que puede ser dirigida por fuerzas divinas o satánicas. Dios le ha dado al ser humano la autoridad y el derecho de escoger su estilo de vida y su destino.

Creo que la enfermedad—física, emocional o espiritual—ofrece al hombre una oportunidad gloriosa para usar los dones más preciados de Cristo, la fuerza de sanar a través de la oración. También yo creo que la fuerza de sanar dada por Cristo a Sus Apóstoles está disponible para la humanidad hoy en día. Esta fuerza para sanar puede y debe ser una actividad común y ordinaria de la vida Cristiana.

Ojalá que estos escritos sirvan para dar mayor honor a Dios y para la gloria al Hijo de Dios, Jesucristo, El Victorioso sobre la muerte y el infierno. Y que también contribuyan al honor de la Santísima Virgen, quien aplasta la cabeza de la serpiente, y para el honor de mi protector y ayudante, San Miguel Arcángel.

"San Miguel Arcángel, defiéndenos en la lucha. Sé nuestro amparo contra la perversidad y acechanzas del demonio. Que Dios manifieste sobre él Su Poder, es nuestra humilde súplica. Y tú, oh! Príncipe de la Milicia Celestial, con el Poder que Dios te ha conferido, arroja al infierno a Satanás, y a los demás espíritus malignos que vagan por el mundo buscando la perdición de las almas." Amén.

Reconocimientos

Estoy en deuda con los muchos intercesores que me mantuvieron en sus oraciones, y con el equipo que me ayuda fielmente semana tras semana: Cathy Czaja, Ester Peña, Pat Diliberto, Gracie Bryan, Adela Cruz, Rosalie Mainey, Frank Ferguson, y Lena D'Silvia quien dirige La Coronilla a la Divina Misericordia. Sin ustedes yo no lo podría haber hecho. También quisiera reconocer a Clare McGrath-Merkle y a Mary Ann Parks por la gran ayuda que recibí de ellas mientras escribía mi segundo libro. También quisiera reconocer a Diane Hill, Rosalie Mainey y Maggie Irving por mecanografiar el manuscrito. Gracias en especial a los Hombres y Mujeres Cristianos en Columbia y Estados Unidos por su apoyo y oraciones!

Gracias en especial a Pat Copsey (por sus oraciones y por haber hecho possible la publicación de este libro. Estoy muy agradecida a Juan Ortiz quien dedicó horas incontables editando la traducción de este libro y a María Teresa Álvarez quien trabajó muy duro en hacer possible la traduccióon para la versión de este en español.

Lista de Ilustraciones

PARTE I
LA PREPARACIÓN

ORACIÓN

ESTE LIBRO CONTIENE ENSEÑANZAS de mis reflexiones sobre las experiencias de más de tres décadas en el ministerio. Las enseñanzas están arraigadas en las Escrituras. Sabemos que las Sagradas Escrituras son la Palabra de Dios, y que es fundamental para nuestras creencias Cristianas y para la manera en que debemos vivir nuestras vidas. Las Escrituras nos ayudan en las necesidades que encontramos en nuestras vidas diarias, en casa, en nuestros trabajos, en nuestras familias, y en las relaciones con otras personas.

En nuestro caminar Cristiano, pronto descubrimos que tenemos enemigos - el mundo, la carne y el demonio. Satanás nos tienta con las cosas de este mundo, y nuestra urgencia interior se inclina hacia la tentación. Nosotros, los Cristianos debemos aprender y entender cómo Dios nos permite superar los obstáculos que se cruzan en nuestro camino.

Los superamos primero con la oración, con esperanza y sabiendo que Dios responderá a nuestra oración: *"Yo espero en ti, Señor: tú me responderás, Señor, Dios mío. Sólo te pido que no se rían de mí..."* (Salmo 38:16-17). El Evangelio de Juan nos dice que Jesús esperaba que el Padre lo escuchara cuando oró: *"Padre, te doy gracias, porque me has escuchado. Yo sé que siempre me escuchas, pero lo he dicho por la muchedumbre que está a mi alrededor, para que crean que Tú me enviaste"* (Juan 11:41-42). Un Cristiano que está dispuesto a tener un encuentro con Cristo y a pagar el precio, trabajará para la Gloria de

Dios. *"...ya que somos hechura suya, creados en Cristo Jesús, para hacer las obras buenas que Dios había preparado para que las practicáramos"* (Efesios 2:10).

Hablaré sobre la oración, sobre experiencias de mi vida de oración, y sobre experiencias trabajando con la gente en el ministerio de sanación y liberación. Espero que usted aprenda a rezar y por qué rezar; y que usted se convierta en un guerrero de oración efectivo, porque he visto a muchas personas que no saben ni cómo ni por qué orar.

¿Sabemos que orar es hablar con Dios? Si estamos llorando, cantando, o meditando en la palabra de Dios, no sólo Dios escucha nuestra oración, sino que también se deleita en ella: *"Cuando lo tomó, los cuatro seres vivientes se postraron ante el Cordero. Lo mismo hicieron los veinticuatro ancianos que tenían en sus manos arpas y copas de oro llenas de incienso (perfume), que son las oraciones de los santos"* (Ap. 5:8). Nuestras oraciones son incienso para Su nariz.

¿Cuándo debemos orar? ¿Y por cuánto tiempo? San Paulo nos dice que oremos a toda hora, a tiempo y a destiempo—lo cual quiere decir siempre.

¿Cómo debemos orar? Para eso vayamos a las escrituras a Efesios 6:12: *"...porque no es nuestra lucha contra la sangre o la carne, sino contra los principados, las potestades, las dominaciones de este mundo de tinieblas, y contra los espíritus malignos que están en los aires."* Las instrucciones de Pablo para nosotros son que debemos luchar contra los gobernantes de la oscuridad que están en este mundo.

En el Evangelio de Juan, Jesús hablaba con Sus discípulos sobre el hecho de que pronto los dejaría, pues estaba a punto de ser crucificado. Jesús había sido su amigo, guía, maestro, consejero, ayudante, protector, sanador, liberador, e intercesor. Hoy día Él es todo eso también para nosotros. Jesús sabía que el solo pensar que El partiría era motivo de tristeza para ellos, por eso les dijo: "Oraré al Padre y Él les enviará al Paráclito." La palabra Paráclito puede traducirse de muchas maneras diferentes: *Consolador, Consejero, Guía, Intercesor, Protector, y Apoyo. Él es El Espíritu Santo.* Jesús básicamente les estaña diciendo a sus discípulos: "...así como he sido todas estas cosas para ustedes, el Espíritu estará con ustedes y les permitirá ser todas estas cosas para sus hermanos y hermanas."

Un signo de crecimiento espiritual es el deseo de aprender a vivir en el Espíritu y a tener el poder del Espíritu Santo viviendo en nuestras vidas. Yo misma sé muy bien que si yo no tuviera el poder del Espíritu Santo en mi vida, no podría hacer todo lo que hago para la Gloria de Dios. El Espíritu Santo en mi vida me da Poder, Fuerza, Sabiduría, y Conocimiento. Cuando necesito estos dones, siempre están ahí para que los use en la labor que Dios me ha encargado y llamado a hacer~la labor de ayudar a Su pueblo. Son Sus dones en mí para ustedes, provenientes del Espíritu Santo.

"El hombre no espiritual no percibe las cosas del Espíritu de Dios, pues son necedad para él y no puede conocerlas, porque sólo se pueden enjuiciar según el Espíritu. Por el contrario, el hombre espiritual juzga de todo, y a él nadie es capaz de juzgarle...Pues bien, nosotros tenemos la mente de Cristo" (1-Corintios 2:14-16). Nosotros somos aquellos que tienen la mente de Cristo y el deseo de ayudar a otros.

La siguiente cosa contra la que luchamos es el enemigo. ¿Quién es nuestro enemigo? Satanás y sus espíritus, el principado de Satanás en este mundo. Él viene a nosotros de muchas formas y maneras. No lo busquemos en una chaquetita roja, con cola larga y cuernos, como lo pinta el mundo. Pablo nos dice que "Satanás se disfraza como un ángel de luz" (II Corintios 11:14).

Tenemos que recordar que Satanás ha estado en este mundo desde la época de Adán y Eva. Vino a ellos como una serpiente en Génesis 1:3. Desde entonces hemos estado peleando esta batalla, y continuaremos hasta que Jesús regrese por nosotros. Sabemos que tenemos el Poder y la Victoria en el nombre de Jesús. Pablo nuevamente nos dice en 2-Corintios 10:4 "Nuestras armas no son de este mundo, sino que tienen la fuerza de Dios para destruir fortalezas." Pero el arma divina que Pablo usa puede derribar las fortalezas que impiden al hombre encontrar a Dios. Debemos saber cómo encontrar esas fortalezas y deshacernos de ellas a través de la batalla espiritual. Esto es lo que encontrarás en este libro: Cómo podemos los católicos aprender sobre la batalla espiritual y cómo podemos discernir y reconocer al enemigo. Las Escrituras nos dicen que si una persona puede derribar mil espíritus con sus buenas oraciones, dos pueden derribar a diez mil. ¿Qué nos detiene? ¡Aprendamos cómo ir a la guerra y pelear una buena batalla!

Mientras pongo los cimientos para esta batalla espiritual, aprendamos qué tan eficientes podremos ser. Jesús dijo, "...Si en la *tierra dos de ustedes se ponen de acuerdo para pedir alguna cosa, mi Padre Celestial se lo concederá; pues donde están dos o tres reunidos en mi Nombre, allí estoy yo, en medio de ellos."* (Mateo 18:19-20). En esta batalla no podemos luchar solos. No podemos luchar eficazmente como Llaneros Solitarios; sino que, con el cuerpo de creyentes o ejército de soldados de oración, podremos pelear y ganar. Necesitamos encontrar hermanos y hermanas que verdaderamente crean en la oración y que amen a Dios con todo su corazón, no solo de palabra, sino que estén viviendo vidas comprometidas con Jesucristo, nuestro Señor.

Nuestra Madre La Santísima Virgen, está siempre lista para interceder por nosotros cuando rezamos de corazón y la invitamos a orar con nosotros. Imaginémonos cuántas ataduras demoníacas romperíamos con nuestras oraciones si realmente rezáramos como un gran ejército.

Sabemos que el ejército militar tiene diferentes tácticas para buscar a su enemigo; pues nosotros también. Si una forma no funciona, el ejército intenta otra; nosotros también. En la batalla contra Amalec (Ex 17:10-11), Josué fue a la batalla y Moisés fue a la cima de la montaña con Aarón. Mientras Moisés levantaba sus manos a Dios, Josué ganaba; pero cuando Moisés bajaba las manos, Josué perdía. Por lo tanto Aarón le sostenía las manos arriba a Moisés. Así debemos orar, ayudándonos unos por otros en tiempos de dificultad.

En Mateo 26:39 Jesús se postró hasta tocar la tierra con su cara y oró así: *"Padre, si es posible, que esta copa se aleje de mí."*

El Salmo 40:2: *"Esperé confiadamente en el Señor: él se inclinó hacia mí y escuchó mi clamor."*

El Salmo 120:1 dice: *"Al Señor en medio de mi angustia yo clamé y Él me respondió."*

Dios escucha las oraciones que hacemos con fe, así estemos llorando, arrodillados, levantando nuestros brazos, postrados frente al Señor; orando en el Espíritu (en lenguas) o verbalmente, o rezando el Rosario. ¡Qué hermoso es saber que tenemos muchas maneras de hablar con el Señor!

Algo que debemos hacer, y esto es muy importante, para que nuestras oraciones no se bloqueen, es el ponerse en la presencia del Señor y arrepentirnos de todos nuestros pecados. Necesitamos pedirle al Señor que perdone nuestros pecados, y debemos orar por aquellos a quienes hemos ofendido. Para ser perdonados, necesitamos perdonar a nuestros enemigos— ¡a nuestros enemigos!— a aquellos que más nos han herido, a aquellos que nos han hecho más daño en nuestras vidas. Yo sé que hacer esto no es fácil, pero debemos hacerlo.

Cómo orar:

A. Arrepintámonos de nuestros pecados y de nuestra pecaminosidad.
B. Perdonemos a nuestros enemigos. Cuando perdonamos realmente, nos llega la paz verdadera.
C. Agradezcamos a Dios nuestras bendiciones.
D. Adorémosle y alabémosle con cantos.
E. Ya estamos listos para empezar nuestras oraciones.

Algunas personas empiezan pidiendo a Dios: "Dame esto, dame aquello," y después nos preguntamos por qué Dios no responde a nuestras oraciones. ¿Qué estamos diciendo? Estamos demandado que Dios conteste nuestras oraciones solo porque estamos acostumbrados a obtener todo lo que queremos. Simplemente no oramos como debemos hacerlo. Hay una manera correcta y otra incorrecta para todo, incluyendo en la vida de oración. Y cuando no hacemos nada para cambiar nuestra vida de pecado, o simplemente nos acercamos a Dios de manera perezosa, ¿Cómo esperamos que Dios responda a nuestras oraciones?

¿Cuándo fue la última vez que le dijiste a Dios, "¡Te amo Señor!"? Déjale saber quién eres. "Te agradezco, Señor por el día de hoy, aun cuando haya sido bueno o no, porque este es el día que Tú has hecho para mí. Gracias, Señor por todas tus bendiciones." Entonces cuenta tus bendiciones.

He aprendido que cuando me preparo bien para orar, descubro que no hay nada que Dios no pueda hacer. A veces le toma tiempo contestar a mi petición, pero siempre contesta. Persisto, sin importarme cuánto le tome contestarme, pues Su tiempo y Su manera son diferentes a las nuestras.

Permítame darle un ejemplo. Hace dos años me enteré que mi nieto estaba cortejando a una joven que no era Católica. Para completar, su padre era el pastor de su iglesia. Empecé a orar. Oré todos los días y noches que esa joven se retirara de su vida. Mientras más los veía juntos, mas oraba: "¡Señor, por favor escucha mi plegaria!". Dos años más tarde, mi nieto se graduó de preparatoria. Su novia se fue por su lado y mi nieto por el suyo. No hice ninguna pregunta. También le había pedido al Señor que le trajera a su vida una jovencita buena y Católica. Dos semanas después de que mi nieto ingresó a la universidad, mi esposo y yo fuimos a visitarlo para su cumpleaños. Lo acompañaba una jovencita dulce recién graduada de una escuela preparatoria Católica, quien a la vez tomaba clases con mi nieto. Aquí tenía yo una oración contestada hasta la última palabra, pero tuve que orar por dos años. Dios es fiel.

No nos podemos quedar estancados donde estamos. Tenemos que continuar moviéndonos en el Espíritu, de lo contrario nos convertiríamos en pestilencia como la del agua estancada en un estanque. Tenemos que ser como ríos de agua viva, como las olas del océano. Mientras más se mueven, mayor es su poder. De la misma forma será con nosotros. Tenemos que buscar de Dios para crecer espiritualmente y para que a otros se les contagie el fuego que está en nuestros corazones.

En el caso de mi nieto, hubiera sido más fácil para mí ignorar la situación. Pero amo a mi nieto y no quisiera problemas para él en el futuro. Así que tuve que "llenar la brecha" por él, lo supiera él o no. Mis oraciones jugaron un papel muy importante en su vida.

¿Cómo nos movemos de una vida en la carne a una vida en el Espíritu? ¿Cómo mantenemos la fuerza del Espíritu Santo activa en nuestras vidas y comprometidos con la oración y la palabra de Dios diariamente? Si nos es posible, vayamos a Misa y recibamos la Eucaristía diariamente. Vayamos a Confesión por lo menos una vez por mes para recibir las gracias de la Confesión. Tengamos un compañero (a) de oración y unámonos a un grupo donde nos ayuden a crecer espiritualmente. Todos estos dones de Dios están ahí para ayudarnos a crecer. Todo lo que necesitamos es el deseo de tener más de Cristo en nuestras vidas. Esto es una vida verdadera en El Espíritu: conocerle a Él, amarle a Él, y hacer la voluntad de Dios. Hoy en día no hay tiempo para sentarse cómodo y vivir una vida ordinaria. El tiempo de la segunda venida de Jesús está más cerca que nunca. Tenemos que levantarnos y responder el llamado del Señor. Los retos que enfrentamos ahora son mucho más grandes que nunca antes.

LIBRE ALBEDRIO

HEMOS SIDO LLAMADOS A ser gente viva y a vivir con la fluidez del poder de la resurrección de Nuestro Señor Jesucristo. ¡Aleluya! Cuando dejamos a Dios entrar a nuestras vidas, podemos reconocer que no podemos estar en control, y ahí es cuando Dios puede empezar a actuar en nuestras vidas, y a cambiarnos, y darnos el deseo de movernos más cerca de Él. Entonces podremos dejar de culpar a otros por nuestras faltas o nuestros problemas, o de culpar a Dios porque Él no responde nuestras oraciones.

Si no permitimos que la paz de Cristo entre verdaderamente a nuestra vida, nos convertimos en personas aisladas. He visto esto muy seguido en la gente que viene a verme. Están heridas y llenas de miedo, pero no sueltan sus problemas, o sus heridas, ni dejan a Dios entrar a sus vidas. Sus corazones están cerrados, y sus ojos y sus oídos no están abiertos para ver y oír la palabra de Dios.

Si conoces personas como éstas, ¿Cómo oras por ellas? Le pedimos a Dios que toque sus corazones y que abra sus oídos y sus ojos espirituales para que oigan y vean. Para que la palabra de Dios pueda absorber sus vidas espirituales y cambiar sus corazones y sus vidas. Dios quiere que todos vayamos a Él. Pero Él no nos va a forzar a entrar al cielo. Tenemos ese LIBRE ALBEDRIO que Él nunca nos quitará. Por lo tanto oramos para que nuestros seres queridos escojan cambiar.

De la misma manera, Satanás no puede forzarnos a entrar al

infierno porque tenemos el don dado libremente por Dios para escoger entre el bien y el mal. Algunas personas no entienden el conocimiento ni la revelación de Dios, por eso buscan en otras áreas de sus vidas, tratando de encontrar paz y felicidad. Pero están buscando en lugares equivocados, y eso las puede separar de Dios.

De la misma manera, Dios creó a todos los ángeles, pero algunos de ellos escogieron rebelarse y de ahí surgieron los demonios. Después de que Dios creó a los ángeles, los puso a prueba. Los ángeles buenos mostraron su amor por Dios pero los ángeles caídos escogieron separarse de Dios. Ellos desobedecieron a Dios y se hicieron orgullosos. Querían ser como Dios. Ahora Satanás es la cabeza, o mejor dicho, el líder de todos estos ángeles malos. El Arcángel San Miguel tuvo una batalla con él y con todos los demonios (ángeles malos), y Satanás y los ángeles rebeldes fueron desalojados del cielo. Desde entonces han estado vagando por el mundo.

Nosotros también fuimos creados por Dios y se nos dio libertad para seguir a Dios o a Satanás. Por eso, cuando vivimos vidas inmundas (en pecado) permitimos un espíritu inmundo en nuestra casa. Pero, ¡Alabado sea Dios! Nosotros los Católicos tenemos la gran bendición del Sacramento de la Confesión. Si nos arrepentimos y nos salimos de la vida pecadora, Dios nos perdona.

Satanás se convirtió en el primer enemigo de Dios, por querer ser como Dios. El pecado de los ángeles, la desobediencia, llegó hasta Adán y a Eva. Si creemos que Satanás no va a tratar de tentarnos, veamos las Sagradas Escrituras. Satanás le dice a Jesús: *"Por qué no conviertes esas piedras en pan?"* Jesús había estado orando y ayunando durante 40 días. Jesús tenía hambre y Satanás lo sabía. Jesús le dice que se vaya. Satanás viene por segunda y tercera vez, y le dice a Jesús, *"Si me adoras te daré la tierra, porque este es mi territorio y lo será hasta que Dios lo quiera."* Y ¿qué le dijo Jesús? *"¡Apártate de mi Satanás!"* Por lo tanto, si Satanás trató de tentar a Jesús, ¿Qué cree que hará con nosotros si se lo permitimos?

UN HOMBRE JOVEN DA SU VIDA A SATANÁS

Hace tiempo vivía en mi casa un hombre joven; amable, limpio, buen mozo y bien educado. Tenía un buen puesto en el gobierno y un buen carro. Lo que yo no sabía era que este hombre había dado su vida a Satanás cuando estaba en colegio. El hombre era jugador de béisbol y quería ser el mejor lanzador del equipo así que él y sus compañeros de equipo decidieron hacer lo que habían visto en una película. Si lo hacían, pensaron, Satanás los haría muy poderosos. Y así fue. Este hombre se convirtió en el mejor lanzador del equipo, pero no sabía lo que pasaría años más tarde.

Cuando vino a vivir con nosotros, observó a nuestra familia, la cual está cerca de Dios. Y porque él quería lo mismo para su vida, empezó a asistir a Misa a diario, a rezar el Rosario y dedicando tiempo a adorar al Señor en el Santísimo Sacramento. A Satanás no le gustó eso y así fue como empezó la batalla por su vida física y espiritual. Su puesto en el gobierno se le vino abajo y su salud se le deterioró. Todo se le acabó. Satanás le atacó su mente, y perdió todo. Pero, bendito sea Dios que envía a su gente a ayudarnos y a mostrarnos el camino correcto. Es esta gente quien nos ayuda cuando pasamos por caminos pedregosos.

Una vez más, debo decir que todos necesitamos a alguien que ore con nosotros y nos ayude cuando estamos cabizbajos; y de la misma forma nosotros ayudamos a otros en su necesidad. Debemos tratar de pertenecer a un grupo de oración, a una comunidad laica o a un estudio Bíblico en la Iglesia para que crezcamos espiritualmente. Es verdad que debemos orar en privado, pero también debemos orar con otros si deseamos que nuestras oraciones cobren mayor fuerza.

Recordemos que los celos y la envidia vienen de los ángeles malos, así como el espíritu de desobediencia. Esos ángeles malos quisieron ser como Dios y crearon su propio reino. No seamos como ellos cometiendo pecados de orgullo y rebeldía. He visto estos espíritus salir de las personas cuando oramos por ellas. Es muy triste ver cómo estos espíritus tratan a las personas cuando salen de ellas.

La palabra "castigo" (pena impuesta por hacer el mal) no viene de Dios, sino de nosotros mismos por hacer cosas malas en la vida. Analicemos a Adán y a Eva. Debido a su pecado, nacemos con el pecado original. Somos nosotros, las creaturas de Dios, quienes escogemos, no Dios. Dios sólo respeta nuestra elección. Sin embargo, así como nacemos con el pecado original, muchos de nosotros también cargamos con los pecados de nuestros antepasados y por eso necesitamos ser liberados de ellos. Las Sagradas Escrituras nos dicen que el pecado de nuestros antepasados alcanza cuatro generaciones anteriores. Pero las bendiciones alcanzan mil generaciones.

SANACIÓN EN LAS FAMILIAS

He visto tantos casos de espíritus en la línea ancestral en los últimos treinta y cinco años que no podría ni siquiera contarlos. Algunos provienen de la segunda, tercera o cuarta generación. Algunos de ellos provienen de ambas partes de la familia, del padre y de la madre; otros, solo del padre o de la madre. ¡Pero lo bueno es que PUEDEN SER LIBERADOS! Es increíble ver la diferencia en las caras de las personas cuando entran y cuando salen. ¡A veces es difícil creer que sean las mismas personas! Se van con caras felices, corazones gozosos y libres de esas ataduras.

En una ocasión, una mujer trajo a sus tres hijos para que orara por ellos. Cuando empecé a orar, Dios puso en mi corazón que orara por la madre, no por los niños. Está por demás decir que cuatro horas más tarde la madre fue LIBERADA de los espíritus de su abuelo, de su padre y de algunos de su madre. Sus hijos adolecentes observaron a su madre sufrir mientras esos malos espíritus salían de ella. Desde entonces esa mujer nunca ha sido la misma persona. Su vida de oración cambió por Gracia Divina y ahora tiene más amor por las cosas de Dios. ¡Esta pobre mujer llevaba cargando un peso tremendo!

Los ángeles malos no desean ver a Dios. Son como la gente cuando escoge pecar: se aparta de Dios. No desea escuchar la voz de Dios ni desea hacer las cosas de Dios.

¿Qué sucede cuando las personas no van a Confesarse seguido? Permanecen en pecado por mucho tiempo, y siguen de pecado en pecado. Sus vidas se hacen miserables, incómodas, infelices, desdichadas, inferiores, llenas de sufrimiento, sin paz. Podrán tener mucho dinero, buenos trabajos, bellas casas, etc., aun así no experimentan la paz que viene solo de Dios.

¿Cómo lo sé? Porque lo veo todo el tiempo. La gente viene a mí con todos sus problemas. Tratan de pagar la felicidad. No, mis queridos hermanos, las cosas no funcionan así. Si ponemos a Dios Primero, si es lo más importante de nuestras vidas, obtendremos esa paz. Cristo estará en el centro de nuestros corazones y experimentaremos esta Paz que sobrepasa todo entendimiento. Estaremos en medio de un huracán o una tormenta (nuestros problemas), pero sabemos que Dios está con nosotros, porque acudimos primero a Él.

¿HAS ACUDIDO AL SEÑOR?

Aquí llegamos a otra área donde la gente corre. Muchos van primero al doctor y si el doctor no les ayuda corren a otros lugares buscando auxilio. Están heridos y, por lo tanto, continúan buscando, tratando de encontrar sanación en cualquier lugar. No les importa a donde van. Desean sanar a toda costa y eso es todo lo que les preocupa.

Finalmente, si no han podido encontrar sanación ni paz, entonces acuden a Jesús. He recibido casos increíbles donde la persona está ya media muerta. La primera pregunta que les hago es: "¿Has acudido a Dios?" Algunos dicen, "Bueno, creo que si." Mis queridos amigos, si tan sólo acudiéramos primero a Dios con todos nuestros problemas y preocupaciones, no tendríamos que pagar tanto dinero, porque Jesús no nos cobra.

La gente anda corriendo con tanto peso extra encima simplemente por su pecado. En cuanto oramos por ellos vemos a los espíritus salir de la persona. Después de una liberación muchos cambian su estilo de vida, pero otros regresan a su pozo oscuro, a su mismo estilo de vida. Dios nos ofrece sanación, las Sagradas Escrituras dicen que muchos son los llamados pero pocos los escogidos.

PÓNGASE LA ARMADURA DE DIOS

El Papa Juan Pablo II dijo una vez: "No hay que tener miedo de llamar al principal agente del mal por su nombre: el Demonio (*Carta a los jóvenes, 1985*). Por un lado los espíritus malos pueden confundir a la gente haciéndola tomar malas decisiones. Dios quiere traer el bien a nuestras vidas pero Satanás quiere traer separación de Dios. Satanás ha atacado a la Iglesia. Ataca monasterios, conventos, seminarios, nuestras casas, lugares de trabajo, escuelas, viajes, amistades, familiares y nuestras propias vidas. Satanás puede triunfar en sus ataques solamente si se lo permitimos. ¡Pero debemos hacerle la guerra, debemos removerlo de nuestro camino! Con la misma intensidad con la que, en la carretera, si alguien se nos pone al brinco, lo rebasamos!

Dios nos ha dado el poder y la autoridad en el nombre de Jesucristo y con el poder del Espíritu Santo.

Así como lavamos nuestros cuerpos para mantenerlos limpios todos los días, así debemos hacerlo con nuestras casas, nuestras familias, y en cada área de nuestras vidas. Para rechazar a Satanás diariamente, debemos ponernos la armadura de Dios. Como Católicos Cristianos debemos estar preparados para seguir las enseñanzas de la Iglesia, vivir vidas santas, y educarnos en la vida espiritual; de esta manera seremos mejores soldados de Dios.

OBSTÁCULOS

MIENTRAS NOS ACERCAMOS MÁS y más a conocer y entender lo que es *La Batalla Espiritual,* demos un paso atrás y veamos en qué estamos involucrados.

Muchas personas no saben que están siendo usadas por Satanás. Ellas mismas cooperan con Satanás, especialmente en las relaciones. He visto muchas veces como trabaja él con la gente. Les pinta un escenario precioso, les habla al oído o al corazón para que escuchen cosas equivocadas y para que se fijen en los defectos de los demás. Pone a Cristianos contra Cristianos. La gente no parece darse cuenta de que esto es el trabajo de Satanás. Y lo que pasa es que nos convertimos en sus colaboradores. Cuando este espíritu ataca a una persona, se llama el espíritu de resentimiento. Es un espíritu muy fuerte que necesita oraciones fuertes. Satanás resintió que Dios fuera mejor que él.

Recuerde que somos hijos de Dios, listos para perdonar no sólo siete veces sino setenta veces siete. Una corazón que realmente ha perdonado, lo deja todo atrás y piensa en otros y no en el mismo. Si nos detuviéramos a pensar cuántas veces hemos herido a Dios, estoy segura que sería mucho más que setenta veces siete.

Otra cosa que Satanás quiere que creamos es que él no existe. Si esto fuera verdad podríamos ir por dondequiera diciendo y haciendo lo que quisiéramos. Hay personas que no creen en demonios o espíritus malos. Piensan que el diablillo de la chaqueta roja con un tridente es sólo un dicho o una broma. Pero nosotros los Cristianos sabemos que Satanás sí existe. Solamente pregúntele a las personas que han sido liberadas de esos espíritus. ¡Ellos te dirán que es real y que no desean tener nada que ver con él! Sus vidas cambiarán y sus vidas de oración se harán más fuertes y diferentes. Esas personas han experimentado el sufrimiento que resulta de estas en opresión y en ataduras espirituales.

Tuvimos a un doctor de veintisiete años que a pesar de ser Católico, se había involucrado en brujería—prácticas de la Nueva Era, adoración a Satanás, pornografía—y lo último que hizo fue ir a un templo Mormón. Estos lo corrieron porque no sabían qué hacer con él. El convulsionaba y se tiraba al piso actuando como perro. Algunos Sacerdotes trataron de ayudarlo, pero tan pronto como se le acercaban, el mal espíritu dentro del doctor les decía sus pecados. ¡Por supuesto que le huían! Eso era lo que Satanás quería.

Para no hacer la historia larga, fuimos a su casa después de muchas horas de oración. Allí vimos todos los libros malos que él tenía en su casa y los quemamos todos. El doctor escribía en las paredes lo que Satanás le decía. Por supuesto que no podíamos leer ni entender esas palabras, pero no nos importó; sino que lavamos las paredes con agua bendita. Era triste que un hombre tan joven que trabajaba en un hospital haya llegado a tal estado de vida. Lo único que yo podía decir era: "¡Gracias a Dios que no es mi doctor!"

Mis queridos hermanos, este es un ejemplo de lo que existe afuera y de lo que no nos damos cuenta. Podría ser el vecino que vive a nuestro lado o podría ser alguien con quien trabajamos. Podría hasta ser alguien de nuestra propia familia. Por eso debemos ser personas de oración todo el tiempo. Por esta razón San Pablo dijo que debemos orar siempre.

¿Cómo sabemos cuando alguien está pasando por este tipo de problema? Orando y con discernimiento, observando a la persona y el tipo de vida que lleva. Si la persona no se Confiesa, si actúa confundida o si es inestable ha de tener serios problemas espirituales.

Mucha gente ha venido a mí con todo tipo de problemas espirituales. Han ido a Confesarse y a Comulgar pero aún así son perturbados por espíritus malos. Yo diría que es porque no han hecho una buena o específica confesión, especialmente si no han ido a Confesión durante muchos años.

O simplemente confiesan los pecados pequeños, pero no los grandes. Es verdad que el Sacerdote perdona todos nuestros pecados si hacemos una Confesión honesta, pero si no confesamos "los peces grandes", esos "individuos" se mantienen escondidos ahí y traen más espíritus malos a nuestras vidas. A ellos les gusta la compañía. Mi madre acostumbraba a contarnos una historia que vale la pena darla a conocer porque a alguien le ayudará.

Había una vez dos hombres que robaron una gallina, después fueron a Confesión. El primero fue y le dijo al Sacerdote, "maté una gallina y me la comí."

El Sacerdote le dijo: "muy bien, ve y mata otra y cómetela."

Cuando sale del Confesionario le dice al otro individuo: "no hubo ningún problema, el sacerdote se portó amable conmigo."

El segundo va al Confesionario y le dice al sacerdote, "me robé una gallina, la maté y me la comí." Esta vez el sacerdote lo regaña. Sale del confesionario y le dice a su amigo: "¡Pensé que me habías dicho que el sacerdote no te había regañado!"

El primer individuo le dice: "Bueno, es que no sabes confesarte."

HACIENDO UNA BUENA CONFESIÓN

A veces cuando estas cosas suceden, las personas culpan a Dios o a otras personas por sus problemas, o dicen que la oración no funciona. Satanás es muy inteligente; él sabe cómo engañar. Por eso les pido a quienes vienen a mi buscando oración que se Confiesen frecuentemente.

A veces, cuando empezamos a orar por las personas, encontramos pecados escondidos que no han confesado. Un ejemplo es el de una mujer de setenta y nueve años, quien rezaba el rosario todos los días. De solo mirarla creerías que era una santa andando. Así es como se nos parecía a nosotros. Sin embargo, por años, semana tras semana venía a pedir oración. Además, siempre estaba enferma y constantemente iba al doctor. Un día vino a mí pidiendo liberación. Lo que había estado dentro de su alma por años y años era que había tenido dos abortos en sus años de juventud. Después de que oramos por ella, me dijo que su esposo la había obligado a abortar dos hijos. Con que razón siempre estaba enferma. Había cargado con eso durante tantos años. Le dije que fuera a Confesión. Me indicó que el Sacerdote le había dicho que ya no necesitaba Confesarse porque era tan mayor que no podía pecar más.

¡Sacerdotes, por favor no digan eso! Nunca sabemos por lo que una persona ha pasado durante su vida. Escuchen sus Confesiones. Para eso Dios los llamó a ustedes, para perdonar nuestros pecados. Usen ese don precioso tantas veces como puedan.

Otro ejemplo es cuando una persona continúa lavándose las manos o se baña porque se siente sucia. Esto podría ser una manifestación de un pecado escondido en la vida de la persona. Dios nos quiere LIBERAR.

Algunas veces necesitamos sanación interior en lugar de liberación. Necesitamos orar por discernimiento. Dios nos lo dirá. Podemos mirar atrás al el linaje ancestral hasta cuatro generaciones para ver qué tipo de vidas llevaron ellos y en qué se involucraron. Uno de nuestros antepasados pudo haber estado involucrado con cosas diabólicas como brujería, lectura de las palmas, La Ouija, Harry Potter, Masonería, Mormones, pornografía, homosexualidad, entre otros.

También podemos ser atacados si nos estamos acercando mas al Señor, buscando crecimiento espiritual, pero aún con pecados no confesados. Si es este el caso, Satanás tratará de hacernos la guerra. Yo sugeriría pasar mucho tiempo frente al Santísimo, rezar la Coronilla a la Divina Misericordia, hacer una buena Confesión, y acudir a la Santísima Virgen para que te proteja con Su manto. Ella lo hará. Siempre está lista para ayudarnos. Pero asegúrate que sabes qué pedirle cuando la llames. San Miguel Arcángel también está siempre listo para acudir a nuestro llamado.

ATAQUES ESPIRITUALES POR MALDICIONEZ

Hay otra manera en la que podemos ser atacados: con una maldición. Nunca hubiera creído que esto podía suceder si no hubiera sido porque me sucedió a mí. Créanme, es real. Conozco a una viuda que tenía un hijo y una hija de edad adulta y que no quería quedarse sola. Por lo tanto, mandó poner una maldición en sus dos hijos que ya eran adultos. Quería mantener a su hija enferma y dependiente de ella, aunque la hija ya estaba casada y con dos hijos. Es una historia muy larga pero la haré corta. Después de una liberación larga, la hija fue liberada. Mientras oraba por su hermano, el Espíritu Santo me mostró espiritualmente una cadena alrededor de un árbol en el jardín de la madre. En la cadena había un zapato atado que pertenecía a su hermano. La hija le pidió a un jardinero que cavara alrededor del árbol y para la sorpresa de la hija éste encontró la cadena y el zapato atados al árbol. ¡Con que razón el hijo no podía alejarse de ella!

Cuando la madre se enteró de lo que había sucedido quiso maldecirme a mí también. ¡Pero alabado sea Dios por su protección y por toda la gente que me mantuvo en sus oraciones! Con el poder de la oración, la maldición no me pudo tocar. Para que vean la importancia que tienen los guerreros de oración, la gente que sabe cómo entrar a una batalla espiritual y combatir al demonio. Yo Comulgo a diario, lo cual me ayuda mucho y ¡me protege grandemente! Y podría ser lo mismo para ustedes también, teniendo el Cuerpo de Nuestro Señor dentro de ti diariamente.

Hoy más que nunca tenemos la necesidad de pedir por nuestro país. Acostumbrábamos a enviar misioneros a tierras extranjeras para liberar a aquellos que están atados en la prisión del pecado y de las fuerzas demoniacas. Nuestros misioneros llevaban vida y esperanza a mucha gente a través del Evangelio y los liberaban. Pero hoy en día religiones paganas están invadiendo a América en grandes números. Sus "misioneros," si me permiten decirlo así, buscan convertir a la población "inalcanzable" de América. Como consecuencia, Católicos están dejando la verdadera Iglesia, la Católica.

SEDUCIDOS POR DEMONIOS MENTIROSOS

Un gran número de personas son engañadas y seducidas espiritualmente por demonios mentirosos. No pretendo ser controversial, pero deseo ser reveladora de la verdad. Creo que iglesias como La Cientología, Los Testigos de Jehová y los Mormones son los que le añaden a la Palabra de Dios (La Biblia) lo que quieren, y quienes toman de la Biblia sólo lo que les conviene. Esas iglesias son parte de la apostasía de los últimos días.

El Budismo, El Hinduismo y el Islam están creciendo en nuestras ciudades. Ya no es solo un fenómeno del Este. Las religiones del demonio están jugando con las mentes de toda nuestra juventud, desde la sutil meditación trascendental hasta darle cabida a la clara adoración Satánica. Los masivos templos que se están construyendo alrededor de nuestra nación muy pronto se apoderarán de nuestro país si se lo permitimos. He descubierto que cuando Satanás conduce a una persona al error, la lleva de error en error. Una vez que Satanás conduce a una persona por el mal camino, la lleva a doctrinas condenables.

Estamos en lo correcto al creer que la actividad demoníaca prevalecerá fuerte y violenta al final de los días. Los demonios crearán el ambiente para el anticristo y los líderes principales en este gran engaño son las religiones de adoración al demonio. Jesús les dijo a sus discípulos que *"falsos Cristos y falsos profetas"* se levantarán, mostrando *"señales y milagros para seducir, de ser posible, aún a los elegidos"* (Marcos 13:22).

El persistente rechazo de la verdad destruye nuestro sentido de la verdad y deja a la persona abierta para el "engaño de la injusticia" y *"el trabajo de Satanás con las fuerzas y señales y maravillas falsas"* (2 Tesalonicenses 2:9-10). Esperen que América se convierta en un centro de falsos cultos y adoración demoniaca debido a la corrección política que tenemos aquí hoy en día.

Tengo un ejemplo de cinco mujeres por quienes he orado que están casadas con musulmanes y tienen hijos con ellos. Lo más triste es que ellas son mujeres Católicas que han venido a mí y cada una tiene casi la misma historia. Todas están viviendo matrimonios inválidos, hechos solo por la ley, no por la Iglesia. Sus esposos quieren quitarles a los niños y enviárselos a las madres de los esposos en sus países de origen para que ellas los eduquen. ¡El pleito en la corte legal es otra cosa! Estos hombres tienen mucho dinero que, por supuesto, sus esposas no pueden tener. Así pues los esposos pueden contratar buenos abogados para que les ayuden a obtener lo que ellos quieren.

Después de algunos años, ellos ya no quieren a las mujeres Americanas. Las desprecian y las golpean. Lo que trato de mostrarles es cómo Satanás puede engañarnos, pintando un escenario precioso para que caigamos. Estas mujeres no pueden bautizar a sus hijos ni educarlos Católicos. Ellas mismas no pueden ir a sus propia Iglesia.

Si tan solo pudiéramos meterles esto a nuestros jóvenes antes de que sufran. Esto puede hacerse sólo con la oración y a través de la batalla espiritual, poniéndose la armadura de Dios.

APRENDIENDO A ROMPER MALDICIONES

Hay otro aspecto sobre el tema de maldiciones: aprendiendo a cómo romper una maldición, porque una maldición puede afectar nuestro matrimonio, a nuestros hijos, nuestras finanzas, nuestros trabajos, y nuestra salud. Primero, debemos tener cuidado con los regalos que recibimos de gente que no conocemos. Muchas maldiciones pueden venir a través de regalos. Por ejemplo, había una mujer que tenía todo tipo de enfermedades y problemas físicos, incluyendo dificultad para respirar. Me pidió que viniera a su casa a orar por ella. Después de que oré por ella, encontré que tenía dos imágenes de perras de Japón. Estas perras son creadas para ahuyentar demonios, pero cuando los hacen, los artesanos ponen maldiciones en las imágenes de las perras. La maldición del demonio sobre las perras es mayor que cualquier otro demonio que venga alrededor de la casa. Le dije que se deshiciera de las imágenes de las perras y oramos y rociamos toda la casa con agua bendita. Finalmente ella se sanó.

Segundo, debemos saber qué es lo que los ídolos representan y cómo los usan en el país de donde vienen. Por ejemplo, Sur-América tiene una muñequita que venden en las calles y es bien bonita. Pero en estas muñequitas las brujas ponen maldiciones y se las dan a las personas o ellas las escondan en lugares recónditos alrededor de alguna casa.

Tercero, tenemos que hacer limpieza en nuestra casa para mantenerla segura. Tenemos cosas de otros países y no sabemos qué significan. Podríamos tener libros de lo oculto, o de fenómenos psíquicos, o pornografía y estos malos espíritus entran a nuestras casas a través de ellos, aun a través de la televisión.

Cuando estaba evangelizando en Japón, se me acercó una joven universitaria para pedirme oración. Tan pronto como empecé a orar por ella, se cayó al piso. Empecé a orar por ella una vez más, y el demonio dentro de ella empezó a hablarme. Esta jovencita no hablaba Inglés ni yo hablaba Japonés.

Le dije al demonio: "En el nombre de Jesús, te ordeno que me hables en Inglés," porque necesitaba saber qué tipo de espíritu era.

Aclaró su voz y por boca de la joven dijo: "Claro que si" (con voz de hombre), "Soy Bushgay."

Porque ella era mujer me imaginé que era un espíritu de lesbianismo. El estaba muy enojado conmigo y dijo: "No, eso no." Entonces le pregunté: "¿Cómo entraste a esta mujer?"

"Por un libro," dijo el demonio. Era el título de un libro Japonés que ella había leído en la universidad. Así aprendí que podíamos ser poseídos leyendo malos libros. Una vez más, mis queridos amigos, se los diré: este mundo está lleno del poder de Satanás, en nuestras iglesias, casas y lugares de trabajo.

La oración poderosa que me parece más efectiva es la oración en el Espíritu, el don de lenguas que el Espíritu Santo nos ha dado. De hecho, el Señor habló a mi corazón en Japón. Él me dijo que me mantuviera orando en el Espíritu. El Espíritu sabe lo que necesitas. Alrededor del noventa por ciento de las veces, oro en lenguas.

HERRAMIENTAS DEL ENEMIGO

EL RELATIVISMO

La gente hoy en día está aceptando todo tipo de religiones y dicen que todas son iguales. No, mis queridos amigos, sólo hay una Iglesia, la Iglesia que Jesucristo Mismo inició, y que es la Única, Santa, Católica y Apostólica.

¿Dónde más tienen la Presencia Real de Dios, El Cuerpo y la Sangre de Cristo en el Pan y Vino Eucarístico? Si la gente supiera y entendiera esta verdad, correrían todos a nuestra Iglesia. Si tan sólo los Católicos entendieran, no abandonarían la Iglesia Católica ni buscarían en otros rediles. Necesitamos educarnos en nuestra propia Iglesia para captar completamente esta verdad y para entender a los Padres de la Iglesia.

Es verdad que no nos encontramos en los mejores tiempos de la Iglesia; sin embargo, la verdadera Presencia de Dios está aquí, y Dios no la dejará caer. Vendrá muy pronto a limpiarla. Debemos orar por eso, y esperar en el Señor.

LA MAGIA

Otra área en la que debemos estar alerta es en la Magia. La magia está conectada a poder. ¿Qué tipo de poder? El poder del diablo, la voluntad al poder mismo. Siempre estamos buscando más poder en nuestras vidas. Mucha gente glorifica la voluntad en la cultura de la ciencia, la cultura verdaderamente de la muerte, la muerte espiritual.

Algunas personas están tratando de demostrar que la magia está conectada a la religión, pero estas personas no creen en el infierno. Otros dicen que la magia es ficción, pero nosotros sabemos la verdad. No es nada menos que los poderes malignos. El deseo o voluntad por el poder es parte de la Nueva Era. El Vaticano habla abiertamente sobre cómo la Nueva Era está conectada con a la magia. La práctica de la magia es una forma de Satanismo secreto.

El Satanismo también se encuentra en los libros de Harry Potter. La palabra "magia" se usa sólo para confundir la mente. Harry Potter le habla a Satanás, y tiene el poder Satánico. Mantengamos a nuestros hijos fuera de estos libros si los queremos mantener Católicos.

EL OCULTISMO

Hablemos sobre las hojas de té. La lectura de las hojas de té puede cambiar tu vida espiritual. Hay una hechicería en ellas. Fíjense de dónde vienen primero antes de comprarlas. El yoga es otra cosa que puede cambiar tu mente a algo que no quisieras dentro de tu vida espiritual. Una tercera área que muchos padres no saben, y permiten a sus hijos involucrarse, son las artes marciales. ¿Por qué son malas? Por los movimientos. Todos los movimientos tienen un significado. Cuando primeros los miras, parecen inofensivos. Pero detrás de estos movimientos hay un espíritu que viene de Asia y no es el espíritu de Dios. Lo sé porque durante el trabajo de liberación he tenido a niños que vienen de artes marciales con el espíritu de opresión, o el espíritu de grandes visiones.

Padres de familia, oren sobre sus hijos y pídanle a la Santísima Virgen que los cubra con su manto. Mantengan agua bendita en la casa; úsenla en la comida y rocíen los cuartos de nuestros hijos con ella.

SANACIONES FALSAS

El conocimiento de lo que estoy escribiendo me llega a través de la gente por quienes oro, gente que ha estado involucrada con malos espíritus y que han sufrido mucho durante sus vidas. Han ido a ver doctores, pero los doctores no les pueden ayudar. No encuentran nada malo en los exámenes, porque la enfermedad no es física, sino espiritual. Pero, bendito sea Dios, Jesús siempre está ahí para sanarlos, liberarlos, para que sean libres.

La gente corre hacia los sanadores de reiki o shamans o acupunturistas. Todos estos vienen directo del abismo del infierno. Los espíritus que salen de la gente que ha estado involucrada en este tipo de sanaciones son espíritus muy fuertes y vienen bien apegados a la persona.

ESPÍRITUS ANCESTRALES

Otra área de nuestras vidas que necesita sanación es nuestro árbol genealógico con sus espíritus ancestrales. ¿Qué quiero decir con esto? Es como cuando usted va al doctor y le pregunta qué tipo de enfermedades tenían sus padres. Si ellos tenían problemas con el corazón, por ejemplo, el doctor se asegurará de revisar su corazón muy bien. Como su doctor, Jesús quiere sanarle de las malas raíces de sus antepasados.

Por ejemplo, la misma enfermedad en una generación se pasará a través del linaje de la persona. A esto se le llama espíritu de enfermedad que pasa por varias generaciones. Vamos a la raíz de este espíritu en el nombre de Jesús, y con el poder del Espíritu Santo cortamos el espíritu de enfermedad, lo expulsamos de la persona y se lo enviamos a Jesús. Lo hacemos en el nombre de Jesús. Algo maligno puede fluir a través de la familia (alcoholismo, pecados sexuales, etc.). Cuando oro digo, "Te envió a Jesús para que nunca regreses a este linaje."

La Misa y la Comunión son poderosas cuando se ofrecen por la sanación del árbol genealógico. En la Misa tenemos tan gran regalo, Dios Mismo ofrecido a nosotros—todos los días, si lo deseamos.

LA INCREDULIDAD

Asegúrese de pedir las cosas correctas, como Jesús nos dice en las Sagradas Escrituras, *"Pidan y recibirán, busquen y encontrarán, toquen a la puerta y se les abrirá"* (Mateo 7:7-9). Tenemos que tener fe para creer que Dios escucha nuestras oraciones, que nos ama mucho, y que Él desea ayudarnos. ¿De que nos sirve si no creemos que Él nos escucha o nos ama? Si no lo creemos, debemos orar por fe para creer que lo que El dice en las Sagradas Escrituras es para nosotros también hoy.

PECADOS OCULTOS

Necesitamos entender que Jesús sanó a aquellos que se arrepintieron y le pidieron perdón. Hasta Pedro le pidió perdón, y el Señor lo hizo la cabeza de la Iglesia. Cuando ores, pídele al Señor que te muestre las áreas en tu vida que necesitan la luz de Cristo, dónde hay posada para el pecado, pecado escondido por temor, vergüenza, o porque simplemente se nos olvidó confesarlo. Seamos abiertos para que la oración quite la oscuridad. Si vertimos agua sobre una roca, el agua no se absorberá, pero si la vertimos en una esponja, se absorberá. Permite que tu corazón sea como una esponja para que absorba el agua.

ATAQUES DE DEMONIOS

¿Cómo entra un demonio en una persona? Una persona que no entiende las cosas espirituales puede dar entrada a un demonio al abrirse a cualquiera de los espíritus que acabo de mencionar. Las Sagradas Escrituras nos dicen: *"Mi pueblo es destruido por falta de conocimiento"* (Oseas 4:6).

Cuando nos acercamos al Señor y buscamos enseñanzas espirituales, nos hacemos blanco de ataque de los demonios. Antes de convertirnos a Dios, no nos preocupábamos por los malos espíritus porque ellos nos controlaban. Ahora los incomodamos y por eso tratan de hacernos infelices. Buscan la manera de provocar a nuestro espíritu.

San Pablo nos dice en sus cartas que los demonios tienen poder sobrenatural pero que Dios tiene la Victoria para la humanidad. Su acción es nuestra salvación. Cuando los expulsamos, el dedo de Dios está con nosotros. Los demonios tienen poder sólo porque el hombre se lo da. Pero si nuestra fe está unida a Cristo, ellos no tendrán poder sobre nosotros. Si estamos unidos a Cristo, cosecharemos mucho fruto.

Los demonios son atormentados cuando usamos el nombre de Jesucristo. Ellos me lo han dicho: "¡La sangre de Cristo no!" Otras veces me dicen que deje de hablar cuando clamo el nombre de Jesús.

LUJURIA

Los demonios solamente entran en la carne, no en el alma. Por eso les llamamos "pecados de la carne"-a lo que yo llamaría lujuria. Si la persona está bautizada su alma le pertenece a Dios, pero la carne puede ser atormentada. Las tentaciones nos pueden separar de Dios si nos rendimos a los deseos de la carne.

DEPRESIÓN

Otro gran problema es la depresión. Trato a un gran número de gente con este problema. Un espíritu en depresión es un espíritu quebrantado. Una persona es oprimida hasta que el espíritu es aplastado. El mantenerse deprimido por un período largo es cosa del demonio y no es natural en la vida de la persona. Dios no quiere a nadie deprimido ni triste. Cualquiera que permanece deprimido por un período de tiempo largo está enfermo espiritualmente. El demonio se aprovecha de estas personas y se manifiesta con conflicto y confusión para destruir su felicidad, sus casas, sus negocios y quizás hasta sus vidas a través del suicidio. Las personas deprimidas necesitan una oración de liberación.

Por ejemplo, me llamó una mujer de 36 años, quien había ido a diferentes tipos de doctores, había llamado a grupos de oración por todo el país, y había asistido a diferentes tipos de cultos. Nadie la podía ayudar. Porque ella me lo pidió, dos de mis ayudantes y yo viajamos ciento cincuenta millas hasta su casa. Lo que encontramos allí me es muy difícil de explicar. Lo único que puedo decir es que por un año esa mujer había descuidado ambos su cuerpo y su apartamento. Vivía en la oscuridad con todas las puertas y ventanas cubiertas. Para no hacer la historia muy larga, empecé a orar por lo que discerní era el problema. Pero ella me detuvo porque el espíritu que estaba en ella era tan fuerte que no nos permitía continuar con la oración. Estoy segura que hacía lo mismo con las personas que habían tratado de orar por ella anteriormente. Esto también me daba a entender el por qué ella había visitado a tantos diferentes doctores. Su problema era una depresión profunda. Con oraciones poderosas para el espíritu de depresión, ella hubiera sanado, pero el enemigo la tenía demasiado agarrada.

El problema con esta mujer no sucede con frecuencia. Cuando la gente está buscando ayuda, es porque el Señor quiere ayudarlos. Sin embargo, mucha gente viene sólo una vez para recibir liberación, cuando en realidad hay necesidad de un proceso más largo y profundo. Algunas veces el Señor sana instantáneamente y otras veces el proceso es lento. No sé por qué-solo Dios lo sabe. Era lo mismo con Jesús: algunas veces las personas eran liberadas y otras veces les decía que hicieran algo antes de que sanaran completamente. El hombre ciego tuvo que ir a lavarse los ojos antes de que pudiera ver, pero la mujer con el flujo de sangre, quien solamente tocó Su manto, fue sanada inmediatamente. En la mayoría de los casos que tengo toma tiempo y mucha oración por ambas partes.

Ahora que usted, lector, ha caminado conmigo a través de muchas de las formas en las que el enemigo nos puede atacar, y de las maneras en que Dios trabaja entre Su gente, estamos listos para ir a la batalla espiritual. No deje de leer el libro. Siéntese en una silla cómoda y aprendamos cómo luchar contra el enemigo con el poder del Espíritu Santo y en el nombre de Jesús.

Ahora ore, y pídale al Señor que abra su mente y corazón para aprender y entender todo lo que el Señor desea que usted aprenda, y que sea para Su honor y gloria, para que usted crezca espiritualmente y sea la persona que el Señor desea que sea, y para que usted, a cambio, ayude a otras personas a crecer y a creer con todo su corazón. Entonces podremos decir como Josué: *"Por mi parte mi familia y yo serviremos al Señor"* (Josué 24:15).

PARTE II
LA BATALLA ESPIRITUAL

EL EJÉRCITO DE DIOS

ALGUNOS DE USTEDES DIRAN que si Jesús estuviera aquí condenaría la guerra en todas sus formas. Si lo hace esta rechazando la idea del Dios del Antiguo Testamento como "persona de guerra." ¿Puede usted visualizar a Dios mismo dirigiendo a un ejército como nuestro Comandante, enviando gente a la batalla, creando emboscadas, y ensenándonos a pelear? Es sorprendente para muchos, pero gran parte del Nuevo Testamento se escribió desde el punto de vista que vivimos en un mundo que conduce negocios entre dos reinos: el reino de la luz de Cristo y el dominio de Satanás, el reino de las tinieblas.

Supón que eres el Comandante de un gran ejército. Cuando recién llegan los reclutas bajo tu comando se le da a cada uno de ellos un manual de instrucciones. Este no sólo les instruye sobre todo lo que deben saber sobre cómo emprender una batalla con éxito, incluyendo tácticas y armas, sino que también les informa sobre la naturaleza del enemigo, su propósito y sus estrategias. Sin embargo, ¿que harías como Comandante si supieras que la mayoría de los soldados bajo tu comando están tan ignorantes de su manual que ni siquiera saben que hay una guerra?

¿Qué harías si gran número de tus tropas estuvieran sin uniforme y pobremente armados, sin saber que tenían armas, y mucho menos cómo usarlas? ¿Qué harías si muchos de ellos estuvieran enfermos y heridos? ¿Qué harías si supieras que algunas de tus tropas estuvieran inconscientemente cooperando con el enemigo? ¿Qué harías si los pocos guerreros que supieran pelear y luchar una guerra están siendo ignorados y desacreditados por sus compañeros soldados?

¿Se oye ridículo verdad? Bueno, pues adivina qué, ¡esta es la situación en la que Jesucristo, como Comandante de Guerra de los ejércitos celestiales, se encuentra hoy en día! Mientras que nuestro enemigo Satanás ronda por todas partes buscando a quién devorar, gran parte del mundo de los Cristianos está dormido, relajado, asustado, deprimido o decepcionado por lo que el enemigo está haciendo, sin darse cuenta que son los mismos Cristianos quienes hacen las compañías, escuadrones y divisiones dentro del ejército de Dios.

¿Cuánta gente sabe que hay una guerra espiritual emprendida en esta tierra? ¿Cuánta gente estudia las Sagradas Escrituras y trata de aprender la Palabra de Dios? ¿Cuánta gente voluntariamente se adhiere al ejército de Dios? No solamente muchos soldados no se enteran que hay una guerra, sino que algunos de ellos ni siquiera saben lo que las Escrituras nos dicen sobre las fuerzas espirituales.

Muchos de los soldados de Dios están raquíticamente armados, sin uniforme, e ignorando el arma que Dios les ha dado contra los demonios de este mundo. (Y a propósito de estar "pobremente vestidos," ¡las modas de hoy día seguramente aumenta las tentaciones del mundo!). ¿Sabes que también hay muchos soldados enfermos que ni siquiera pueden orar o luchar por ellos mismos contra los ataques del enemigo? ¿Sabes que algunas personas nunca han considerado este tema o no desean escuchar hablar sobre él y otros tantos se asustan con él?

Necesitamos saber quiénes somos. Descubramos quienes somos, por si hay algunos que no lo saben.

¿QUIÉN SOY YO Y QUE ESTOY HACIENDO AQUÍ?

Soy hijo de Dios, hecho a imagen de Jesucristo. Soy soldado de Dios. Estoy de pasada en esta vida; mi ciudadanía está en el cielo. Soy hijo del Rey.

1 Pedro 2:9: *"Pero ustedes son una raza elegida, un reino de* sacerdotes, una nación consagrada, un pueblo que Dios escogió para proclamar sus maravillas..."

2 Corintios 6:16: *"...Nosotros somos el templo del Dios vivo..."*

Efesios 2:10: *"...hemos sido creados en Cristo Jesús con miras a las buenas obras que Dios dispuso de antemano para que nos ocupáramos de ellas."*

¿CUÁL ES NUESTRA AUTORIDAD?

1 Corintios 6:2-3: *"No saben que los santos juzgarán la tierra?"* Y si la tierra debe ser juzgada por nosotros, acaso somos gente incompetente o intentamos casos triviales? Sabemos que somos juzgados por los ángeles? ¿Qué otra cosa es más importante en esta tierra?

2 Timoteo 2:12: *"Si perseveramos, también reinaremos con Él."*

En **Josué 1:6** ¿Qué le prometió Dios a Josué? Que si se mantenía fuerte y valiente, conquistaría la tierra.

¿CUÁLES SON NUESTRAS ARMAS?

2 Corintios 10:3-4: *"Porque, aunque vivimos en el mundo, no combatimos con medios de este mundo; porque las armas de nuestro combate no son de este mundo, sino que tienen la fuerza de Dios para destruir fortalezas."*

San Pablo era un hombre de guerra, luchando y asesinando Cristianos hasta el día en que el Señor lo derribó de su caballo y así tuvo su conversión. Pablo se convirtió en uno de los soldados más grandes del Ejército de Dios. Y, ¿Qué dice San Pablo de las armas que el usa? El nos dice que él no usa armas hechas por el hombre para derribar las fortalezas de Satanás. Las armas que el usa destruirán las fortalezas que impiden al hombre encontrarse con Dios.

NUESTRA ESTRATEGIA: ¿QUÉ HACE UN BUEN SOLDADO?

En **2 Timoteo 2:3-4** Pablo llama a Timoteo un buen soldado de Jesucristo: *"Soporta las dificultades como un buen soldado de Cristo Jesús. El que se alista en el ejercito trata de complacer al que lo contrató, y no se mete en negocios civiles."*

¿Qué hace un buen soldado? No se deja atrapar por cosas mundanas. No se deja influenciar por Satanás con los horóscopos, la Ouija, drogas alucinógenas, espiritismo, clarividencia, lo oculto, la Nueva Era, meditaciones del oriente, adivinación de la suerte, o brujería.

Deuteronomio 4:1-9: Esta preciosa oración de Moisés muestra la relación del hombre con Dios. Él exhortó fuertemente al pueblo de Dios a que recuerden las enseñanzas de Dios y a que se las pasen a sus hijos. El servidor deberá ser primero un estudiante recibiendo de una manera piadosa la palabra de Dios antes de que pueda salir en fe a ayudar a otros.

Marcos 3:35: Una cosa que necesitamos saber es esto: cuando pertenecemos o seguimos a Jesús en la Iglesia Católica, con frecuencia seremos rechazados como El lo fue, aun por nuestra propia familia y por el mundo. Por lo tanto debemos hacer lo que Jesús hizo y adoptar a nuestra nueva familia en el reino de Dios. Debemos considerar a aquellos que hacen la voluntad de Dios como si fueran nuestros hermanos, hermanas, padres y madres. Comunidades de creyentes que creen, viven y oran como nosotros lo hacemos, esta gente no es perfecta, pero Dios nos las dio como nuestra familia.

Muchos cristianos tratan de continuar solos, o de mantener viejas relaciones mundanas. Un ejército de un solo hombre nunca gana la guerra. Una oveja apartada no sobrevive, y partes desmembradas del cuerpo no funcionan. Nos necesitamos los unos a los otros para formar relaciones Cristianas comprometidas, usando el poder de la oración juntos para mover montañas.

Juan 17:21: Jesús ora que seamos uno como Él y el Padre son uno. ¡Entonces el mundo creerá! *"Que todos sean uno; como tú Padre en mí y yo en Ti, que así ellos estén con nosotros, para que el mundo crea que Tú me has enviado."*

1 Juan 3:16: Tenemos que amar a nuestra familia espiritual a tal grado que seamos capaces de morir por ellos.

Juan 8:12: Jesús habló a Sus discípulos y todavía nos habla hoy a nosotros. *"Yo soy la luz del mundo; el que me sigue no caminará en la oscuridad, sino que tendrá la luz de la vida."*

Juan 7:37: *"Si alguno tiene sed, venga a mí y beba; quien cree en mí, como lo dice la escritura, de sus entrañas correrán ríos de agua viva."*

¡Necesitamos saber que Dios da vida! La da en abundancia a aquellos que desean tener vida en abundancia. Podemos tener esa vida cuando nos comprometemos totalmente a Su voluntad. ¿Nos atreveríamos a decir que la religión o el servicio a Dios es sólo para viejecitas? No, somos gente que hemos experimentado la realidad de Jesucristo, y el poder del Espíritu Santo, transformando y cambiando nuestras vidas para buscar conocer y entender el amor de Dios, Su poder Sanador, Su liberación, y la libertad que El nos ofrece hoy.

Necesitamos aprender cómo usar las herramientas que Dios nos dio, conscientes del poder que Dios nos ha dado en el nombre y autoridad de Jesucristo. Según comencemos a movernos dentro de esta estrategia para ganar nuestras batallas, estaremos aprendiendo cómo pelear una guerra y cómo ganarla. Quizás usted ha estado en una guerra, y quizás usted está o ha estado en las Fuerzas Armadas, pero el tipo de guerra del que voy a hablar es sobre la batalla en el ámbito espiritual.

EL ENEMIGO

¿QUIÉN ES NUESTRO ENEMIGO EN ESTA GUERRA ESPIRITUAL?

Él tiene muchos nombres diferentes. Satanás, Lucifer, Abaddon (el ángel del abismo, del hoyo sin fin), Apollyon (en griego significa "el príncipe del mundo"), el demonio, Beelzebu, el ángel malo—las Sagradas Escrituras lo menciona con estos nombres. Aprendamos sobre el carácter de este ser, sus tácticas, y cómo podemos proteger nuestras casas, trabajos y amigos contra Satanás. Aprendamos a romper con las maldiciones de nuestro linaje, y a reconocer ataques espirituales.

¿Estamos seguros que existe el demonio? Para la mayoría de la gente existe, pero vivimos en una era donde mucha gente hasta niega la existencia de Dios. Si, ciertamente, hay un espíritu del demonio y más aún una multitud de espíritus demoniacos.

La psicología del siglo dieciocho era de gran materialismo. La gente, cuyo interés eran las modas de la época, se acostumbró a creer sólo en lo que eran capaz de sentir o tocar a su alrededor. Por supuesto que el demonio estuvo de acuerdo a ser olvidado, a condición de que Dios también fuera olvidado. Creo que mucha gente hoy en día piensa de la misma manera.

La Maldad es la caída de un ser que fue creado bueno por las manos del Creador. Cuando la caída es voluntaria, se llama pecado. Dios toleró la maldad por un tiempo para ofrecernos la oportunidad de ejercitar las virtudes. Pero es absurdo imaginar que las creaturas continúen persistentemente insultando a Dios. La hora de la Justicia llega.

Los demonios son seres muy reales, pero son meramente creaturas. Tenemos que recordar esto siempre. En un principio ellos formaban parte del ejército glorioso del cielo; la multitud angelical, el cual es la mañana de la creación que alaba a Dios con alegría, un ejército de estrellas es el símbolo más espléndido de lo que eran. Como nosotros, pero antes que nosotros, estos espíritus puros, fuertes y más iluminados que los hombres, fueron puestos a prueba. Estos ángeles que fallaron esta prueba son menos excusables que los seres humanos. Su decisión es irrevocable. He aquí que ellos fueron privados de los dones divinos y para siempre separados de Dios.

¿Quién creó a los ángeles? La respuesta es fácil: Dios. Pero ¿quién creó al demonio? Dios lo hizo un ángel, pero él mismo se hizo demonio. La Iglesia dijo en el primer Canon del Cuarto Concilio de Letrán: "Ellos se hicieron malos por sí mismos." De acuerdo a algunos teólogos, el futuro de la encarnación de la Palabra fue anunciado a los ángeles. Lucifer, su líder, rehusó a humillarse ante el futuro Cristo, inferior a él por Su naturaleza humana. Él arrastró consigo mismo a un gran número de espíritus. Santo Tomás, un gran teólogo, pensaba que Lucifer quiso lograr dicha por su propia fuerza, sin la ayuda de Dios (Summa, I, Q. 63, art. 3). Lo que es cierto es que ellos perdieron esta dicha, porque en su prueba escogieron desobediencia.

Aun en grandes ejércitos, algunas veces pasa que un soldado fracasa en su trabajo y comete un crimen. Entonces se le degrada, se le despoja del uniforme y de las condecoraciones que deshonró. Se le encadena y se le sentencia a nunca más poder marchar bajo la bandera. Y ya no tiene derecho al título noble de soldado. Todas las ventajas de las cuales disfrutaba se le quitan. Sin embargo, él retiene su naturaleza de hombre.

Así es que a los demonios, después de su rebelión, se les expulsó del Cielo; se mantienen tal como eran hechos originalmente, es decir, seres con inteligencia y poder pero sin Gracia. En lugar de estar cara a cara con nosotros como ministros de luz y paz, son ministros de prueba y castigo. Recuerde, el demonio asaltó a Job con tribulaciones pero Job demostró quien era afrontando su dolor con fe en Dios y así se hizo más precioso ante los ojos de Dios. Si los espíritus del demonio están en el infierno, ¿Cómo es que pueden hacer la guerra en la tierra? Dios les ha dado permiso para vagabundear en la tierra.

EL INFIERNO EXISTE

El infierno si existe y es un lugar de tormentos. Busqué en el diccionario la palabra "infierno" y dice así: "Lugar o estado de tortura y castigo para los malvados después de la muerte," "Fuerzas infernales del demonio y de la oscuridad," o "Lugar de retención para aquéllos no redimidos."

La verdad permanece. La justicia de Dios, como la justicia humana, tiene su prisión. A esta prisión se le llama infierno. Los espíritus malignos van sólo a donde el Creador les permite ir y actuar, así que no tienen que estar encadenados (Apocalipsis 12:7-12).

Los ángeles buenos, quienes nos asisten, ven la cara de Dios y experimentan todas las beatitudes celestiales. De la misma manera, los demonios, a dondequiera que van, experimentan su condenación, y muchos de ellos, sino todos, actúan en la tierra. Por ejemplo, Satanás habló a Eva en el Paraíso. Anduvo vagabundeando por la tierra detrás de Job y Dios le dio permiso para someter a Job hasta las pruebas más severas. También, muchos demonios habían entrado a los cuerpos poseyendo a las personas a quienes Jesús liberó.

En Apocalipsis, leemos sobre estos espíritus invisibles. Pablo nos advierte que el agua y el aire que respiramos están llenos de ellos. Si nuestro ojo pudiera ver esta realidad, cambiaríamos nuestras vidas inmediatamente. En una ocasión San Francisco de Sales estaba bendiciendo los alrededores de una iglesia y "un torrente de lluvia azotó y detuvo la ceremonia. El santo, quien de ningún modo era tímido, hizo un exorcismo e inmediatamente lo detuvo."

Así es como yo misma aprendí, de las lecturas de los santos. Si ellos pueden hacerlo, también nosotros. En una ocasión, organicé una fiesta afuera en el patio de mi casa y esperaba a más de cincuenta personas. A las 4:00 P.M. el cielo se cubrió de nubes de lluvia y el pronóstico del tiempo decía que íbamos a tener un chubasco de dos a tres pulgadas de lluvia. Sucedió que mi amiga llegó temprano a la fiesta y ambas caminamos orando y rociando agua bendita alrededor de mi patio, donde las mesas y sillas estaban. Le ordenamos a la lluvia que no tocara mi patio. Tendrías que haberlo visto para creerlo. ¡Llovió alrededor del vecindario, pero jamás tocó mi patio!

Lo que estoy queriendo dar a conocer es que Dios nos ha dado el poder en el nombre de Jesucristo.

Cuando la gente lucha contra plagas, las herramientas más poderosas son las oraciones. Cuando era un niña pequeña, la tierra alrededor de la granja de mi padre fue atacada por insectos, pero nunca atacaron la tierra de mi padre. Era difícil creer cómo las plantas de mi padre no fueron tocadas, pero las plantas de los otros agricultores fueron devoradas por los insectos hasta las varas. Este es el poder de la oración contra los ataques del enemigo.

San Juan de Vianney siempre fue atacado por Satanás. En el siglo dieciséis, aquellos quienes consideraban o hablaban de los efectos de Satanás, eran reprendidos o censurados. Aun los hombres cultos están propensos a cometer este error, porque permiten que su fe se debilite. San Juan Vianney cuenta de cómo los demonios lo atormentaban durante la noche. La gente no le creyó y se burlaban de él.

Una noche mientras el santo conducía una misión, Vianney fue despertado por un ruido atemorizante. Toda la casa estaba en confusión, las puertas se golpeaban, las ventanas temblaban, las paredes crujían y parecía que se venían abajo. Todos estaban despiertos y recuerdan lo que san Juan de Vianney les había dicho: "Se van a sorprender si tienen la oportunidad de escuchar algún ruido hoy por la noche." Todos corrieron a su habitación y Vianney les dijo: "¡Bah! Ya sé lo que es, regresen a su cama."

¿Qué interés tiene Satanás en hacernos daño? Su interés es su malicia, su envidia, y su odio. Aun hoy los ángeles caídos todavía atacan a los hombres. Pero los atacan de acuerdo a la disposición de su voluntad pervertida.

¿Son los espíritus del maligno responsables por las diabluras atribuidas a nosotros? No, no siempre. Por ejemplo, un hombre borracho podría decir: "El demonio me hizo hacerlo." En realidad, el demonio simplemente le recordó la taberna y el olor del licor, y él hizo el resto. Lo mismo con la comida, el sexo, y el robo. Por ejemplo, un brujo listo puede jactarse de tener a Satanás como su colega, y hacer a su cliente que le pague por la consulta. Satanás no hizo nada para hacerlo malo; él se ha convertido en un ladrón por sí mismo.

NUESTRO ENEMIGO ES ASTUTO Y ESTA CELOSO

Hemos de recordar que nuestro enemigo es astuto y celoso (2 Corintios 11:14), un calumniador falso (Lucas 8:29, 9:39), el Acusador (Efesios 2:2, 6:12), el Tentador (1Tim 3:6), el Burlón (Santiago 4:7), y el destructor, el presuntuoso, el imitador de Dios; desobediente, aterrorizante, y malvado.

La conducta hombres malos nos ayuda a entender la conducta del demonio. Esta gente camina en los caminos de la oscuridad y se regocijan cuando hacen el mal. Se deleitan en las malas acciones. El demonio trata de inyectarlos con impiedad, blasfemia, y aversión al Bien Supremo porque nos ve con los dones magníficos de los cuales el está privado. El esta celoso, y sus celos le urgen al pecado y con el pecado a hacer que la muerte reine en la tierra. En resumen, él no tiene poder contra Dios. Por lo tanto trata de vengarse con los seres más débiles de Dios, es decir, usted y yo, a quienes Dios envuelve con amor Paternal.

Sean sobrios, estén siempre alertas. Porque el adversario, el demonio, ronda como león rugiente, buscando a quien devorar. Resístanle firmes en la fe, sabiendo que nuestros hermanos en este mundo se enfrentan con sufrimientos semejantes. (1 Pedro 5:8).

NUESTRO COMANDANTE
EN JEFE

AHORA QUE USTED SABE sobre el carácter de Satanás y como trabaja, permítanos ir a nuestro Comandante en Jefe, Jesucristo. Satanás vino a robar, a matar y a destruir. Nuestro Comandante en Jefe, Jesucristo, tiene el poder de liberarnos de todas las ataduras de Satanás.

¿QUIÉN ES NUESTRO COMANDANTE EN JEFE?

En **1 Juan 1:1-5:** leemos que Él existió antes que el mundo. La palabra estaba con Dios. Él lo creo todo.

En **Hebreos 1:2-3:** leemos que Él es quien murió para limpiar el rastro del pecado.

En **Hebreos 1:10:** leemos que Él tiene el control del mundo espiritual y del mundo terrenal. Los propósitos de Dios son eternos desde el principio. Era su deseo crear una raza de personas que no sólo le adorarían a Él y tendrían amistad con Él, sino que tuvieran dominio sobre la tierra. Pero Él sabía que esta parte de Su creación fallaría, por lo tanto envió a Su Hijo, un salvador, a la tierra. Cuando Jesús murió en la cruz, Su muerte alcanzó muchos objetivos.

¿QUÉ HIZO POR NOSOTROS?

Colosenses 1:12-18: "Somos redimidos mediante Su Sangre para el perdón del pecado...Nos ha liberado del dominio de la oscuridad y nos ha transferido a Su Reino...Él es la cabeza del cuerpo, la Iglesia.

2 Timoteo 1:8-10: "Él nos ha llamado y nos ha salvado" para compartir el evangelio y para poder tener nuestro "compartir en el sufrimiento por el bien del Evangelio."

Hebreos 2:15 dice que Él nos ha hecho LIBRES de "la esclavitud del miedo de muerte"

Hebreos 2:16 y 4:15: "Él fue hecho como sus hermanos en todas las cosas...probado de todas formas, como nosotros lo somos, pero sin pecado." Él vino a pagar el precio por nosotros. El ofreció Su cuerpo. Por Su Sangre fuimos salvados y liberados.

En **Hebreos 2:14** Satanás no tiene poder sobre Cristo.

Uno de nuestros problemas en nuestra inhabilidad de entender los conceptos que nuestro Señor quiere comunicarnos. Podremos decir, "Sí, yo creo," pero retrocedemos hacia el pecado otra vez. Necesitamos recordar que debemos invocar a San Miguel Arcángel, el oficial mayor del ejército celestial, para que nos ayude a ganar la batalla contra la tentación. San Miguel es el guerrero líder del poderoso ejército de Dios; Gabriel es un mensajero (Deuteronomio 10:10-14).

En **1 Pedro 3:18-19** Jesús descendió a "los infiernos" (No "EL INFIERNO" de los condenados, sino el lugar donde estaban los muertos antes de Su venida) y liberó a aquellos que aceptaron su Evangelio! Cristo esta hoy sentado a la mano derecha de Dios Padre. El Padre puso todas las cosas bajo los pies de Jesús.

Un verdadero entendimiento de lo que Jesús hizo por nosotros nos obligaría a doblar rodillas en gratitud. No sólo logró el perdón de nuestros pecados, sino que también dio su vida para que pudiéramos tener vida en Él, en Jesucristo.

NUESTRA ARMADURA ESPIRITUAL

¿CÓMO NOS PROTEGEMOS DE LOS DEMONIOS?

Cuando un espíritu inmundo sale de una persona, pasa por lugares áridos buscando donde reposar, pero no encuentra ninguno. Luego dice: "regresaré a la casa de donde salí." Y cuando regresa, la encuentra vacía, la barre y la pone en orden. Luego va y trae con él a otros espíritus peores que él y entran para hacer posada; el último estado de esa persona es peor que el primero (Mateo 12:43-56).

Esta advertencia solemne de la Palabra de Dios no es para infundirnos miedo ni inseguridad, sino que es para darnos a conocer los peligros y evitar ser atrapados por ellos. Después de ser liberados de un demonio de posesión, opresión o azotamiento, no debemos pensar que por que fuimos liberados podemos descuidarnos y continuamos disfrutando de completa libertad y protección.

Recibir liberación no es suficiente, a no ser que estemos dispuestos a hacer las cosas que Dios nos ha encomendado hacer para mantenernos libres. Para muchos, el estar atados a los demonios es tan angustioso que tienen un deseo profundo y sincero de ser liberados. Sin embargo, después de haber luchado para ser liberados del demonio que habita en ellos, no están dispuestos a ser llenados por el Espíritu Santo. Dios nos ha puesto la advertencia solemne de Mateo 12:43-56 en su Palabra para que conozcamos la necesidad de ser llenados por Su Espíritu.

Los demonios desean habitar en los seres humanos. No encuentran descanso en su estado, y vagabundean buscando personas donde reposar o habitar. Puesto que son de naturaleza muy persistentes, no dejan esa habitación sino hasta que se ven obligados a hacerlo, y aun así continúan alerta buscando cualquier oportunidad para regresar.

Los demonios, de mala gana obedecen las órdenes de la persona de fe llena del Espíritu Santo, quien les ordena salir, en la autoridad del nombre de Jesucristo. Pero se van con la creencia de que, cuando el agente ungido de Jesús se haya ido, ellos puedan regresar. A no ser que hagamos algo para evitar que regrese el demonio, indudablemente regresará. Y cuando regresa, encontrará la casa en tanto mejor orden de lo que estaba acostumbrado— no solo vacía, sino barrida y recogida—que decide tener tremenda fiesta de llegada.

En una ocasión estábamos orando por una persona y el demonio habló diciendo: "No pienso salir. He estado aquí mucho tiempo." Queriendo decir que era un demonio que venía desde la tercera generación. Después de mucha oración nos dijo: "Esta bien, saldré pero voy a regresar." Este es un ejemplo de las Escrituras que se hace realidad cuando dice que saldrán pero a la primera oportunidad que tengan, regresarán. Por eso hay gran necesidad de mantenerse limpio de pecado. Vayamos a Confesión lo más frecuentemente posible, y vayamos a Comulgar también; diariamente, de ser posible.

Finalmente, mis hermanos, seamos fuertes en el Señor, y en el poder de su Omnipotencia. "Por lo demás, fortalézcanse en el Señor con la fuerza de su poder. Revístanse con la armadura de Dios, para que puedan resistir las insidias del demonio. Porque nuestra lucha no es contra enemigos de carne y sangre, sino contra los Principados y Potestades, contra los Soberanos de este mundo de tinieblas, contra los espíritus del mal que habitan en el espacio. Por lo tanto, tomen la armadura de Dios, para que puedan resistir en el día malo y mantenerse firmes después de haber superado todos los obstáculos. Permanezcan de pie, ceñidos con el cinturón de la verdad y vistiendo la justicia como coraza. Calcen sus pies con el celo para propagar la Buena Noticia de la paz. Tengan siempre en la mano el escudo de la fe, con el que podrán apagar todas las flechas encendidas del Maligno. Tomen el casco de la salvación, y la espada del Espíritu, que es la Palabra de Dios. Eleven constantemente toda clase de oraciones y súplicas, animadas por el Espíritu. Dedíquense con perseverancia incansable a interceder por todos los hermanos, y también por mí, a fin de que encuentre palabras adecuadas para anunciar resueltamente el misterio del Evangelio, del cual yo soy embajador en medio de mis cadenas. ¡Así podré hablar libremente de él, como debo hacerlo! (Efesios 6: 10-20).

GUÍA PARA EL SACRAMENTO DE LA RECONCILIACIÓN

Espero que tengan en mente que para vivir una vida en el Espíritu uno debe de intentar vivir de acuerdo a los 10 Mandamientos, siempre pidiéndole a Dios que nos perdone, perdonando a otros, y pidiendo a otros su perdón. Algunos pecados son mortales y se prohíbe consumir la Eucaristía hasta que hagamos una buena confesión Sacramental con un Sacerdote. Cuando hay duda si un pecado es venial o mortal, confesémoslo y consultémoslo con un sacerdote fiel a las enseñanzas del Santo Papa y Roma. Un pecado mortal involucra un asunto serio y se comete con suficiente reflexión y total consentimiento de la voluntad.

Primer Mandamiento: ¿He negado o dudado la existencia de Dios o he rehusado a creer en su revelación? ¿He creído en los horóscopos, predicción de la suerte o de sueños, amuletos, o reencarnación? ¿He negado que sea Católico? ¿He abandonado la fe Católica? ¿No he confiado en la Misericordia de Dios? ¿Vivo como me dé la gana porque presumo de la Misericordia de Dios? ¿He descuidado la oración por mucho tiempo?

Segundo Mandamiento: ¿He blasfemado a Dios o he tomado el nombre de Dios en vano? ¿He maldecido o he roto una promesa o voto?

Tercer Mandamiento: ¿He sido culpable de dejar de asistir a Misa los Domingos o días de obligación? ¿Tengo siempre reverencia ante la presencia de Dios en el Santísimo Sacramento? ¿He estado distraído en Misa? ¿He llegado a Misa tarde, que tan tarde? ¿Me he salido de Misa antes de tiempo? ¿He hecho trabajo innecesario los Domingos?

Cuarto Mandamiento: ¿Desobedecí o fui irrespetuoso con mis padres o superiores? ¿He descuidado mis responsabilidades para con mi esposo, esposa, hijos o padres? ¿He dejado de participar activamente en la educación religiosa de mis hijos? ¿He descuidado el estudio de las verdades de la Iglesia?

Los demás Mandamientos: ¿He trabajado el día completo a cambio del pago de un día completo? ¿Causé escándalo con lo que dije o hice, especialmente a los jóvenes? ¿Fui la causa de que alguien dejara la fe? ¿He sido impaciente, enojón, envidioso, cruel, orgulloso, vengativo; odio a otros? ¿He sido flojo? ¿Di mal ejemplo tomando o abusando drogas o medicinas? ¿He dado mal ejemplo peleando? ¿He participado o permitido el grave pecado de eutanasia? ¿Intenté suicidarme? ¿He abortado, ayudado o apoyado a otros a hacerlo? ¿He tenido sexo fuera del matrimonio? ¿Me he vestido sin modestia? ¿He dicho impurezas o he escuchado palabras impuras? ¿Me casé fuera de la Iglesia o he servido como testigo a otros casándose fuera de la Iglesia? ¿He abusado de los derechos de mi matrimonio? ¿He robado? ¿He mentido? ¿Me he confesado mal?

VICTORIA PERMANENTE

Sigue estas instrucciones cuidadosamente, y te sentirás seguro de que te has obtenido una aseguranza confiable contra cualquier posesión demoniaca. ¡Sé salvo por el poder limpiador de la Sangre de Jesús! ¡Llénate de la fuerza Omnipotente del Espíritu Santo! ¡La victoria permanente es nuestra mientras vivamos una vida llena del Espíritu Santo!

DISCERNIMIENTO

EL DON DE DISCERNIMIENTO es muy importante. Es un don del Espíritu Santo. El discernimiento es necesario en el área de sanación y liberación espiritual. Necesitamos la luz de Dios para saber cómo orar bien. Dios es un misterio, y también lo es el ser humano.

Antes de que ciertos tipos de sanaciones y liberaciones sucedan, debemos, a través de escuchar a Dios, discernir la necesidad de sanación del espíritu de la persona, y la necesidad de arrepentimiento, especialmente en lo que se relaciona al perdón. Siempre me aseguro de que las personas que vienen a mí hayan ido a Confesarse y a recibir la Comunión. Muchas veces el Señor nos sana o nos libera a través de los Sacramentos.

De la manera en que yo lo entiendo, este don de discernimiento de espíritus es esencial para estos ministerios. El don del discernimiento de espíritus es el don por el cual eres capaz de ver la realidad espiritual con la cual otra persona se identifica más íntimamente. Algunas veces se da como el don de palabra de conocimiento.

Por ejemplo, estaba en Colombia, y le dije a la gente de una colonia pobre: "Les voy a construir una iglesia. El Señor proveerá." El Señor me dio esa palabra de conocimiento. Con frecuencia me pregunto en lo que mis ayudantes piensan de mí; cuando hablo, o hago cosas que para el mundo no son normales.

A través del discernimiento, también nos damos cuenta de la clase de espíritus que habitan en la persona, y sabemos si vienen de la tercera o cuarta generación y de cual lado de la familia.

Nunca le pongo atención a la gente con ambos oídos porque con uno estoy escuchando la voz de Dios, y con el otro a la persona. En realidad estoy tratando de obtener la interpretación del cielo. He descubierto que en este tipo de discernimiento uno puede darse el lujo de ser muy cauteloso. No es necesario decirle a la persona que el Señor me está diciendo o mostrando algo. Podría ser intimidante para la persona.

En una ocasión, estaba orando por una mujer y me di cuenta que estaba muy herida. El Señor me mostró agua, y al lado del agua un árbol grande. Después me mostró ropa verde. Le dije a ella: "El Señor quiere que retrocedas a la edad de la adolescencia, cuando tenías catorce años. ¿Qué sucedió cerca del agua bajo el árbol y que significa la ropa verde?

Me contestó llorando: "Si, es verdad."

Entonces yo le dije, "Lo que haya pasado es el pasado y no necesito saberlo, pero si alguien te hirió debes perdonar."

"Si," dijo ella. "Él me hirió mucho y nunca lo pude perdonar."

Ese era el problema que ella había cargado gran parte de su vida. ¡La cara feliz y la paz que se derramó sobre ella! Ningún doctor o doctores podría haberle dado suficientes medicinas para hacerla tan feliz como cuando ella perdonó. Algunas veces lo único que necesitamos es perdonar. La liberación espiritual no es necesaria.

Cuando nos atamos a las cosas del pasado frustramos nuestra vida espiritual. Para eso se nos ha dado la Confesión. Un corazón que no perdona puede ser la causa de que no sanemos.

Quiero asegurarme que entendemos la diferencia entre este ministerio de liberación espiritual y exorcismo. Exorcismo lo hace un sacerdote autorizado por el obispo local usando las oraciones de exorcismo de la Iglesia. La liberación, por otro lado, se hace por una persona laica a quien el Espíritu Santo escoge y le da poder junto con el don de liberación. Por supuesto que esta persona debe ser una persona Cristiana fuerte, que viva la vida en el Espíritu y con experiencia en los dones carismáticos.

Este no es un ministerio en el que uno dice: "Me gustaría hacer este ministerio." Uno es llamado por Dios, y equipado por Él mismo con los dones necesarios para el trabajo. Dios llama a personas que han estado caminando con Él por mucho tiempo y en quien la Sagrada Trinidad actúa.

LA ORACION EN SOLITUD

LA ORACIÓN EN SOLITUD es necesaria para este tipo de trabajo. Durante la oración privada, el Espíritu Santo nos educa, guía y dirige, y nos enseña el camino que debemos seguir. Tengo un director espiritual de quien quizás escucho las mismas cosas que cuando busco al Espíritu Santo.

Una persona que reflexiona recibe mucha luz de Dios. Una persona distraída corre el riesgo de caerse. Para que el Espíritu de Dios actúe en una persona, es necesario tener paz y recolección.

Una persona se arma orando en todo tipo de combate. En cualquier estado que nos encontremos tenemos que orar y debemos buscar a toda costa la pureza. Recordemos que toda gracia nos llega a través de la oración.

La Adoración al Santísimo me da mucha paz y trato de hacerlo casi todos los días, a primera hora. Frente al Santísimo, uno llega a conocerse a sí mismo y a Dios de manera más profunda.

Para perseverar en la oración uno debe armarse con paciencia, y debe afrontar con valentía las dificultades exteriores e interiores. Las dificultades interiores son las tentaciones, el desánimo, y la resequedad y pesadez de espíritu. Las dificultades exteriores son el respeto humano y el tiempo.

Uno debe dejar tiempo para orar. Ésta ha sido mi experiencia personal, y si no oro a la hora determinada para la oración, ya no puedo hacerlo más tarde, por a la cantidad de llamadas telefónicas que recibo. O si logro hacerlo, lo hago con gran dificultad, porque mi mente se distrae con el trabajo y los problemas ajenos. Por eso les pido que dediquen a Dios la primera hora del día, aunque tuviéramos que despertarnos un poco más temprano; solo para pasar ese tiempo con Él.

Durante el día oro mientras manejo y cuando me ocupo de mis obligaciones. Por la noche rezo y hago la *Coronilla a la Divina Misericordia*, y muchas veces el *Rosario* también. Mientras más tiempo pasemos en oración, leamos libros Cristianos o las vidas de los santos, más fuertes nos hacemos.

Mi Oración

Querido Dios,

Concede que toda persona que lea este mensaje comparta conmigo la responsabilidad de darlo a conocer a las multitudes atadas por espíritus malignos.

Encarga los corazones de tu gente para que proclamen la libertad a los cautivos y el abrir de la prisión de aquellos que sufren de ataduras.

Señor, cuando la gente lea este libro háblales a sus corazones. Encárgale a sus corazones que compartan este mensaje con otros.

Señor, permítenos trabajar junto a Ti para proclamar la verdad que liberará a tu pueblo. El mensaje de absoluta liberación es necesario para preparar a La Novia para la venida del Señor."

Stella Davis
Servidora de Cristo Jesús

PARTE III

LA VIDA DE UNA GUERRERA

DE DIOS

(Entrevista con la Sra. Stella Davis)

COMIENZO DEL MINISTERIO:
LOS PRIMEROS DONES

¿Cuándo supo por primera vez que usted tenía dones de sanación y liberación?

El don de sanación~lo escondí. Me di cuenta que lo tenía alrededor de los trece o catorce años de edad—así de joven. Cuando recién lo descubrí me moleste. Cuando las madres venían y me pedían que orara por sus hijos, me decía a mí misma: "¿Pero, qué les pasa? ¿Por qué no pueden orar ellas por sus propios hijos?"

Muchas veces en ese entonces, y aun todavía, la gente me dice: "Dios me envió a usted." Madres me decían: "Dios me envió a usted a que orara por mis hijos." A la edad de trece o catorce años no me interesaba orar por niños mal portados. Ese era un problema. Pero, al parecer las mujeres mayores veían algo en mí que Dios les revelaba y se daban cuenta que Dios respondía a sus oraciones. De hecho, Dios contestó muchas de mis propias oraciones cuando oraba por aquellas madres con niños problemáticos. Sigue siendo así hoy en día también. Ya tengo ochenta años y todavía continúo orando por niños mal portados. Sin embargo el ministerio de sanación y liberación no se desarrolló inmediatamente.

De recién casados, mi esposo y yo estuvimos un año en la base militar *Fort Belvoir, Virginia.* Mi esposo terminó su educación y nos enviaron a Idaho. En Idaho Falls mi ministerio empezó de nuevo en la *Legión de María*. Éramos solo tres en la *Legión de María* pero yo era la más activa. Iba a los campos de papas (patatas) donde les llevaba a Cristo y algo de ropa a los trabajadores. Los recolectores de papas vivían en chozas en los ranchos mientras trabajaban y cultivaban en el campo. En esa época me di cuenta que cuando ellos me pedían que orara por ellos (oraba pero sin imponer las manos todavía) la gente sanaba.

¿Qué clase de sanaciones?

No puedo recordar específicamente de qué sanaban, pero ellos estaban enfermos y me pedían oración porque eran pobres. Ellos no podían ir al doctor porque no tenían dinero para pagar servicios médicos.

¿Eran inmigrantes?

Inmigrantes, Sí. Idaho Falls era un pueblo pequeño. Había allí un reactor nuclear. Había muy pocos hombres militares en la planta nuclear, por lo tanto éramos solamente como veinticinco familias. Era un pueblo muy pequeño y yo trabajaba para un sacerdote en una iglesia pequeña, una iglesia campestre. Eso me mantenía muy ocupada.

¡Pero de repente pasó una tragedia terrible! La planta nuclear de energía explotó y Dios, como siempre, me usó. Uno de los soldados que murió era uno de mis mejores amigos. Esto sucedió a media noche y el teléfono sonó. ¿Por qué me escogieron a mi? No lo sé, pero el Coronel nos llamó a casa alrededor de las dos de la mañana y le dijo a Jack, mi esposo: "Queremos hablar con tu esposa."

Mi esposo se preguntaba, "¿Por qué querrá hablar con mi esposa el Coronel?"

En fin, Jack me despertó, tomé el teléfono y el Coronel me dijo: "Queremos que estés lista en diez minutos." ¡A las dos de la mañana me despertó para que estuviera lista en diez minutos! Luego continuó: "Queremos que vayas a la casa de Arlene." Ella era la esposa de uno de los soldados que había muerto.

"¿Por qué?," le pregunté.

"Te lo diremos cuando llegues ahí."

Bueno, me di la vuelta y le dije a mi esposo: "El Coronel quiere que vaya a la casa de Arlene."

"¿Por qué?"

"No lo sé."

Sabrás, normalmente cuando alguien dice: "te quiero en tal lugar a las dos de la mañana" le digo No. Nunca me arriesgaría a tal cosa. De todas formas, Jack se quedó en casa con los dos niños y estoy segura que se quedó llorando. Llegué al estacionamiento de la casa de Arlene; el Sargento y el Coronel se me acercaron al carro y abrieron la puerta. Cuando Salí del carro, el Coronel me tomó del brazo y me dijo: "Vas a decirle a Arlene que su esposo falleció. Acabamos de tener una explosión terrible en la planta y su esposo murió."

Eran alrededor de las 2:25 de la mañana y hacía mucho frío. Era el mes de Enero y estaba helando en Idaho. Mis brazos se me adormecieron. El Sargento y el Coronel me cargaron a la casa de Arlene porque apenas podía caminar. No te puedo explicar las fuertes emociones que me asaltaron en esos momentos ni la presión que fue puesta sobre mi por tener que decirle a mi amiga, mi querida amiga, que su esposo había muerto.

En fin, me cargaron hasta la puerta. No recuerdo quién tocó a la puerta. Arlene se levantó para abrirla; cuando la abrió, el Coronel estaba a un lado de mi y el Sargento al otro lado, conmigo entre los dos. Ella me miró y empezó a sollozar.

"¡No, Stella!"

"Sí," le dije:

Arlene lo supo en cuanto me vio. Su presentimiento le advirtió que algo le había pasado a su esposo. Ni siquiera tuve que decírselo, pues mientras me llevaban a su casa le dije a Dios: "¿Qué le voy a decir? ¿Cómo se lo voy a decir? Ayúdame, Señor," y el Señor me ayudó. Una vez más me auxilió Dios.

"¿Qué voy a hacer?" Me preguntó ella.

Bueno, la abrasé y le dije: "¡Vamos a empacarte ropa. Tu vendrás conmigo!"

Entré a su casa y empacamos ropa para ella y para su hijo Jack (quien era de la edad de mi hija Patti. Ellos nacieron sólo unos días aparte), y me los llevé a mi casa. Para entonces ya eran las tres de la mañana. Llegué a casa con ellos mientras que el Sargento cargaba al niño porque era apenas un bebé.

Entonces el Coronel le dijo a mi esposo, Jack: "¡Vístete, te van a necesitar!"

Mi esposo es un científico de Física. El tuvo que ir a revisar la planta. A nosotras nos dejaron con el pequeño Jack y Patti. A las siete de la mañana, ya había cámaras de televisión por doquier y gente de Salt Lake City. Había reporteros por todos lados. ¿Cómo encontraron nuestra casa? No lo sé. Durante todo este tiempo pude ministrar a Arlene. Sentí mucha fortaleza, y experimente un gran sentido de amor y paz.

La gente nos ayudó mucho. Nos traían montones y montones de platillos de comida, frutas, y otras cosas más. Les tuve que pedir que dejaran de traer comida porque no tenía espacio para tanto. Aun gente que yo no conocía nos traía comida.

Luego llamé a los suegros de mi amiga. Ellos iban a venir de Nueva York para escoltar el cuerpo de su hijo de regreso a Nueva York. Mi amiga se quedó conmigo durante todo este tiempo y yo a su lado. Yo era su apoyo. Mientras tanto, en el lugar del accidente estaban teniendo problemas recobrando los cuerpos de las víctimas; les tomo un semana entera para recobrarlos todos, porque el equipo de rescate solamente podía entrar por un período de tres minutos y salirse inmediatamente, pues la radiación era muy alta.

¿Cuántos hombres murieron?

Tres. Para cargarlos tuvieron que traer un camión blindado cubierto de plomo. También los féretros tenían que estar cubiertos de plomo para evitar que saliera radiación de los cuerpos en donde quiera que fueran a ser trasladados. Tuvo que venir un avión de la Fuerza Armada para recogerlos y trasladarlos. Uno de los cuerpos fue enterrado aquí en Arlington, Virginia, pero los padres de John quisieron trasladarlo y enterrarlo en Nueva York.

Le pregunté al sacerdote si podía oficiar un servicio religioso por las almas de los tres hombres al momento que el avión despegara. Se corrió la voz de que el sacerdote iba a ofrecer un servicio para los hombres fallecidos. Hasta gente protestante vino y el sacerdote ofició la Misa. Escuchamos el ruido del avión según voló sobre la pequeña iglesia donde estábamos. Después de eso la Fuerza Armada envió a un Coronel a recoger a los padres de John y a Arlene y los escoltaron hasta el aeropuerto y luego a Nueva York.

Cuando regresé a casa, la tristeza me hizo pedazos. Entonces otras personas tuvieron que ministrarme a mí. Personas vinieron y prepararon todo tipo de comidas y cuidaron de Patti y de mí, justo como había yo cuidado de Arlene. Esta gente me cuidaba porque Jack estaba muy ocupado. Trabajaba entre doce y quince horas al día revisando los niveles de radiación de la planta. En fin, Dios siempre tuvo a alguien ahí para mí. Era como si una nube me hubiera cubierto, yo no podía salir de la recámara. No tenía la fortaleza, me sentía débil y con ataques de llanto. Por lo tanto empecé a orar. Finalmente, pude salir de este estado de ánimo. Mi familia nunca se enteró por lo que pase.

Seis semanas más tarde, nos enviaron nuevamente a Fort Belvoir, Virginia, donde vivimos el resto de la carrera militar de Jack, hasta que nos jubilamos. Cuando recién llegamos nos quedamos en una casa de huéspedes, porque la Fuerza Armada no tenía una casa para nosotros. Mientras vivía en esa casa, yo ministraba a las esposas de los militares que tenían problemas. Oraba por ellas y les ayudaba a encontrar casa fuera de la base militar porque ellas no cualificaban para vivir en la base. Llamábamos a varios lugares y yo las llevaba a encontrar apartamentos.

Arlene se convirtió al Catolicismo más tarde y ella dice que "por mí." Y así hay mucha gente que se ha convertido al Catolicismo debido a mi trabajo. La secretaria del capellán en la base Fort Belvoir me dijo en una ocasión: "Me estoy convirtiendo al Catolicismo debido a ti." Y se convirtió en una Católica muy devota.

En una ocasión recibí una carta de una mujer indígena de la reservación de Yakama en el estado de Washington. Yo había evangelizado en la reservación anteriormente y me dijo que el Diácono quería que me dijera que él se había hecho Diácono por mí. Así es que tengo algunos hijos e hijas espirituales, que se han convertido en Católicos activos en la Iglesia. Un sacerdote de España, quien leyó mi primer libro dijo que había dejado la idea de dejar el sacerdocio. El pensó: "si una persona laica puede hacer todo ese trabajo, yo como sacerdote, puedo hacerlo también." Así es que cambió de opinión y no dejó el sacerdocio. Y así, no sé cuantas personas más.

¿Podría decirme cuándo evolucionaron los dones en algo más formal y cuándo empezó a usarlos de manera diferente? Yo se que usted tiene un don carismático de sanación. ¿Empezó usted a "imponer manos" antes de que el movimiento Carismático en La Iglesia comenzara? ¿El Movimiento Carismático te ayudo a formalizar tu ministerio? ¿Cuándo empezaste a ministrar a grupos?

Antes, no imponía manos pero la gente sanaba cuando oraba por ella. Hice mi *Seminario en el Espíritu* cuando el Movimiento Carismático tenía cinco años de iniciarse, pero yo ya sabía todo eso. Me dije a mí misma: "Ya sé hablar en lenguas. Esto es lo que he estado haciendo toda mi vida." Cantaba y oraba en lenguas. Oraba con las personas, pero no imponía manos sobre ellas, y no tenía que hacerlo puesto que sanaban.

Pero, ¿cómo empezó mi ministerio de liberación? Hace treinta años, después de iniciar *Christian Women in Action*, CWIA (*Mujeres Cristianas en Acción)* empezamos a trabajar con personas ancianas y de escasos recursos económicos cerca de Alexandria, Virginia. Hay allí una pequeña área de población Afroamericana de escasos recursos. Yo buscaba un lugar donde, tanto mujeres protestantes como católicas y judías de la base militar Fort Belvoir, pudiéramos ministrar juntas. Dios me había puesto eso en mi corazón. De tal manera que encontré un lugar donde vivían juntas seis o siete personas de edad avanzada. Una mujer recibía sus pensiones del Seguro Social mientras las cuidaba. Una de las ancianas era ciega, las otras inválidas y todas mayores de ochenta años, cerca de los noventa. Entonces empecé a llevar a un grupo de mujeres protestantes, judías y católicas a ministrar ahí.

¿Esas mujeres pertenecían a la Base militar?

Sí. No fue sino hasta que mi esposo se jubiló cuando inicié *Christan Women in Action*, CWIA (*Mujeres Cristianas en Acción*) fuera de la base e hice el grupo completamente Católico. Las mujeres me ayudaban a preparar la comida que les llevábamos a las ancianas. Las alimentábamos física y espiritualmente.

¿Qué quiere decir con "comida espiritual"?

Les enseñábamos la Palabra de Dios en la Biblia. Cantábamos canciones, canciones Cristianas. Les enseñábamos canciones muy cortas de dos o tres versos. Ellas las aprendían si escuchaban la melodía y lo disfrutaban, hasta aplaudían y seguían el ritmo con los pies. La mujer que las cuidaba salía en cuanto llegábamos, de esa manera ella tomaba un descanso.

Un día, mi amiga Lou y yo preparábamos un suculento bistec, creo que era un Sábado, mi esposo y mis hijos habían ido a un juego de béisbol. Nos reíamos, charlábamos y cocinábamos, estábamos a punto de sentarnos a la mesa, cuando sonó el teléfono. Era la mujer que cuidaba a las ancianas.

Yo nunca había oído hablar de liberación ni había leído un libro ni otra cosa sobre liberación. La mujer en la otra línea del teléfono estaba muy agitada, yo pensé que alguien la estaba sofocando o que se estaba muriendo. No dejaba de decir (con voz agitada) "¡Señora Davis, venga, venga! "

Yo le preguntaba: "¿Quién es, quién es?" No sabía a dónde ir porque no sabía quién era. Por fin, escuché: "Soy Lydia."

Entonces dije, "¡Ya voy!" De aquí a la casa eran veinte minutos. Le dije a Lou, mi amiga: "Puedes venir conmigo si deseas o puedes quedarte y comerte tu bistec, pero yo tengo que ir. Algo le pasa a Lydia. No sé de qué se trata, pero se oye como que se está muriendo o sofocando.

Lou vio el bistec (fue muy chistoso pero si se lo preguntas te lo dirá) y dijo: "Está bien Stella, pero espera un minuto, déjame comer un pedazo." Entonces tomó un cuchillo y un tenedor, cortó un pedazo y se lo puso en la boca. Dejamos la cena y todo ahí sobre la mesa.

Aquí es donde entendí lo que quiere decir morir a nosotros mismos por otros.

En cuanto nos subimos al carro le dije, "La primera cosa que haremos, Lou, es rezar para que nos toquen semáforos verdes y después oraremos para ver qué es lo que quiere Dios que hagamos."

Empecé a orar pidiéndole a Dios que nos diera lo que necesitábamos. Y una vez más, emprendimos nuestro camino y cada vez que llegábamos a un semáforo, había luz verde. No sé si los ángeles nos levantaron, porque no nos tomó los veinte minutos que normalmente nos tomaba llegar ahí. He experimentado esto anteriormente, donde los ángeles me levantan y me llevan a donde tengo que ir. Al llegar al lugar, le dije a Lou: "Dame la botella de agua bendita y mi crucifijo." Cuando entre a la casa la hija de Lydia me dijo que Lydia estaba en la planta alta en una de las habitaciones. Así que le dije a Lou: "Espérate aquí y ora, yo subiré a la habitación." Y le dije una vez más a Lou: "Quédate aquí y no te muevas hasta que te llame."

Así es que subí a su habitación y Lydia estaba toda torcida. Los ojos estaban volteados hacia arriba, solo se le veía lo blanco. Su pequeña nieta, de sólo cuatro o cinco años, estaba de pie a su lado temblando de miedo.

Yo tenía mi crucifijo y mi agua bendita y empecé a orar en lenguas. De repente, el Espíritu Santo empezó a moverse en mi espíritu y empecé a expulsar los malos espíritus. Nunca había aprendido a hacer esto ni nunca había oído hablar de ello. Vi cómo los espíritus salían de ella y empezaban a pasársele a la niña.

Cuando esto sucedió, la niña se transformó como en un pilar y su cuello se le torció. Ahora he visto eso muchas veces durante una liberación, pues el enemigo puede torcer el cuerpo de una persona. No le rompe los huesos pero le tuerce el cuerpo de manera que una persona normal no lo haría. Así es que cuando vi eso, me quité el crucifijo y se lo puse a la niña y empecé a rociar agua bendita y a ordenarle al espíritu malo que se fuera a los pies de Jesús.

Luego le dije a Lou: ¡Ven y llévate a la niña y déjala abajo o sácala de la casa!

Bueno, no puedo decir cuánto tiempo me tomó sacar todos esos espíritus de Lydia, pero fue sanada y liberada. A partir de ese momento el Señor empezó a abrir puertas. Y como siempre, la gente decía: "El Señor me envió con usted, por favor ore por mí." Empezaba a orar y los demonios se empezaban a manifestar.

Así es como empezó el ministerio de liberación hace treinta y ocho años. Yo siempre he dicho: "Mi profesor es el Espíritu Santo. No sólo en liberación ni en sanación sino también en la enseñanza.

¿Así es que usted no había oído hablar de la Renovación Carismática ni había experimentado liberación alguna?

¡Nunca! Después de eso, tomé el libro *Pigs in the Parlor* (*Puercos en el Billar*) de Frank y Ida Mae Hammond. Era un libro muy viejo y lo leí de principio a fin.

Aún después de que surgió la Renovación Carismática, no era muy común para una persona laica hacerse cargo ni del ministerio de sanación ni del de liberación. ¿Le causó esto algún problema?

Sí. Solo mi esposo y mi hija saben el dolor y el precio que he tenido que pagar por este ministerio.

¿Había persecución dentro de la Iglesia?

Persecución dentro del Cuerpo de Cristo, dentro de grupos de oración. Pero como te decía, cuando escucho la voz de Dios hablarme y pedirme que vaya o haga lo que Él me pide, me someto a la persecución.

¿En cierto momento se le abrieron las puertas para ministrar en las congregaciones Protestantes?

Por doce años. Justo después de eso, empecé el ministerio de sanación porque personas venían de todas partes para que orara por ellas. De alguna manera mis amigos protestantes (porque yo tenía muchos amigos protestantes en esa época) se fijaron en el ministerio que Dios me había dado y que no se había puesto a trabajar en la Iglesia Católica.

Una a una, la iglesias protestantes empezaron a abrir sus puertas a mi ministerio y yo comencé a viajar a muchos lugares a las diferentes iglesias protestantes. Yo ministre a los Bautistas, los Iglesia de Dios, Asamblea de Dios, iglesias Episcopales y hasta Luteranas.

¿Cuándo ocurrió eso?

En los setentas. Recuerdo que en una ocasión yo pasé en casa sólo treinta días del año. Las iglesias Protestantes me mantuvieron ocupadas. Nunca hable acerca de María, sin embargo, María estuvo en mi corazón y eso era lo único que contaba, por supuesto.

¿La invitaron a dar enseñanzas?

¡Sí, y hasta di una charla en Domingo de Resurrección!

¿Durante sus servicios?

Sí. Yo era la oradora principal y después de la enseñanza teníamos servicio de sanación.

¿Hizo liberaciones también?

No, porque los demonios no se manifestaban en ese momento, sino cuando oraba en privado.

En una ocasión se me acercó una señora para que orara por ella. Tenía una deformidad grande en el cuello, como una bola del tamaño de una toronja. Era cáncer en el cuello y la mujer se estaba muriendo de este cáncer. Había venido para que orara por ella. Así que puse mi mano sobre el tumor y no pasó nada. Luego se salió de la línea de oración y fue al baño. Allí la bola cancerosa se abrió, explotó, y toda esa cosa cayó al piso. Después la llevaron al doctor, quien le dijo que la bola estaba llena de veneno y que si hubiera explotado en el interior de su cuerpo hubiera muerto instantáneamente. Esa fue una de las cosas que los protestantes vieron y les bastó para saber que Dios había ungido mi mano y que tenía un tremendo ministerio.

Hubo otro caso interesante, el cual involucraba a la esposa de un pastor en el estado de Maine, al norte de E.U. Las dos manos de la mujer estaban marchitas. Le habían amputado parte de los dedos debido a la gangrena que tenía. Cuando vino a mí a que orara por ella, traía puesta una capa que cubría sus manos y por eso yo no se las podía ver. Sólo le toqué la frente. Unos minutos más tarde regresó el pastor y me preguntó: "¿Te dijo mi esposa por qué oraras?"

Yo le contesté: "No, pero oré en el Espíritu." (Siempre oro por la gente en el Espíritu. Muy pocas veces oro en Inglés. Siempre lo hago en el Espíritu, es decir, en lenguas, porque el Señor me habló en una ocasión y me dijo que usara mi lenguaje de oración).

Después regresó su esposa para que le orara otra vez, y el pastor, quien venía con ella, le jaló la capa y dijo: "Mira sus manos marchitas. La gangrena está avanzando por su cuerpo y le van a amputar y a amputar hasta que muera." Así es que esta vez le impuse manos sobre la cabeza, cayó en el Espíritu y se quedó en el piso prácticamente todo el tiempo del servicio y le advertí a la gente: "¡Nunca toquen a las personas cuando estén en el piso descansando en el Espíritu; Dios está haciendo grandes cosas en ellas!" Más tarde, cuando se levantó la mujer ya podía elevar sus brazos y mover las manos que antes le dolían.

Esos eran los milagros que Dios hacía en las iglesias Protestantes. Los ministros protestantes promovían mi ministerio a través de diferentes iglesias. Así es que iba de iglesia en iglesia, simplemente porque se pasaba la voz. Nunca lo publiqué. Nunca tuve a nadie que promoviera mi ministerio. Eran los tremendos milagros que Dios hacía en las iglesias protestantes que se pasaban de boca en boca.

En esa época yo tenía un director espiritual que ahora está en el cielo, el padre Arturo, y quien siempre me aconsejó: "Ora Estela. Algún día Dios te abrirá las puertas en la Iglesia Católica."

Muchas veces recibía ofertas de parte de los ministros para que trabajara en sus iglesias. Había un pastor mayor de edad en una iglesia metodista de mucho dinero. Este me ofreció su iglesia diciendo: "Tú atraes gente al servicio. Quiero que tomes mi iglesia y yo seré tu asistente. Luego podrás tomar la iglesia tú sola."

Yo le contesté: "No, mi esposo tiene trabajo en Virginia. Yo puedo venir aquí cualquier día, pero no puedo tomar tu iglesia."

Él me dijo entonces: "Encontraremos trabajo para tu esposo y te daremos casa. Te daremos trabajo con sueldo para que tomes esta iglesia.

"¡No!" Le contesté.

Otro ministro me hizo otra oferta en una iglesia de Dios cerca de mi casa. Les fascinaban mis enseñanzas—Siempre lo hacía sobre Jesús y sus milagros. Yo enseñaba sobre Las Escrituras. En una ocasión subí al púlpito a enseñar y ellos decían que me oía como predicadora bautista porque el poder del Espíritu Santo estaba sobre mí.

Para no alargar la historia: ¿Cómo fue que pude entrar en las Iglesias Católicas? Mi director espiritual, el padre Arturo murió mientras yo me encontraba evangelizando en iglesias protestantes en Francia. Mi esposo me llamó para darme la noticia. Esa noche en la iglesia donde estaba hablando había una mujer Católica, quien fue sanada de su enfermedad. Ella le dijo a su párroco que me invitara a hablar en su iglesia. Y así lo hizo, y desde entonces las puertas de la Iglesia Católica se me abrieron. Pero sucedió una cosa rara: nunca más he vuelto a recibir otra invitación de parte de las iglesias protestantes ni tengo amistades protestantes que vengan a mi casa, solo amistades Católicas. Creo que el padre Arthur fue responsable por la apertura de las puertas a la Iglesia Católica una vez que pasó a recibir su Recompensa Eterna.

LOS PRIMEROS AÑOS Y LA FAMILIA: SEÑALES COMO GUIAS

¿Cuándo recibió usted la Primera Comunión?

Cuando tenía cinco años con la ayuda de mi sacerdote. Tenía el deseo de recibir la Eucaristía porque sabía que la Eucaristía era realmente el Cuerpo de Dios. Desde entonces, he recibido la Comunión.

¿Podía usar *algún don del Espíritu Santo cuando era niña?*

Sabía que yo era diferente. Cuando veía pecado le huía. Mi forma de jugar era la iglesia y esa es otra razón por la cual yo era diferente. Mi hermano es dos años menor que yo, y acostumbraba a jugar a la iglesia con él.

¿Cuándo recibió por primera vez el don de Lenguas?

El don de lenguas lo recibí después de que hice mi primera Comunión. De repente lo hablaba pero, por supuesto, no sabía qué era. Yo pensaba que era lenguaje de bebé. También podía cantar con ese don y mi hermana menor pensaba que cantaba ópera. Muchos años más tarde ella me dijo que cuando recibió al Espíritu Santo recibió el don de lenguas , ella recordó cómo me escuchaba cantar cuando yo era pequeña, por lo tanto supo qué fue lo que recibió.

¿Entendía lo que estaba sucediendo?

En realidad no. Después de que recibía la Comunión y regresaba a la banca a orar, oraba en lenguas.

¿Había escuchado a otras personas hablar en lenguas?

¡Jamás en mi vida! Nunca había escuchado a ninguna persona. De hecho, No fue sino hasta que me casé y me mudé a Virginia, cuando escuché a otras personas hablar en lenguas.

¿La gente hablaba en lenguas en la Iglesia Católica en los años 70?

La Renovación Carismática va a cumplir cuarenta años desde que se inició; así es que eso fue ocho años después de que el movimiento empezó.

Había otra cosa que note cuando estaba en Virginia. Hice el retiro de Cursillo y pensé que iba a ser una gran cosa puesto que todo el mundo me lo decía. Pero me di cuenta que esas personas tenían lo que yo tenía, y lo que me enseñaban yo ya lo hacía, además, yo sabía más de lo que ellas sabían. Eso se lo atribuyo al hecho de que yo pasaba mucho rato en oración cuando era niña.

¿Qué tipo de oraciones le gustaba hacer cuando era pequeña?

Rezaba muchos Rosarios, pero a veces prefería estar sola y me gustaba estar cerca del agua, muy cerca del rio. Me gustaba sentarme a la orilla del río a orar y a hablar con Dios. Creo que podía ver el agua como una creación Divina y la disfrutaba, así como los árboles, las flores y todo eso.

¿Durante su juventud, qué santos la inspiraron y cómo cambiaron su vida?

Tenía trece años cuando aprendí sobre la vida de San Martín De Porres. Leí el libro sobre su vida, lo volví a leer y le dije a Dios: "Quiero ser como San Martín." Hoy puedo decir que he hecho lo que San Martín hizo.

¿Podría decir qué le impresionó de San Martín de Porres? Sé que él amaba a los animales y que vivió en Suramérica hace siglos. ¿Pero qué había de especial en él que usted quería imitar?

Él evangelizaba y ayudaba a los pobres. Parece que durante mi vida he tenido el deseo de ayudar a los pobres. No fuimos ricos pero disfrutábamos de comodidades. Yo trataba de ayudar a los pobres, aún cuando era joven. De alguna manera El Espíritu Santo tuvo que iluminarme de tal forma que deseaba imitar la vida de San Martín de Porres. Aunque no lo creas, San Martín cortaba el pelo y yo también lo hacía cuando mi esposo estaba en el Servicio Militar. Les cortaba el pelo a los niños pobres y les hacía pasteles en sus cumpleaños. Una cosa sí, mis hijos nunca han sentido celos por otros niños cuando los ayudo. Ellos podrían haber dicho: "¿Por qué haces esto o aquello?" Mi esposo tampoco. El Señor preparó primero el corazón de mi esposo y después el de mis hijos.

Mencionó en una ocasión que usted daba clases de Catecismo cuando era adolescente y trataba de discernir entre ir al convento o casarse. Hoy en día a la gente le cuesta encontrar a la persona adecuada para casarse. ¿Qué ocurrió en su vida que le ayudó a tomar la decisión de matrimonio?

Siempre oraba por lo que El Señor quería de mí en el futuro. También les pedía que preparaba para la primera Comunión que oraran por mí y le decía al Señor: "Si realmente quieres que entre en la orden de religiosas misioneras Maryknolls~porque mi deseo era viajar~lo haré Señor." También le pedí al Señor: "Si deseas que me case, entonces concédeme mis deseos." ¡Dejé mis deseos en manos de Dios!

Yo quería un hombre que amara a los niños, que nunca hubiera estado casado, que tuviera trabajo y que no fumara. Quería un hombre que fuera bueno conmigo y que le gustara viajar. Fueron diez cosas las que le pedí a Dios. Por supuesto que salí con otros hombres, pero no encontraba las cualidades que buscaba hasta que conocí a mi esposo. Tenía una imagen de lo que yo quería y él era todo, excepto que no era Católico.

En aquella época eso era un gran impedimento para casarse.

¡Absolutamente!

Entonces, ¿Cómo superó eso?

Mi madre lo sabía. Ella sabía que salía mucho con él y que me casaría con él. Como Jack no era Católico y mi madre no quería un matrimonio de creencias religiosas diferentes, me recomendó que no siguiera saliendo con él. Mi respuesta fue: "Si crees que me voy a casar con él entonces reza, porque yo no me hare protestante, y tampoco le pediré a el que se haga Católico." Y esa fue toda nuestra conversación.

Mi madre nunca volvió a mencionarlo. Nunca se lo pedí y cuando él se estaba preparando para pedirme que me casara con él, fue cuando me dijo que quería que lo llevara con mi sacerdote porque quería ser Católico. En esa época, hace cincuenta años, los católicos no se divorciaban y por eso él me dijo: "Quiero ser Católico porque los Católicos no creen en el divorcio y nosotros no nos vamos a divorciar."

Usted me contó en una ocasión que Dios le mostró milagrosamente que quería que usted se casara con Jack. Él la acompañaba a la iglesia. ¿Qué sucedió?

Fue durante la celebración de San Blas. Yo quería que me

bendijeran la garganta como acostumbraba a hacerlo cada año, pero yo no sabía que en ese momento Jack tenía un terrible dolor de garganta. Así que le dije que después del trabajo iría a la iglesia y después iríamos a cenar. Me preguntó que si me podía acompañar y le dije: "¡Por supuesto!" De manera que entramos a la iglesia y le dije que se sentara en la banca de atrás. De hecho, cuando entramos el sacerdote ya estaba bendiciendo las gargantas y me acerqué a la línea. Luego Jack me tocó el hombro y me preguntó: "¿Puedo ir yo también?" Yo pensé que porque él no iba a Comulgar, estaba bien que lo hiciera.

"Si, está bien," le dije. Él no sabía por qué nos estaban bendiciendo las gargantas pero el sacerdote se la bendijo a él también e inmediatamente se salió.

Después Jack me comentó: "¡Qué raro! Cuando el sacerdote oró por mí, yo tenía un dolor de garganta terrible y desapareció!" Le expliqué que Dios lo había sanado y él se impresionó.

En otra ocasión fuimos a Misa juntos. Por supuesto que en esos días la Misa era en latín. Cuando salimos de Misa me dijo: "¡Qué bueno que hoy la Misa fue en Inglés!"

Lo miré extrañada y le dije: "No, la Misa hoy no fue en Inglés. ¡La Misa fue en latín!

"¡No es verdad! La escuché toda en Inglés," me contestó. Y así Dios me empezaba a mostrar cosas pequeñas como esas.

Otra cosa que ocurrió fue que me acababa de dar el anillo de compromiso cuando, de repente, recibió órdenes de la Fuerza Militar para ser transferido. Nos entristecimos porque lo iban a transferir y no sabíamos cuándo nos volveríamos a ver otra vez. ¡Imagínate! Ya comprometida. Así es que nos pusimos a orar.

"Oremos y veamos si Dios quiere que nos casemos," le dije. Yo siempre he dicho: "Si Dios quiere que yo tenga esto o lo otro, Él me lo concederá, de lo contrario, Dios no desea que lo que le pedí suceda. Hasta la fecha le hago ver eso mismo a la gente.

A las seis de la mañana del siguiente día me estaba arreglando par ir a trabar cuando sonó el teléfono. Yo no lo quería contestar porque pensé que era Jack para despedirse de mí y como ya me había despedido de él, no quería hacerlo otra vez.

Finalmente mi hermana contestó el teléfono y me dijo: "Stella, es Jack y desea hablar contigo. Dice que te tiene una sorpresa." Me preguntaba qué tipo de sorpresa sería.

Así es que contesté y me dice: "¿Adivina qué? Me estaba preparando para tomar un taxi e ir al aeropuerto cuando mi Comandante oficial me llamó para decirme que quería que me quedara un año más en *Fort Bliss*, Texas."

Sorprendida le pregunté: "¿Por qué?"

"No lo sé," me contestó, "se me hace muy raro."

"Bueno, ¿recuerdas que oramos?" Le dije.

"Si," dijo él.

Y así fue, dentro del plan de Dios Jack tenía que quedarse un año más en *Fort Bliss* porque en ese año nos podíamos casar y después me traería a Virginia. Después de diez meses de casados nació nuestro primer bebé. Luego nos mudamos a Virginia, donde hasta la fecha vivimos. Tenemos cuatro hijos; tres varones y una hija.

Stella, hábleme sobre sus padres y la influencia que tuvieron en usted.

Déjame darte un ejemplo. Mi padre estuvo en el Ejército Militar durante la *Primera Guerra Mundial* y fue herido en el campo de batalla en Francia. Mucha gente moría en esa época. Lo que pasó es que un fragmento de una bomba le hirió una pierna. Cuando se la hirió, se quito la máscara de oxígeno desesperadamente porque sentía mucho dolor. Sin la máscara, respiró un poco de gas contaminado, el cual arruinó sus ojos para siempre.

Me contó que estuvo tirado en el suelo enlodado sin poderse mover. Lo único que podía hacer era dormir y orar. Le pidió a Dios: "Señor, si vas a llevarme, llévame, pero por favor no aquí. Déjame morir en mi país."

Mi padre nunca supo cuántas horas pasaron, pero dice que venían soldados en camionetas a recoger los cuerpos. Los agarraban de los brazos y piernas y los aventaba en las camionetas. Luego los ponían en cajas y los enviaban a casa. Dice que cuando uno de los soldados agarró su pierna dijo: "Ah, está caliente." Mi padre quería hablar pero me dijo que no podía hacerlo. Luego lo empezaron a examinar y se dieron cuenta que estaba vivo.

Así es que lo enviaron a Alemania por algunos meses hasta que se estabilizó y después lo enviaron a la base militar *Fort Monmouth*, Nueva Jersey y de ahí lo enviaron a *Fort Bragg*, en Carolina del Norte; eventualmente a *Fort Bliss*, donde pasó el resto de su vida.

Le había prometido al *Niño de Praga* que si Él lo llevaba a casa salvo, cada mes le encendería una vela y le oraría en acción de gracias. Desde la *Segunda Guerra Mundial* hasta que murió, nunca dejó de hacerlo. Tenía una pequeña estatua del *Niño de Praga*, la cual la tiene mi hermana ahora. Siempre le encendía una vela (compraba velas grandes para que le duraran más). Tenía mucha fe y partió a su recompensa eterna a la edad de 92 años.

También recuerdo que en una ocasión, cuando era pequeña, muy jovencita, me desperté a media noche llorando y mi padre me gritó: "¿Por qué lloras?"

Yo le decía: "Me duele mucho la garganta." Quizás tenía cuatro o cinco años.

Mi padre me dijo entonces: "Haz una señal de la cruz en las plantas de los pies y Jesús te sanará."

Y así lo hice: me hice la señal de la cruz en las plantas de los pies y me quedé profundamente dormida. Cuando desperté por la mañana, ya no tenía dolor de garganta. Aparentemente él oró por mí. Pequeñas cosas como esas. Cada Domingo de Ramos traía las palmas, hacía cruces y las ponía en cada esquina de nuestra propiedad. Hacía un acto de contrición de los pecados y rezaba el Padre Nuestro alrededor de la casa para que no nos alcanzara ningún desastre. Y nunca nos pasó nada, Dios escuchó sus oraciones.

Mi madre era una verdadera guerrera de oración. Sé que tenía un montón de novenas que oraba a todos los Santos por cada uno de nosotros. Siempre oraba por nuestra vida espiritual y que viviéramos de acuerdo a la voluntad de Dios. Sus oraciones eran muy específicas y nunca dejó de hacerlo. Las novenas se dicen normalmente por nueve días pero mi madre las hacía todos los días. Recuerdo que cuando no podía ver muy bien nos pedía que se las leyéramos. Luego se las memorizó. Era muy devota de La Virgen del Perpetuo Socorro. Cargaba el rosario en su bolsillo y no sé cuantos rosarios oraba al día.

En aquella época íbamos a la Iglesia en cuanto sonaba la

campana. En cuanto iba a empezar el servicio, el monaguillo sonaba la campana y sabíamos que la campana sonaría tres veces antes del servicio. Si el servicio era a las 7:30 empezaban a sonar a las 6:30, después a las 7:00 en punto y ya sólo tenias treinta minutos para llegar a la iglesia, por último sonaba a las 7:30 al iniciar el servicio. Por lo tanto, cada vez que sonaban las campanas en la iglesia, la familia estaba bienvenida a entrar a la iglesia.

Supongo que mi madre y mi padre tuvieron una gran influencia en mi vida. De hecho, todas mis hermanas están muy cerca de Dios. Tengo cuatro hermanas y un hermano.

En una ocasión usted me habló sobre la santa muerte de su madre. ¿Desea compartirla?

Sí. Mi hermana me llamó para decirme que habían llevado a mi mamá al hospital para hacerle unos exámenes. Pero en mi oído, escuché a Dios que me decía: "Ve a casa, tu madre va a morir."

Le dije a mi hermana: "Voy a casa."

Ella me dijo: "Stella, no tienes que venir, ella está bien. Solo le van a hacer unos exámenes. Ella sólo quería que te dijéramos que iba al hospital."

Le dije una vez más: "iré a casa."

"No, no tienes que hacerlo, ella estará bien."

Colgué el teléfono y le dije a mi esposo: "Voy a casa, mi madre va a morir."

Él me dijo: "Si, inmediatamente."

Le dije: "Me voy a llevar a Joey (mi hijo menor)."

El tenía tres o cuatro años de edad. John era mi hijo de en medio y mi madre ya lo había visto pero nunca había visto a Joey, así es que pensé que debía llevárselo, y así lo hice.

Llamé luego a mi hermana y le dije: "Mi avión va a llegar a tal y cual hora."

Mi hermana continuaba insistiendo: "No Stella, no vengas. Nuestra madre no está tan enferma."

"Si, voy."

Yo ya estaba un poco enojada cuando le dije: "Si no me recoges, tomaré un Taxi e iré al hospital de ahí."

"Si así lo deseas," me dijo, "iré a recogerte."

Cuando llegué, mi hermana nos recogió y se dirigió hacia su casa, pero le dije, "No, yo quiero ir al hospital."

Ella me dijo: "Stella mi mamá no está tan mal."

"Margie," Le dije: "Quiero ir al hospital antes de ir a casa.

Parece que cuando Dios me habla la gente no me cree, y cree que estoy loca, que oigo voces y que invento cosas. Pero cuando escucho la voz de Dios, actuó sin importarme lo que la gente piense.

Así es que me llevó al hospital. No podía traer a los niños porque mi madre, según ellos, no estaba tan enferma. Mi hermana se quedó abajo mientras yo subí. Cuando llegué a la habitación de mi madre, vi a la muerte, y me voltee y fui hacia el corredor y le dije a mi hermana: "¿Por qué se esperaron tanto?"

"¿De qué hablas?" Dijo ella.

"¿Por qué se esperaron hasta que mi mamá se estuviera muriendo para llamarme? Por qué no me llamaste antes?"

Ella me dijo: "Stella, no sé de qué hablas. Mi mamá está bien."

Me regresé a la habitación, y ella miró hacia arriba y dijo: "Hola." Ella pensaba que yo había estado con ella todo el tiempo. Me estuve con ella dos días y medio hasta que murió.

Mi madre primero murió un Viernes Santo, y yo estaba ahí. Me había llevado mi pequeña estatuita de San Martín porque la llevaba conmigo a todos lados. Siempre la cargaba conmigo. Se la había puesto sobre una mesita en su cuarto. Me sentaba ahí a orar y San Martín era mi intercesor.

Las enfermeras llamaron a mi padre y le dijeron que mi madre había muerto. Connie y Margie habían ido al hospital y estábamos ahí las tres el Viernes Santo cuando esto sucedió. Era un hospital Católico. Una religiosa vino a decirme que mi madre había muerto. Mis hermanas empezaron a llorar en la sala de espera, por eso vino una monja a decirnos: "Quisiera que fueran al cuarto de conferencia. Ahí pueden llorar si desean, porque aquí distraen a la gente que llega."

Así es que las dos se fueron con una enfermera. Yo no lloraba, pero ella volvió a pedirme que yo también me fuera al salón de conferencias. Le dije: "No, yo no necesito ir." ¡Sentía que me inundaba una tremenda paz!

"Sé que no necesitas ir, pero tus hermanas te necesitan."

"Si es así, iré." Le dije.

Me fui al salón de conferencias. Una de mis hermanas estaba sentada a la mesa y la otra al otro lado, y les dije a las dos: "mi mamá no necesita que lloremos ahora." Ella ahorita necesita oración. Vamos a orar."

Pero Magie dijo: "Stella, no puedo concentrarme en la oración ahora, por qué no empiezas a orar tú y nosotras oramos contigo." Y así fue como empecé la oración: "Oh, Jesús mío, perdona nuestros pecados, líbranos de las llamas del infierno, lleva al cielo a todas las almas, especialmente a las más necesitadas de tu misericordia." Y justo cuando dije: "especialmente a las más necesitadas" de repente me elevé sobre la mesa de la sala de conferencias tan alto que casi tocaba el techo. Mientras que estaba arriba, escuché el sonido de un incensario. Había incienso que venía de un lado de la mesa al otro.

También podía ver a un sacerdote, hombre o ángel, no sé a cuál de los tres era, pues no podía verle la cara, pero lo veía con vestimenta de sacerdote; las vestimentas que usan durante la Hora Santa. El *click, click, click, click* lo escuchaba en ambos lados, y después, por supuesto, había incienso. Luego me di cuenta que nuestras oraciones son como incienso que ascienden al trono de Dios. Por lo tanto mis oraciones le llegaron a Dios.

¿Entonces, usted y sus hermanas flotaron físicamente en el aire?

Las tres: Connie, Margie y yo (yo no las veía, ni ellas me veían a mi, nos dimos cuenta hasta después cuando lo comentamos). El esposo de Margie llegó al hospital y nos estaba buscando. La enfermera le dijo donde estábamos. Cuando abrió la puerta de la sala de conferencias, Margie le gritó y le dijo: "¡Cierra la puerta! Se asustó, y cerró la puerta, pero toda la visión o como la quieras llamar (no la puedo describir porque no sé su significado) se detuvo. Sólo nos sentamos ahí por un minuto.

Margie dijo, "¿Sentiste lo que yo sentí?"

Le pregunté: "¿Qué sentiste?"

Connie contestó: "Sentí algo."

Les dije: "¡Miren, vámonos abajo y tomemos un café (en esa época yo tomaba café)! "Lo hablaremos en la cafetería."

Al salir de la sala de conferencias ya no había lágrimas en sus ojos. Nos dirigimos al elevador par ir al sótano donde estaba la cafetería. La puerta del elevador se abrió y para nuestra sorpresa la monja que iba saliendo era muy amiga de Margie.

Margie le dijo: "¡Ay hermana, mi madre ha muerto!"

"¡¿Murió?!"

"¡Sí!"

La monja le dijo: "Voy a orar con ella," y corrió por el pasillo hasta la habitación de mi madre.

Cuando llegamos a la cafetería, nos sentamos a tomar el café y le pregunté a Maggie: "Dime lo que sentiste."

Ella me describió exactamente lo mismo que yo había experimentado. También le pregunté a Connie y ella también describió la misma cosa.

Entonces les dije: "Yo experimenté lo mismo. Hoy es Viernes Santo. ¿Por qué no vamos a la Catedral que está al lado al cruzar la calle?"

En nuestro camino a la Catedral sentíamos mucha paz. Íbamos a la iglesia pero cuando se abrió el elevador iba saliendo la misma monja.

"Muchachas," dijo ella, "su madre no ha muerto. Acabamos de orar juntas.

Las tres brincamos para subir al elevador y nos abrimos camino a empujones hasta llegar a donde estaba ella (antes teníamos que tocar el timbre y esperar dos o tres minutos hasta que nos abrieran). Esta vez entramos a empujones, abrimos la puerta, y mi madre estaba recostada cubierta hasta el cuello.

Le dije: "Mamá, Mamá, estas bien?

Ella me dijo: "Sí, pero no entiendo. Tengo mucha sed y les pedí agua. ¿Por qué no paran de darme vinagre?

Voltee a ver a las muchachas y les dije: "Nuestra mamá está pasando por la Crucifixión." Le habían atado las manos a la cama.

"Vámonos a la Iglesia," les dije a las muchachas.

Así es que le dimos un beso de despedida y le dijimos: "Regresaremos en unos minutos. Vamos a la iglesia a orar por ti."

"Esta bien," dijo ella.

Mientras cruzábamos la calle para ir a la iglesia, vimos a mi padre y a nuestra otra hermana quienes apenas llegaban manejando de casa.

Papá nos dijo: "¿A dónde van. No saben lo que le pasó a su madre?"

"¡Ay no, papá, ella está bien!" le dijimos. Nos miró como si estuviéramos locas. Le dije: "Vamos a la iglesia." Él estaba ahí parado y no podía creer que nosotras íbamos a la iglesia mientras nuestra madre estaba muerta. Así es que se fue rápido para ir a verla.

Cuando entramos a la iglesia estaban cantando todas las oraciones de *Viernes Santo* y nos les unimos. Después del servicio sentimos mucha paz.

Cuando regresamos mi hermana dijo que iba a casa a cuidar a sus hijos.

"Yo me quedaré aquí," le dije.

Y así lo hice. No me cambié de ropa por dos días. Cada hora iba a verla cómo estaba. Me quedé con San Martín a mi lado orando y pidiéndole que me diera la fortaleza que necesitaría cuando llegara la hora, porque sabía que iba a morir, ya que Dios me lo había dicho.

Les había dicho a las muchachas y no me creyeron. En fin, las enfermeras no me creyeron tampoco, porque cuando mi hermana intentó traer a sus hijos la primera vez que venimos, las enfermeras dijeron: "No, su madre no está tan enferma, ella regresará a casa."

La enfermera dijo: "Su madre podrá salir al pasillo para ver a los niños ahí." Y yo le dije: "pero es que no puede caminar."

"Traigan la silla de ruedas," dijo ella: "¡Póngala en la silla de ruedas y llévenla allá!"

Así lo hice y los niños pudieron verla por casi dos minutos; ella los besó y me dijo que la llevara de nuevo a su habitación. La regresé y la acosté en la cama. Por lo tanto, los niños, John y Joe, vieron a su abuela.

Yo sabía que ella se estaba muriendo pero nadie más lo sabía. Por lo tanto me estuve ahí con ella, entrando y saliendo, y luego cuando estaba profundamente dormida, alrededor de las cinco de la mañana, murió. La enfermera vino a verme para decirme que mi madre había muerto pero me vio dormida y no quiso despertarme. Yo estaba en la sala de espera sentada en la silla cuando desperté. Fui a tocar a la puerta y pregunté que si la podía ver. La enfermera me dijo: "Querida, ya murió."

Le dije: "Gracias."

Cerré la puerta, recogí mis cosas y llamé a mi hermana y le dije: "Mamá ha muerto."

Era Domingo de Resurrección.   Fue una experiencia extraordinaria. Murió, volvió a la vida, y murió otra vez.

LA EXPANSIÓN DEL MINISTERIO DE SANACIÓN

DIOS TENIA RAZONES POR las cuales me tenía en las iglesias protestantes antes de eventualmente traerme a la Iglesia Católica. Una de las buenas razones fue la manera en la que fui a Polonia. En aquella época Polonia era comunista. Nunca hubiera podido entrar ahí como predicadora Católica, pero me fue posible entrar porque los protestantes me llevaron.

Los protestantes también me buscaron iglesias Católicas que abrieran las puertas para ministrar y porque me anunciaban como Católica, los Católicos venían a las iglesias protestantes a escucharme y a pedir sanación. Más tarde estuve en las iglesias Católicas y los protestantes venían a estas iglesias. Nunca antes se había visto en la Iglesia de Polonia que los protestantes fueran a las iglesias Católicas ni que los Católicos fueran a las protestantes.

Yo estaba en Polonia donde habían estado dos evangelistas renombrados. La comunidad realmente había hecho suyas sus enseñanzas. Luego llegué yo a sanar con el poder del Espíritu Santo. Uno traía la Buena Nueva de la Salvación, el otro las Escrituras, y yo el poder del Espíritu Santo. Era sorprendente ver las iglesias en Polonia en esa época. Las iglesias se llenaban totalmente.

Yo viajaba con una protestante devota llamada Marilyn, quien tocaba el piano y cantaba en las iglesias donde nos invitaban. La gente tenía muy poco porque era muy pobre. Recuerdo que en una ocasión teníamos que ir a la Iglesia de Dios. Para encontrar al pastor, tuvimos que escalar tres pisos de un edificio de apartamentos y tocamos la puerta del apartamento donde vivían el pastor y su esposa. A final de cuentas resultó que era el pastor equivocado.

LOS DOS EVANGELISTAS

Cuando la esposa de este pastor se enteró que éramos evangelistas, abrió sus brazos y nos dijo (a través de nuestro intérprete) que Dios le había hablado hacía un mes antes de que las dos evangelistas de los Estados Unidos vinieran a su casa, que se hospedarían en su casa y que predicarían en la iglesia de su esposo para sanar a la gente. Por lo tanto la esposa de este pastor tomó algo de la poca comida que tenían y empezó a guardar provisiones para que cuando vinieran las dos evangelistas de los EU (dos mujeres) tuvieran comida. ¿Cómo pude haber dudado que Dios nos hubiera enviado a la casa equivocada? ¡Sin embargo teníamos la dirección equivocada!

Pasaron muchas cosas en ese viaje en particular que no sé por dónde empezar. En fin, la pobre mujer del pastor quería darnos una taza de té, pero los servicios iban a empezar a las 7:00 o a las 7:30 PM y ya eran alrededor de las 5:30 PM. El pastor dijo: "Tengo que ir y prender el fuego y arreglar la iglesia." Era Domingo a mediados de Noviembre.

Él dijo, "Mi esposa les dará algo de comer y una taza de té para que se refresquen. No sé cuánta gente va a asistir, pero en cuanto mi esposa les prepare algo de comer, ella llamará a la comunidad y les hará saber." Y continuaba diciendo: "No se cuanta gente irá."

Yo le dije: "El Espíritu Santo estará allí y las personas que Dios quiera que estén ahí estarán." Le aseguré que sería como Dios quisiera.

La esposa del pastor nos preparó una taza de té pero no tenía agua en la casa. Tuvo que correr abajo a pedirles a sus vecinos tres tazas de agua. Nosotras no las necesitábamos pero ella preparó tres tazas pequeñas de té.

El taxi nos recogió mientras que Marilyn, Regina y yo orábamos y orábamos para que Dios enviara gente. Para nuestra sorpresa, el lugar estaba lleno. Las personas continuaban viniendo. Y en cada lugar que visitábamos era lo mismo. Había tantos individuos que pensábamos que repetían la línea. El pastor nos dijo más tarde que las personas habían sanado de sus enfermedades, y que corrían a sus casas a invitar a sus familiares y amigos y ellos también venían a la iglesia.

Eso sucedió en las iglesias protestantes donde evangelizábamos en Polonia. Había increíble poder del Espíritu sobre mí que me sentía como si no estuviera caminando. Me sentía como si estuviera flotando con tremenda unción. Nunca sentí cansancio. Nunca sentí sueño. Nunca sentí hambre. Esto me sucede también cuando visito Sur América y otros países, un tremendo poder!

Cuando el sacerdote se enteró que estaban ocurriendo muchas sanaciones en Polonia me quiso poner en una casa. Me metió en un convento de monjas enclaustradas (aquí experimente personalmente a Satanás molestándome. Le peleé en la carne). Así es que me quedé en Polonia con las Hermanas Pobres de Clara. Nos hospedamos en una pequeña casa donde se quedan las familias cuando las visitan. Estuvo bien porque nos daban buena comida como sopa y verduras y me sentía a gusto porque eran monjas.

Había un gran edificio al cruzar la calle y les pregunté a las monjas: "Qué edificio es ese al cruzar la calle?"

Me dijeron a través del intérprete: "Es la sede de los Comunistas en Kraków, Polonia."

EMPIEZA LA GUERRA ESPIRITUAL

Entonces dije: "!¿Regina, sabes lo que estamos a punto de hacer?!" Con una botella de agua bendita y otra de aceite bendito en la mano le dije: "Vamos a orar y vamos a maldecir al partido Comunista y vamos a liberar a esta gente," porque sabía que el pueblo estaba pobre por su culpa. (En cierta ocasión, durante el viaje, intenté comprar comida pero lo único que pude comprar fue pan y papas. No podía comprar carne ni huevos. No podía comprar nada a no ser que tuviera un cupón porque no nos vendían nada por ser turistas. Me di cuenta que nuestro dinero no valía nada ahí, así es que no pude traerle nada a la gente porque no pude comprar nada allá.)

Esa tarde, caminamos alrededor de la sede del partido comunista, la cual era del tamaño de una cuadra y media. Ellos no podían ver lo que hacía, porque ponía mi dedo en la botella y ungía el edificio mientras que ordenaba a los espíritus de Comunismo que se fueran, que se marchitaran y que se desecaran. Luego tomé mi botella de agua bendita y la rocié alrededor del edificio, en el aire, y sobre la tierra. Caminamos alrededor de todo el edificio; una atrás, la otra orando en el Espíritu.

¡Sin exagerar, esa noche todo el infierno se soltó! Después de que cenamos, Regina, Marilyn y yo oramos, por supuesto. Marilyn era protestante y por eso no podía rezar el Rosario con ella pero juntas hicimos algunas oraciones; oramos en lenguas y cantamos. Regina tenía un pequeño catre al lado de la cama. Marilyn y yo compartimos algo más grande que un catre. Ambas nos acostamos en la misma cama y tuvimos que dormir de lado. Cuando teníamos que voltearnos al otro lado, nos codeábamos la una a la otra y así era como dormíamos.

Esa noche, después de terminar nuestras oraciones y de que Regina se había ido a su catre, Marylin se estaba preparando para acostarse y yo para dormir, mientras rezaba el Rosario, cuando de repente Satanás me agarró la pierna y me sacó de la cama hasta hacerme flotar en el aire. Mientras flotaba en el aire, lo único que pude hacer fue coger la pierna de Marilyn y despertarla.

Y le grité: "¡Marilyn!

"¡¿Que?!"

En eso, ella me vio volar en el aire y caer al piso mientras luchaba con un oso negro quien puso sus pesuñas en mi garganta. Quería que yo dejara de predicar y enseñar. Marilyn me veía rodar de un lado a otro. Yo quería hablar pero no podía hacerlo. Después me enteré que el oso negro era el símbolo de la Unión Soviética.

Marilyn acababa de tomar un taller sobre la batalla espiritual y ya lo estaba poniendo en práctica. ¡Pobre mujer! Por primera vez había experimentado algo demoniaco. Regina acababa de iniciarse en la Renovación, así es que no era una gran guerrera de oración. Tu sabes, rezaba su Padre Nuestro y su Ave María (era Católica). Y Marilyn oraba y oraba en el Espíritu, y le ordenaba a Satanás que me dejara ir. Pero continuábamos rodando de un lado al otro. Él trataba de agarrarme y por alguna razón yo solo podía mover la mano.

No sé por cuánto tiempo les oré a Dios y a María ni nunca he preguntado por cuánto tiempo peleamos en el piso. En fin, Marilyn le gritaba a Jesús y le ordenaba a Satanás que me dejara. Luego me jaló y me arrastró debajo de la mesa. Marylin tuvo que sacarme de debajo de la mesa.

Después de un tiempo, me senté ahí. ¡No podía dormir y me sentía muy agotada! Sabía que al siguiente día teníamos que predicar por largas horas, por lo que finalmente dije: "Señor, necesito mi descanso." Y me acosté a dormir.

Anteriormente esa misma noche, en la mesa, antes de cenar, Marilyn había recibido una profecía. Si recuerdo bien, era algo como: **"Has Arreglado la mesa ante mí en presencia de mi enemigo, pero me has ungido la cabeza con aceite y mi copa se ha llenado. Seguramente bondad y ternura me seguirán todos los días de mi vida."**

Al día siguiente, nuevamente a la hora de la cena, Marilyn me dijo: "Stella, ¿recuerdas la profecía que recibí ayer? Pues eso fue exactamente lo que nos sucedió anoche. Cenamos en frente del enemigo~que estaba en el edificio al cruzar la calle~pero Dios te ungió y te protegió y Dios nos ha llenado y nos ha dado una buena cena."

Yo también profeticé en ese momento que los comunistas morirían. Dos semanas después de regresar a casa, en Estados Unidos, Marilyn me llamó y me dijo: "¡Stella leíste el periódico?"

"¿No, qué pasó?"

"¡El comunismo ha muerto en Polonia!"

Hasta ahora nadie sabía esta historia, excepto Marilyn y yo.

La noche antes de que esto sucediera, un taxi nos había dejado en un apartamento. Mi cuerpo se sentía muy pesado y yo no quería entrar a ese edificio. Yo no dejaba de decirle a Marilyn: "¡Marilyn, este no es el lugar que Dios tiene para nosotras!"

"Ay, Stella, esa pobre gente hace lo que puede y no debemos sentirnos así. Debemos quedarnos," dijo Marilyn.

Aunque después me dijo: "Stella, sé que este no es el lugar. Yo también me siento muy incómoda. No deberíamos quedarnos."

Pero entramos de todas formas. Cuando nos preparábamos para

acostarnos, me empecé a asustar, y de repente, presentí que algo iba a entrar a mi cuarto. Regina se la pasó durmiendo mientras Marilyn y yo rezábamos en el Espíritu. Cerramos la puerta con llave y atrancamos una silla en el pomo de la puerta para que fuera lo que fuera que yo pensaba que iba a venir no la pudiera abrir. Aunque yo pensaba que era una persona la que iba a venir.

En este momento Regina, quien ya estaba roncando, ¡empezó a profetizar! Me senté ahí a escuchar lo que el Señor me decía que hiciera, y recuerdo que no podía creer que ella estuviera roncando y profetizando. Entonces le dije a Marilyn, "¡Escucha a Regina, está profetizando, Dios me está hablando a través de la boca de Regina!"

Y Dios me dijo: "No temas que Yo estoy contigo. Estoy cuidándote sentado en esa silla en la puerta." Prendí la luz y vi la silla.

Entonces apagué la luz, y dije: "Marilyn, duérmete, Dios está en la habitación con nosotras, nada nos va a pasar."

El Señor también me decía a través de la profecía de Regina que estaba abriendo muchas puertas para que yo profetizara, que iría bajo la unción y la fuerza del Espíritu de Dios y que muchas almas a la vez vendrían a Él.

Fue después de esto cuando se me empezó a pedir que fuera al interior del país. ¡Pero tenía muchas iglesias a donde asistir en la ciudad! También recibí palabra de Dios que me decía que leyera Hechos 19:11-12: *"Dios obraba prodigios extraordinarios por las manos de Pablo, hasta tal punto que imponían a los enfermos pañuelos o ropas que él había usado, y mejoraban. También salían de ellos los espíritus malos."*

Entonces le pregunté a Dios: "Señor, ¿Qué deseas que haga?"

Y en un sólo instante supe exactamente qué hacer. Teníamos muchos pañuelos desechables. Tomé uno, impuse mis manos, oré sobre él y se lo di al pastor. Regina y él lo llevaron al campo donde la gente ahí ni siquiera sabía sobre el Espíritu Santo ni cómo orar en lenguas. Regina y el pastor tocaban a los feligreses enfermos con el pañuelo ungido y empezaban a hablar en lenguas. Tocaban a los enfermos y sanaban.

EL HOMBRE JOVEN SANADO

Había un joven que había nacido con una curvatura en la espina dorsal. Regina lo tocó y nada sucedió en el momento. Se fue a la cama a dormir pero a la mañana siguiente, cuando se levantó, su espalda se había sanado.

Por lo tanto su padre no fue a trabajar al día siguiente y le dijo: "Vamos a buscar a esa señora." Regina le había dicho que yo no podía ir a esas iglesias a donde les había enviado el pañuelo ungido pero que aun así Dios sanaría a la gente. Yo le había dicho a Regina que Dios haría justamente eso.

En fin, el padre continuó: "Tengo que buscar a esa mujer para darle las gracias." Y trajo a su hijo; él sabía que estábamos en Kraków. El padre y el hijo se montaron en un camión viejo y destartalado—pues los autobuses que corrían por esa área casi se deshacían. Viajaron toda la noche y finalmente llegaron a Kraków a las cinco de la mañana. Llegaron a esa hora buscándome.

Por supuesto que yo iba de iglesia a iglesia porque en Polonia hay una iglesia en cada esquina. No sabíamos cuánto tiempo me quedaría orando en cada iglesia. Algunas veces me quedaba a tres, cuatro o cinco horas, dependiendo de cuánto tiempo quería Dios que me quedara ahí antes de salir a predicar.

Nos levantamos muy temprano esa mañana, y de camino a la iglesia, atravesamos un parque precioso lleno de flores. En esa iglesia me quedé como cuatro horas y de regreso (debió haber sido entre las 8 o 9 de la mañana), de repente, escuchamos a un hombre llamar a Regina. Entonces Regina se quedó atrás. Marilyn y yo continuamos caminando sin ponerles atención porque no hablábamos su idioma.

De repente, escuchamos a Regina llorar y le pregunté a Marilyn: "¿Por qué llora Regina?

"No lo sé," me contestó.

Entonces Regina me llamó. "¡Ven, Stella, ven!

Nos encontramos a medio camino donde estaba Regina llorando con ese hombre y su hijo, y nos quedamos ahí esperando a que nos contara la historia. Finalmente Regina nos contó lo que había pasado.

El hombre y su hijo habían viajado toda la noche en autobús

para llegar ahí. No sabían dónde encontrarnos pero en su corazón, él sabía que nos encontrarían. "Dios nos reunió en este parque," dijo el hombre. El hombre sólo quería conocerme y darme las gracias.

Aprovechando la situación, le dije que me gustaría pedirle un favor y él respondió que haría todo lo que le pidiera.

Le dije entonces: "Hoy por la noche tengo un servicio para protestantes"–él era Católico. "¿Podrías venir a dar testimonio para que la gente lo escuche? Después de dar el testimonio podrás irte"

Él me contestó: "No hay problema," y dijo que estaría ahí. Durante todo el día se la pasaron por ahí, hasta que llegó la hora del servicio, entre las 6 o 7 de la tarde. Llegaron al inicio del servicio y le dije al pastor de la iglesia protestante que tenía un testimonio que quería compartir con él. Después de escuchar el testimonio toda la congregación quería un pañuelo ungido. Sabíamos que en Rusia había individuos de origen Polaco enfermos que no podía asistir al servicio pero podía escribir. Nos pedían que les enviáramos un pañuelo. Así es que los pañuelos ungidos fueron enviados a todas partes. Solo Dios sabe cuánta gente sanó con esos pañuelos.

Pasamos prácticamente todas las cajas de pañuelos desechables y a todos lados a dónde íbamos contábamos la historia. Las filas de gente por la que orábamos querían pañuelos.

Algunas personas tomaban los pañuelos de la caja por su cuenta pero le dije a Regina: "¡Diles que tengo que orar sobre los pañuelos antes de que se los lleven!"

EL HOMBRE EN COMA ES SANADO

En Sur América, había un abogado que había estado en coma por seis meses. Un amigo de él, otro abogado, fue a uno de los servicios de sanación y me preguntó que si podía ir al hospital a orar por su amigo.

Le dije: "No, no tengo tiempo. No puedo dejar a toda esta gente aquí para ir al hospital, pero déjame darte un pañuelo."

Me imagino que se sintió menospreciado al saber que tenía que llevar este pañuelo en lugar de llevarme a mí.

Le dije: "Tócalo y se sanará."

Y así lo hizo. Tomó el pañuelo, fue al hospital y tocó al amigo. A la noche siguiente ¿Quién fue al servicio? ¡El hombre que estaba en coma! Despertó en cuanto su amigo lo tocó, y su amigo lo quería llevar al servicio para que le impusiera manos y orara por él. Tuvo que firmar un documento en el hospital que decía que el doctor no era responsable si algo le sucedía a su paciente porque lo llevaban en silla de ruedas.

Estaba yo parada en la plataforma mientras había alabanzas y adoración, cuando de repente el Señor me dijo: "Baja y ve a imponer manos al hombre que está al frente, en silla de ruedas."

No conocía al hombre pero bajé del escenario, me le acerqué y le hablé en inglés, pero él no me entendía, así es que llamé a mi intérprete. Le dije que le dijera que se levantara.

El hombre le dijo al intérprete: "Dile que soy la persona que estaba en coma a quien le impusieron el pedazo de pañuelo."

Su amigo me dijo: "Yo lo traje."

"No importa, levántate en el nombre de Jesús," le dije.~No tuve que escuchar toda su historia.

Le dije una vez más: "¡Levántate!" Y él me miró y le dije a su amigo: "Ayúdale a levantarse"
~pues era un hombre grande. Todavía traía un conducto de oxígeno colgando de su mano; el hombre lo levantó a él y lo recargó sobre mi hombro. El hombre, de pie, sólo me miraba.

Entonces le dije: "¡Retira las manos de él!"

¿Por qué hice esto? Mi discernimiento era que Dios tenía sanación para él. Así es que lo encaminé hacia el fondo del salón. Para entonces la gente alababa a Dios con música y a gritos, agradeciéndole en español, y por supuesto muchos de ellos sabían que él había estado en coma.

Luego lo llevé al fondo de la sala y le dije: "Te voy a dejar que camines de aquí hasta tu silla."

Me miró y empezó a caminar. Caminó esa distancia y se sentó en su silla.

Esos son los casos difíciles de creer, a no ser que la persona esté ahí presente viendo lo que está sucediendo.

En otra ocasión, había una niña de 17 o 18 años, de cuya boca salía fuego; simplemente le salía fuego. Los niños que estaban ahí eran los que gritaban porque veían salir fuego.

Alcé mi mano y dije: "¡En el nombre de Jesús, Satanás, déjala libre!" Se sentó en una silla como "espagueti mojado." Se quedo ahí sentada por mucho tiempo, y puedo decir una cosa: todos esos niños que presenciaron lo que sucedió le entregaron sus vidas a Dios.

Esto me da mayor confianza en que Dios está completamente en control, de lo contrario, yo no estaría ahí. Yo solo soy el instrumento que Él usa. Cuando Él me dice que puedo orar por alguien no me da miedo decirle a la persona que será sanada, porque el Espíritu Santo me dice cuándo decirlo. Algunas veces sé quién va a morir y quién no va a morir, y quién va a sanar espiritualmente.

Escuché que a dondequiera que va usted por el mundo enseña en el lenguaje del país al que va, aunque usted no hable su idioma. Nunca lo creí hasta que lo presencié yo misma en una misión en Madrid, España. La escuché hablar un español perfecto desde el púlpito por alrededor de 20 minutos. ¿Podría decirme cuándo sucedió por primera vez y de qué se trató? Siempre había escuchado que este don de comunicarse en lenguas extranjeras era un don de la época de los apóstoles.

Creo que mencioné anteriormente que la primera vez que reconocí este don del Espíritu Santo fue en el *Fuerte Belvoir*, Virginia. Ocurrió en un día de oración con un grupo de protestantes y judíos. Estaba cantando la canción "*Lo que hagas al más pequeño de mis hijos*", la cual es una canción muy sencilla y muy Católica. Se me acercó una mujer y me dijo que no sabía que yo cantara tan bien en latín. Y me dijo: "¡Se oyó preciosa en Latín!

Me acerqué a una de mis asistentes y le dije: "¿Me escuchaste cantar ahí esta mañana?

Ella me respondió: "Sí."

¿En qué idioma canté? le pregunté.

Ella me contestó: "En Inglés." Yo sabía que había cantado en inglés. Así como María reflexionó sobre las cosas que se le habían dicho sobre Jesús, así igual conmigo. Cuando cosas como esas suceden, las reflexiono, y el poder de Dios puede estar en nosotros si se lo permitimos. Estoy segura que Dios también puede trabajar a través de ti.

¿Recuerda cuándo empezó a dar enseñanzas en otros idiomas?

Fue aquí en los Estados Unidos. Había ido a visitar a la esposa de un Coronel, quien había pasado por una circunstancia muy difícil. Su esposo la iba a dejar por su secretaria y fui a ver cómo la podía ayudar. Pero era una persona que no quería escuchar nada. Estaba tan enojada, pero tan enojada con Dios porque no podía creer que ella había entregado todo lo que tenía a su esposo durante su matrimonio. Incluso le había dado educación, dejando la suya propia para que él fuera Coronel, y ahora él la iba a dejar por su secretaria. Había adoptado a dos niños, ella se iba a quedar con ellos y él, muy a gusto, ¡se iba a quedar libre!

Yo le hablaba constantemente sobre Dios y le dije: "¡Perdónalo y ámalo! Cuando llegues al cielo Dios te recompensara."

Ella me contestó: "No, quiero mi pedazo de pastel ahora, no en el cielo."

Ya no había nada más que decirle porque no me escuchaba. Sólo era lo que ella decía y nada más. Así es que empecé a rezar en el Espíritu y sus ojos se le abrieron.

Y me dijo: "Stella, ¿Donde aprendiste tan hermoso Hebreo?"

Esta mujer era la esposa de un coronel y maestra, y tenía que aprender idiomas en cada país a dondequiera que viajaba. O había enseñado hebreo, o lo había aprendido en la escuela, pero lo hablaba muy bien, muy bien.

Cuando me preguntó: "Stella, ¿Dónde aprendiste tan bello hebreo?" Me le quedé viendo y le dije: "Es el poder del Espíritu de Dios."

No sé lo que le dije, pero fuera lo que fuera, dejó de llorar, dejó su enojo y lo aceptó. Después quería irse de religiosa pero luego aceptó un trabajo como bibliotecaria en la Biblioteca del Congreso y no hace mucho tiempo que se jubiló. Le fue muy bien porque tenía dos casas y un apartamento o condominio. Con el tiempo los vendió y se fue de la ciudad. Ella era muy buena mujer. Nunca se volvió a casar. Ahora sirve a Dios y a la Iglesia. Esa fue otra ocasión en la que Dios usó este don en mí.

Hábleme sobre su viaje en misión a Japón. ¿Qué pasó allá?

Te lo diré en un momento más tarde. Déjame decirte algo más que sucedió aquí en los Estados Unidos. Yo estaba en el Medio Oeste de los Estados Unidos y había asistido a una conferencia. Mi hermana estaba conmigo. Yo profeticé en árabe y había un sacerdote en la audiencia, quien interpretó mi profecía. Cuando terminó de interpretar la profecía, preguntó: "¿Quién dio la profecía?"

Levanté mi brazo y dije: "Yo la di."

"¿Fuiste a la escuela y estudiaste árabe?"

"No."

"Yo sí. Fue durante los años de seminario cuando aprendí árabe y era árabe puro."

Mi hermana estaba a mi lado y me dijo: "Stella, yo la escuché en Inglés." Y todo lo que el sacerdote dijo yo te oí decirlo también."

Estaba en la universidad de Steubenville, Ohio estudiando en el Instituto de Biblia. Había dos monjas: una americana y otra japonesa, quienes pertenecían a la orden religiosa Maryknolls. ¡Ja,ja! Maryknolls—¡Las que yo quería ingresar cuando era joven! ¡Dios las puso justo a mi camino!

Estábamos en la clase, y las monjas estaban sentadas frente a mí. Nos iban a dar un día libre el Lunes y el padre Scanlon nos dio mapas para visitar la ciudad y pasar el día. Y nos dijo: "Cualquiera que tenga carro, por favor invite a aquellos que no tienen."

Cuando dijo eso, toqué a las monjas, sin conocerlas, y les dije: "Les gustaría venir conmigo?" Tengo carro y podríamos visitar el parque más cercano." ¡Se emocionaron tanto! Recogimos nuestra comida y empezamos a charlar, charlar y charlar.

Luego la hermana Regina me dijo: "¿Sabes? Te necesitamos en Japón. No podemos pagarte el vuelo hasta Japón pero ¿Crees que podrías ir y ministrar a nuestra comunidad?"

Le dije: "Quizás, si mi esposo y Dios lo desean, El proveerá.

Desde entonces nos unimos. Comimos juntas, caminamos juntas, siempre las tres. Finalmente se fueron, e inmediatamente después, me escribieron y me preguntaron que cuándo podía ir. Mi esposo me dijo que podía ir y así es como el señor me usa y me abre las puertas.

Fui a Japón y me quedé en la casa de las madres de Maryknolls. La madre superiora me llevó a una iglesia cristiana pero no Católica. Las monjas enseñaban inglés y muchas mujeres Japonesas iban a sus clases, así fue como conocí a muchas de ellas, quienes eran de diferentes iglesias. Yo casualmente estaba en esa iglesia con un intérprete (la madre había contratado a alguien para que me interpretara).

Había terminado de predicar y apenas empezaba el servicio de sanación cuando una joven japonesa de 20 años de edad se me acercó. Le impuse manos y empecé a orar. Oré quizás por un minuto cuando ella cayó al suelo con espuma saliendo de su boca. Yo sabía que había un demonio en ella. La hermana. Regina estaba sentada ahí observando emocionada todas estas cosas que eran nuevas para ella.

Cuando me arrodillé en el suelo con la joven, Satanás me empezó a hablar en japonés. Le dije: "Satanás, sabes que no hablo Japonés, te ordeno, en el nombre de Jesús que te identifiques y me digas quién eres." Aclaró su garganta y tosió.

"Ah, sí," respondió, en un inglés precioso. Era una voz masculina. Luego me dijo: "Soy Bushgay y te odio y te voy a matar."

La hermana Regina escuchó eso en inglés así es que saltó y corrió fuera de la habitación.

(Julie, la suegra de mi hijo, viajaba conmigo. Ella era mi secretaria en esa época, y me dijo todo esto, porque cuando estoy trabajando no me doy cuenta de todo. Cuando terminábamos nos retirábamos a nuestras habitaciones y conversábamos sobre las cosas que habían ocurrido. Debería documentarlo ya que todo eso está en mi cabeza. Se me vienen a la mente cuando Dios quiere que hable de ellas).

Julie me dijo más tarde que La hermana superiora había saltado de su silla y corrido al teléfono y llamo a las monjas al convento.

Les dijo: "No importa lo que estén haciendo, déjenlo, vayan a la capilla y empiecen a rezar porque Satanás va a matar a Stella." Y las puso a todas a orar. Luego regresó y se volvió a sentar mientras rezaba el rosario.

Y ahí me tienes liberando a esta joven. Es inevitable, es el poder de Dios en mí, y Satanás lo sabe y se manifiesta cuando ya no soporta más. Yo tengo que hacer lo que tengo que hacer cuando esto sucede. ¿Te das cuenta qué quiero decir y por qué suceden estas cosas? Yo estaba ahí inocentemente orando por ella cuando de repente se me reveló.

Cuando le pregunté cuál era su nombre y me dijo "Bushgay," pensé que la joven era lesbiana. ¡No me imaginé que era el título de un libro!

Le dije: "¡Espíritu de lesbianismo, sal de ahí!"

Satanás se enojó tanto que dijo: "¡No!" Dio un grito y dijo: "¡No, no soy eso!"

"¿Entonces quién eres?"

"¡Bushgay, Bushgay!"

"¿Cómo entraste a ella?

Y me contestó: "El título de un libro."

Ahora bien, esta joven no hablaba Inglés y sin embargo yo me comunicaba con él en Inglés, y él me dice quién es. Me dice que es el título de un libro. ¿Ves? Él es muy estúpido. Aprendo cosas que él no se da cuenta. Nunca me había dado cuenta (eso ocurrió hace muchos años) pero ahora sé que Satanás puede entrar a través de la televisión, un libro, una revista, o a través de la presencia de alguien poseído.

Después de que la liberé de ese espíritu, le pregunté a ella me dijo que era el título de un libro que tuvo que leer en la universidad. Por lo tanto ese demonio la poseyó. El nombre de ese demonio en ese libro era "Bushgay." Es un nombre japonés y no sé qué quiere decir. Te repito, esto demuestra cómo el poder de Dios puede hacer muchas cosas.

También, mientras estuve en Japón, los japoneses de un grupo de oración en una iglesia me habían pedido que fuera a orar por un sacerdote (el cual ya murió. Que Dios guarde su alma) porque ellos creían que él estaba involucrado en cosas de la Nueva Era. Ellos querían que yo orara por él pero él no me lo permitía. Yo quería que él me lo pidiera primero, porque no podía imponer manos y orar por un sacerdote así no más.

Este es un mensaje importante, pues algunas personas son muy agresivas. Sí, tenemos que

ser sensibles. A no ser que las personas vengan a nosotros, y que ellas mismas lo pidan, no se debe proceder. Se pueden ahuyentar.

DEJANDO QUE SE MUEVA EL ESPIRITU SANTO

Conozco a una mujer que sentía que tenía que darle una profecía a un sacerdote. Fue y le dijo al sacerdote que El Señor decía esto y aquello y eso lo ahuyentó completamente. No quiso saber nada más del Movimiento Carismático.

Tenemos que ser muy sensibles. El Espíritu Santo tiene que mover a la persona si Él desea nuestra ayuda. Nos debemos mover sólo cuando Él nos mueve porque el Espíritu Santo desea tocar a la persona.

En otra ocasión, un sacerdote me invitó a ir a su pequeña capilla. Tenía alrededor de 30 hombres, estudiantes japoneses a quienes él les enseñaba inglés y quería que yo les hablara de Cristo. El sacerdote había estado en Japón por 25 años y pertenecía a la orden misionera de Maryknoller. Para eso le oré y oré a Dios preguntándole: "¿Qué les puedo enseñar a estos hombres? ¿Qué hago? No son Católicos." ¡No son cristianos, son japoneses!

Pero el sacerdote quería que yo fuera, así es que de todos modos fui. Oré y oré y Dios no me respondía. A veces me hace eso. No me da nada hasta que es hora, hasta la última hora.

Cuando llegué al lugar donde el sacerdote nos estaba esperando recibí una palabra. La palabra que Dios me dio fue: "RETO."

Y le digo a Dios: "¿Reto? ¿Qué quieres que rete?"

Déjame decirte, tengo que unir las piezas cuando Él me da palabras. " ¿Qué deseas que haga, Señor? Está bien, Señor, me pongo en tus manos, no entiendo."

Entonces entramos y el padre preguntó: "¿Desea una taza de café?"

"No, no padre, estoy aquí para hacer el trabajo que usted quiere que yo haga. ¿Qué desea que yo haga?"

"Bueno," dijo él, "solo ponte de pie y diles quién eres. Yo les hablé de ti."

El padre iba a ser mi intérprete, por lo tanto oré para que él interpretara todo lo que yo iba a decir y para que los japoneses escucharan lo que Dios quería que ellos escucharan. Cuando el padre George me pidió que les diera mi nombre, me puse de pie y el Señor me dio la siguiente palabra. Me dijo: "Rétalos a tu fe."

"Muy bien, eso es fácil," pensé.

De modo que me puse de pie y les dije que era católica y que creía en Jesús y les pregunté: "¿Conocen la historia de Jesús? Dios envió a Jesús como un pequeño bebé..."

Y así les empecé a dar la historia de Jesús. Ellos estaban ahí sentados en sus pequeñas sillas, escuchándome. Luego les dije que este bebé después creció y se hizo hombre y que fue crucificado. Les dije que era el que trabajaba a través de mí para que yo hiciera el trabajo que él hacía cuando vivía en Tierra Santa, sanando a los enfermos.

Luego les di un pasaje de las escrituras sobre una de las sanaciones que Él hizo. "Estoy aquí, y me gustaría demostrarles en persona lo que hizo y que Él puede hacerlo aquí, hoy, también con nosotros. ¿Quieren verlo?~los traté como a niños pequeños.

Ellos contestaron que sí.

Les dije entonces: "¡Quiero que alguien me ayude! Quiero que venga alguien que tenga dolor severo." Se levantaron dos o tres. "No, sólo uno," insistí. Entonces se levantó uno solo y se me acercó.

UN GRUPO DE HOMBRES JAPONESES RECIBEN El ESPIRITU SANTO

Una vez más, Dios me da el privilegio de decir esas cosas y de saber que Dios me lleva durante ese tiempo. Quedaría en ridículo si no lo hiciera. Pero es algo dentro de mí que me impulsa a decir tal o cual cosa.

Para continuar con la historia, el hombre se levantó.

Ahora bien, antes de que explique lo que pasó, quiero que sepas que los hombres Japoneses no se ríen. No se les ve riendo ni llorando ni los ves abrazando a las mujeres, especialmente a mujeres Americanas. No olvides esas cosas.

Entonces llamé al primero, y le pregunté dónde le dolía. El

padre me había dicho que este hombre había sufrido un accidente y se había dañado severamente y tenía dolor crónico e intenso en su espalda. No podía hacer nada, aunque ya le habían hecho varias operaciones. Sin embargo él tenía que trabajar porque tenía familia. Después de que me dijo eso, impuse mis manos en su espalda y en su frente y oré por él en el Espíritu. Luego quité mis manos de su cuerpo y le dije al padre: "Padre, dígale que haga algo que antes no podía hacer."

Se agachó inmediatamente, y empezó a llorar y a llorar, y todos se le quedaron viendo. Después le dijo al resto de los presentes, "¡No siento dolor!"

Ni yo ni el padre tuvimos que decirles nada al resto de los hombres. Él mismo les dijo que no sentía dolor. ¡El dolor había desaparecido completamente!

Entonces le dije: "¡Siéntate, déjame llamar a otro!

Y otro hombre se levantó (yo sólo quería que pasaran los que tuvieran dolor en ese momento). Me describió su dolor y también le toqué la frente, y oré en el Espíritu, es decir, en lenguas. Luego le pregunté: "¿Qué pasó?" El empezó a reírse y a reírse, luego todos se reían de él porque el decía que ya no tenia dolor pero los demás no le creían que su dolor había desaparecido.

Para entonces el tercer hombre se levantó y sucedió lo mismo. Él sentía dolor, un dolor muy severo, e hice lo mismo, lo toqué y oré por él. Luego extendió sus brazos y me abrazó y yo lo abracé también. ¡Todos estaban muy emocionados!

Inmediatamente después les pregunté: "¿Les gustaría recibir a ese Jesucristo en sus corazones, quien me ha dado el poder?"

Pensé que sólo aquellos por quienes había orado lo aceptarían. Pero los 30 o algo así levantaron sus manos. Así que los guie a que recitaran la oración del pecador y fueron bautizados en el Espíritu Santo.

El padre se volteó y me dijo: "¡Stella, mi querida hija, he tratado de hacer esto por veinticinco años y tú lo has hecho en sólo 15 minutos!

Y así por el estilo tengo otras historias...

Usted una vez me comentó de otra vez que también estaba

enseñando en Japón y sucedió algo extraordinario.

Estaba dando una enseñanza en Japón en otra ocasión mientras que una intérprete particular me traducía lo mas rápido que ella podía, pero llegó un punto en el que ella ya no pudo más. Tú sabes que el interpretar puede "quemarte el cerebro" porque tienes que pensar en inglés y en tu idioma. Esto sucede con frecuencia en diferentes países; el intérprete se agota y no me puede seguir. Y en este caso, ella ya no podía interpretar. Así pues, continúe la enseñanza, hablando en Japonés (aunque no conozco ni hablo el idioma). Cuando lo hago, la asamblea sabe que no soy yo hablando, porque lo sienten en el espíritu. Mi voz cambia y se vuelve más fuerte.

¿Es el Señor quien habla o enseña a través de usted?

Es Dios quien habla a través de mí. La voz cambia muy fuerte y la gente lo sabe y lo siente. Y es así como hablé en Japonés.

Ocurrió otro incidente en otra iglesia durante una reunión internacional de mujeres. Porque hablé en dos de esas conferencias en Japón. Había ido a Nagasaki, donde cayó la bomba atómica. La hermana Victorina me había llevado al museo donde vi las cosas terribles que les sucedió a la población que se desintegró en cenizas por la bomba. Esas imágenes se me quedaron grabadas en mi mente por unos días. Más tarde prediqué en una iglesia a través de mi intérprete.

Y le dije a la audiencia: "¿Saben lo que pasó en Hiroshima?" Les mencioné el nombre del museo y dije: "Eso no es nada."

Pero mi intérprete Japonesa no quiso interpretar lo que yo había dicho (le rodaban lágrimas por sus mejillas). Luego me di cuenta que ella había entendido que yo había dicho que la tragedia no valía de nada. Pero lo que no había terminado de decir era que eso era nada comparado con lo que nos pasaría si muriéramos sin Jesús. Luego de que ella se dio cuenta de lo que realmente quise decir y entonces pudo interpretar el resto.

Yo vi todas esas cosas y reconocí el poder de Dios.

Mi estadía en Okinawa fue de sólo 20 horas. Me pidieron que

me quedara más tiempo pero tenía otros compromisos para hablar en otras partes._ Les dije que no tenía el dinero para regresar y volar de Tokio a Okinawa porque cuesta casi tanto como volar de Estados Unidos a Japón.

Entonces les dije: "Si El Señor quiere que regrese, Él proveerá el dinero." En eso una persona de la audiencia gritó: "¿Cuánto dinero necesita?"

Le contesté: "Un boleto de avión para mí y otro para mi asistente, o por lo menos uno solo para mí." Mi asistente se puede quedar con mi hijo." En esa época mi hijo daba clases en Japón.

También les hablé sobre la oración que hago con el trozo de tela ungida. Este se pone bajo el cojín de la persona enferma, bajo el colchón o en su bolsillo para que sane. ¡Tremendas sanaciones sucedieron!

El joven que gritó se me acercó y dijo: "Yo tengo el dinero y me gustaría traerla a usted y a su asistente, pero quiero que haga algo. Quiero que me des un trozo de tela ungida para ponerla bajo el cojín de mi esposa."

Supongo que yo tenía un signo de interrogación en mi frente porque él dijo: "Sé que cuando le diga que le voy a dar el dinero a usted, se va a enojar y no me va a dejar dárselo, pero tengo que dárselo. No me siento cómodo."

Sorprendida le pregunté: "¿Por qué no te sientes cómodo?"

"Verás, yo vendo seguros. Le vendí un seguro a una persona que tenía cáncer y me quedé con su dinero. Está en el banco y me está quemando el bolsillo," él me contestó:

Resulta que se sentía culpable por lo que yo había dicho sobre la honestidad. Dios quería que ese hombre pagara mi viaje de regreso para que ministrara y sanara a muchas otras personas. ¿Te das cuenta cómo Dios trabaja de maneras misteriosas? Lo único que tienes que hacer es confiar en Dios.

Por lo tanto le dije que sí aceptaba. Y oré sobre el trozo de tela y se lo di.

Él era de nacionalidad norteamericana casado con una japonesa. Había sido Militar y después de terminar su servicio se quedó en Japón y se casó con ella. Y tal como lo predijo, cuando llegó a casa, le dijo a su esposa que me iba a dar el dinero para que pudiera regresar porque la comunidad de Okinawa necesitaba más de una evangelización.

Ella replicó: "No, eso es mucho dinero. Si vas a regalar ese dinero, dáselo a mi familia. Mi familia lo necesita."

Y él le respondió: "Yo siempre le doy dinero a tu familia. Esta vez no se lo estoy dando a Stella, sino a Dios."

Ella le contestó: "Si le das ese dinero a Stella, yo me voy."

Y esa noche ella empacó para irse a la mañana siguiente a primera hora. Silenciosamente el hombre tomó el pedazo de tela ungido (porque sabía cómo iba a reaccionar ella). Se lo puso debajo del cojín de su esposa, y por la mañana, cuando ella despertó, se puso la ropa y le dijo a su esposo: "vamos al banco a tomar el dinero para darle a Stella el boleto."

Él le contestó: "¡Ya se lo di!"

El hombre me llamó larga distancia para decirme que tenía mi pasaje y que me lo iba a enviar; lo único que yo tenía que hacer era ir al aeropuerto. Cuando regresamos a Okinawa, 24 horas más tarde, ¿quién crees que estaba en el aeropuerto? ¡Él y su esposa!

Ella se portó muy amable y lo único que hacía era abrazarme. Me abrazaba y me pedía que fuera a su casa a descansar durante la tarde hasta la hora del servicio. Para entonces nos había preparado un platillo de comida japonesa y té. ¡Qué no hacía ella por Adellina, mi asistente, y por mí!

Me creerás que esa noche evangelicé donde Bob Hope (comediante) dio su show de Navidad para los Militares! Es un club nocturno gigantesco, un USO (*Organización de Servicios Unidos~* que provee servicios y recreación a las familias de los Militares). El lugar estaba lleno de Militares y feligreses de diferentes iglesias. Tenían música africana de bongo y mamba. Tengo una fotografía de Adelina tocando el teclado con todos los músicos.

¡Parecía que estábamos en el cielo! La gente alababa y adoraba a Dios y yo estaba muy emocionada. Y yo me decía en mi interior: "¿Es aquí donde Bob Hope montó su show?" Y ahí me encontraba yo, un pequeño ratoncito, y Dios me había puesto en un lugar como ese!

A un Capellán bastante excedido de peso le habían dicho que si no perdía cuarenta o cincuenta libras de peso lo sacarían del Servicio Militar. Le urgía perder ese peso pero no podía.

De modo que le pregunté: "¿Qué es lo que comes?

"Todas las mañanas voy a la panadería y me desayuno doce donas con café. Le pedí a Dios que le quitara el deseo de los dulces y que le supiera amargo a su paladar. Cuando se lo dije a Adelina se echó a reír y sólo me bromeaba.

También tuve a un hombre Militar de la Marina. Un día se me acercó y me dijo al oído: "Me da mucha vergüenza pedirle que ore por mí."

"¿Por qué te da vergüenza?" Le dije.

"Porque donde le voy a pedir que ore por mí probablemente nunca antes ha tenido que orar por nadie."

Y yo dije: "¡Épale! Esas son las oportunidades buenas. Dime dónde quieres que yo ore por ti"

"Tengo un callo en la planta del pie, justo donde tengo que caminar o estar de pie, especialmente cuando estoy de guardia. ¡Es un dolor tremendo! Los doctores me lo han tratado pero me vuelve a brotar."

"¡Quítate la bota!" Le dije.

Sigilosamente volteó a su alrededor para ver quién lo veía. En realidad todos los Militares tenían su mirada puesta en él. Pero creo a estas alturas ya a nadie le importaba. En fin, se quitó la bota, puse mi mano bajo la planta del pie y empecé a orar. El dolor se le quitó y empezó a alabar y a agradecer a Dios por lo que había hecho.

Como ves, Dios está interesado tanto en las cosas pequeñas como en las grandes. Dios no tiene restricciones con ninguna persona. Uno viene a Dios, cree en lo que Dios hace, y Él responde a nuestras oraciones, sea lo que sea. Hay muchísimas historias~ historia tras historia de su Divina Misericordia.

San Pablo dijo: "Pero nosotros llevamos este tesoro en recipientes de barro..." (2-Corintios, 7) ¿Crees que es cierto? ¡Ah, por supuesto que es cierto! Si a pesar de muchos, muchos años y a pesar de enfermedades y heridas Dios te sana o no, ofréceselo todo a Él.

Una de las luchas que veo en los miembros del ministerio de sanación y liberación es que su debilidad humana interfiere a veces en el ministerio. ¿Le ha pasado eso a usted alguna vez?

Lo que se me vino a la mente antes de que dijeras eso es mi vecina que vive al cruzar la calle. En una ocasión tuvimos casi doce pulgadas de nieve. La nieve era tanta que nadie podía salir ni entrar a la vecindad. Su hijo tenía entre seis o siete años de edad, estaba ardiendo en temperatura y sus anginas estaban muy mal.

A esa hora yo estaba en mi casa con un terrible dolor cabeza y de garganta. Mi vecina me llamó y me levantó a las 6:00 de la mañana (algo más: nosotros como instrumentos de Dios tenemos que estar siempre listos. Si vamos a servir a Dios, tenemos que hacer el servicio de Dios cuando a Él le place, aún cuando es difícil. Estamos a su servicio y cuando Él nos necesita. Si Él nos llama, tenemos que estar listos para ir a cualquier hora. Muchos sacerdotes me han dicho: "Tú haces más de lo que hacen muchos sacerdotes, porque vas mas allá de lo que un sacerdote hace").

En fin, mi vecina dijo: "¡Ay Stella! ¿Puedes venir a mi casa..?

Quiero que sepas que la nieve estaba muy profunda, continuaba nevando y hacía mucho frío.

"...Mi hijo está muy enfermo," dijo ella, "y no puedo llevarlo al hospital. ¿Podrías venir a imponerle manos y a orar por él?"

Le contesté: "Ahora voy."

Me levanté en piyamas. Me puse mi chaqueta encima y me puse las botas. Me arranqué abriéndome paso entre la nieve hasta llegar a la esquina de la cuadra para orar por el niño. Y ahí me tienes, tocando a la puerta y congelándome, cuando mi vecina me grita desde adentro: "¡Quítate las botas, quítate las botas!" No recuerdo si traía calcetines porque sólo me había puesto las botas. ¡Ahora yo tenía que pisar el suelo frio de su casa! (Sólo quiero darte una idea de cómo pueden suceder las cosas y cómo debemos ser abiertos, muy abiertos).

"¡Quítate las botas, déjalas afuera y entra!"

Y así lo hice. Subí las escaleras y cuando vi al niño jugando me dije a mi misma: "¡Yo aquí, tan enferma que estoy y encuentro al niño jugando y a la madre pidiéndome que suba hasta aquí. Pero ni modo, tengo que tener un corazón compasivo!"

De todas formas le impuse manos y oré por él y él me dijo: "estoy bien, estoy bien. Ya me sané."

Yo exclamé: "¡Bendito sea Dios, yo también he sanado!"

Por lo tanto esa fue mi recompensa. Y mientras oraba por él, el Señor me sanó a mí también. Tuve que ir hasta allá para sanar. Yo no estaba orando por mí, yo oraba por él. Pero en medio de eso yo también fui sanada. Esto me ha sucedido muchas, muchas veces. Mientras oro por alguien, yo también soy sanada."

He sido llamada a hacer de lo imposible posible. Las cosas normales se hacen anormales y viceversa. Por ejemplo, en otra ocasión me tocó aconsejar a una mujer joven que intentaba abortar.

UNA ADOLECENTE DE 19 AÑOS EMBARAZADA

Su madre me había llamado para preguntarme si podía hablar con su hija, una adolecente de 19 años embarazada, cuyo novio no quería a su bebé.

Para no alargarte la historia, hablé con ella y le expliqué los detalles de lo que estaba a punto de hacer. Oré con ella y le pedí a Dios que se hiciera Su voluntad. Como dos o tres días más tarde me llamó y me dijo: "Voy a hacer lo que me dijiste que hiciera, voy a dar a luz al bebé y lo daré en adopción."

Le dije que le ayudaría a encontrar a alguien que lo adoptara y que la persona que lo hiciera le pagaría el doctor.

Casi tres semanas más tarde, a las dos de la mañana sonó el teléfono. Lo contesté y era la doctora general del Hospital de Alexandria.

Stella Davis, tal chica desea que usted venga al hospital.

Le pregunté: "¿Por qué quiere que vaya al hospital a las dos de la mañana?

Ella me contestó: "Bueno, es que está muy enferma. Está a punto de tener un aborto inesperado."

Le dije: "¡Está bien, ya voy!"

Me levanté y corrí al hospital. Al llegar la encontré acostada en su habitación llorando y me dijo: "Yo no quería que esto sucediera pero sucedió."

"Bueno, así es como Dios contestó nuestra oración." Le dije.

La doctora general entró a preguntarle: "¿Quieres ver al bebé?"

"Sra. Davis, ¿lo veo?," me preguntó ella.

"No es mi decisión. Tú tienes que decidir si lo ves o no," le contesté.

Ella afirmó: "Sí, lo quiero ver."

Entonces la doctora principal fue a traer al bebé. Regresó con el bebé envuelto en una cobija y me dije a mi misma: "!Dios mío, es más grande de lo que me imaginaba! (Ella solo tenía ocho semanas de embarazo).

La enfermera puso al bebé sobre su estómago y levantó la cobija. El bebé estaba pequeñito.

Entonces ella le dijo: "Dáselo a la Sra. Davis."

¡Y como siempre, metida en aprietos, extendí mis brazos para que la enfermera me pusiera el bebé en las manos. El bebé ya estaba muerto, pero yo solo deseaba que él recibiera una bendición. Y como no sabía qué hacer con él le dije a la joven: "Sostenlo, es tu bebé."

Esas son las ocasiones en las que tengo que hacer cosas que no quiero hacer, pero siempre aprendo una lección. Ese pequeño bebé cabía en mis manos y me di cuenta que estaba completamente formado. Desde ese día en adelante, no hay nada ni nadie que me diga ni que me impida luchar contra del aborto. Siempre estuve en contra del aborto, pero esto se convirtió en tal convicción que eso en el vientre de la madre es un bebé y está bien formado en los primeros meses y sólo necesita crecer. Así es que aprendí una lección.

"NO ERES NADIE SIN MI"

Lecciones de Nuestro Señor

COMO MENCIONE ANTERIORMENTE, DIOS nunca me pone en un apuro donde no me enseñe una lección. A veces es muy difícil y tengo que aprender de manera que me cuesta o a veces resulta en una carga para mí. ¿Me entiendes? Es como cuando Dios te llama a hacer una cosa difícil y no siempre es fácil ni muy clara, o simplemente no es muy agradable, pero te llama al servicio cuando Él te llama.

Regresando a los inicios de mi ministerio te cuento que tuve que ir a México a ministrar a la gente más pobre entre los pobres. Antes de ministrarles, les pedí que ellos mismos oraran por mí. Estaban orando y ¡de repente, que descanso en el Espíritu (caigo al suelo)! Llevaba una blusa blanca y pantalones blancos y el suelo era tierra. Lo único que podía exclamar era: "¡Dios mío, cuando me levante voy a estar llena de tierra!" Pero al levantarme me di cuenta que no me había ensuciado. ¡Nada absolutamente se me había pegado en la ropa!

En otra ocasión, estaba en un lugar donde, después de que la comunidad oró por mí, sentí el dedo del Señor en mi espalda. Sólo el peso de su dedo era como una tonelada de ladrillos.

Dios me dijo (y aquí es donde aprendí que no podía hacer nada sin Él, al principio de mi ministerio): *"No eres nada sin mí. No puedes hacer nada a no ser Yo que te lo permita."*

Cuando dijo eso, todo mi cuerpo se quedó completamente tendido en el piso. Estaba tirada en el piso y no me podía mover.

Lo escuché muy fuerte y claro con un tono enojado.

Luego continuó: *"No te puedes mover a no ser que Yo te de permiso."*

Al parecer yo lo había puesto a prueba cuando intenté mover la mano y no pude. Luego quería mover el dedo meñique y tampoco pude hacerlo. No me pude mover para nada. Era solo su dedo tocándome la espalda, mientras mi cuerpo se mantenía pegado al piso.

Cuando intenté mover el dedo meñique fue cuando Él se enojó y me dijo:

"Te dije que a no ser que Yo te diera permiso, no te podrías mover. A no ser que Yo te diera permiso no podrías hablar."

Cuando dijo esto, El sacó todo el aire de mi. Y déjame decirte, me di cuenta de que mi cuerpo estaba lleno de aire. Sentí como si el aire se me saliera por la cabeza y como si Dios me lo estuviera interrumpiendo—de arriba hacia abajo. Yo pensé que me estaba dando un ataque al corazón y que no podía respirar. Podía sentir que el aire pasaba por mi garganta a través de mi cuerpo hasta llegar a la punta de los dedos de los pies. Me sentía como globo desinflado. No me podía mover, no podía respirar—Estaba completamente inmóvil. Mi cuerpo ya no podía funcionar.

Luego, de repente, dije con todas mis fuerzas: "Sí, Señor."

Cuando dije eso, fue como si Dios hubiera vuelto a inflar el globo. Sentía el aire como si corriera desde abajo hacia la cabeza.

Esto me sucedió frente a mi hermana y mi cuñado—quien entonces era jefe de bomberos. Mi cuñado era un hombre grande y fuerte, acostumbrado a cargar cuerpos, subir y bajar escaleras y a salvar ciudadanos de edificios en llamas. Él trató de levantarme del piso pero no pudo. Yo medía solo 5 pies con 1 pulgada (1.55 m), y él 6 pies (1.83 m) y pesa casi 100 libras (cerca de 45 kilos). Ni así me podía levantar del piso.

Trataba de levantarme de una y otra forma pero mi hermana le decía: "Déjala sola, El Señor la tiene ahí."

Yo lo escuché decir: "Está en una posición extraña y se va a lastimar."

Me encontraba tirada ahí (me imagino que era chistoso verme tumbada ahí). Finalmente, mi cuñado me levantó, me cargó y me recostó en la cama.

Pero mi hermana le dijo: "No debiste haber hecho eso; Dios está actuando en ella." Mi hermana sabia lo que estaba sucediendo. Cuando me recostó yo estaba en un dolor tremendo por todo el cuerpo. Me dolían la espalda, las manos y los pies. Mientras estaba recostada me salían lágrimas de los ojos y sentía mucho dolor. Escuché a mi hermana orar en el Espíritu. No sé por cuánto tiempo estuve ahí en la cama, pero finalmente me recuperé.

Mi cuñado me preguntó: "¿Qué sucedió?"

Yo le contesté: "¡Oh, Dios sólo me está mostrando que no puedo hacer nada sin Él. Te estoy hablando ahora porque Él me permite hacerlo. Él nos controla la fuerza del cuerpo y el aire en nuestro cuerpo. Él controla cada respiración.

Eso lo aprendí . Hay muchas cosas que la gente no entiende, pero esos son los misterios de Dios.

LECCION NUMERO UNO

Esta es la "Primera lección de Sanación y Liberación:" ¡No podemos hacer nada sin Dios! Esa es la primera lección que El nos enseña. Debemos vivir esa vida para que El pueda actuar en nosotros.

Algunas personas, después de ser bautizadas en el Espíritu, se emocionan y quieren llevar un ministerio. ¡No es así! Toma muchos años para todo. Vas a la escuela para obtener un título, pero no lo obtienes de la noche a la mañana. Tienes que ir a primaria, secundaria, preparatoria y universidad para obtener tu maestría o tu doctorado para cualquier cosa que quieras ser. Es un proceso de aprendizaje. Y es lo mismo en la vida espiritual.

No te conviertes en sanador de la noche a la mañana. Habrá uno que otro caso por ahí, pero en cuanto a lo que yo sé, toma tiempo; y es un proceso de crecimiento, un proceso espiritual. No puedes llegar a ser lo que llegas a ser de un día para otro. Y no es lo que tú quieres ser. Mucha gente cree que cualquier persona puede responsabilizarse de un ministerio. No, Dios llama a las personas.

Cualquiera puede orar por cualquiera, pero los ministerios son dados por Dios.

Recuerdo al Obispo Keating, cuya alma descanse en paz. El obispo y yo fuimos buenos amigos y me pedía que le contara historias sobre lo que Dios hacía en mi vida. Justo antes de irme, me tocó el hombro y me dijo: "Dios te dio esos dones y yo no te voy a detener el ministerio. Él reconoció lo que yo le conté y que eran dones de Dios, y que el no iba a impedir el ministerio. El supo que Dios me había llamado al ministerio.

Esto me recuerda un dicho del Nuevo Testamento, me parece que fue que Pedro, como Cabeza de la Iglesia, sería quien confirmaría a los hermanos.

Hoy en La Iglesia, vimos al Concilio Vaticano II suceder, lo cual fue un gran evento en la historia de la Iglesia. Los laicos han sido llamados a tomar ministerios y a ser *Gente de Dios*.

¿Cómo ve usted que los sacerdotes y obispos pueden hacer eso, es decir, fomentar ministerios laicos como el suyo?

Bueno, para ser honesta, creo que hay celos entre ellos y simplemente necesitan darse cuenta que hay trabajo para todos, que Dios tiene trabajo. Es como el cuerpo que tiene diferentes funciones. Dios lo dijo y las escrituras nos dicen que la mano no puede hacer lo que el pie puede hacer y los ojos no pueden hacer lo que los oídos pueden hacer. He aquí un cuerpo completo cuando el cuerpo es aceptado y usado en la manera que Dios quiere usar a Su gente. Dios es el dador de dones. Uno sabe cuándo uno tiene un ministerio porque da frutos. Uno sabe cuándo es de Dios porque se ve el sacrificio.

¿Se sintió alguna vez llamada a hacer algo pero se esperó a recibir discernimiento y decidió no proceder porque se dio cuenta que Dios no quería que usted lo hiciera? Usted quizás pensó que era algo bueno, pero luego se dio cuenta que no era el tiempo adecuado o algo por el estilo. ¿Le ha sucedido algo así?

Sí, me ha sucedido. Cuando Dios me llama oro mucho antes de hacer lo que voy a hacer. Después oro y oro y oro. Y luego espero. No me muevo. Quizás Dios me dice algo que quiere que yo haga—por ejemplo, que iniciara *Christian Women in Action*, *CWIA* (*Mujeres Cristianas en Acción*). Oré por casi nueve meses, y me refiero a orar constantemente, por días! Luego, finalmente, cuando se llegó el tiempo, el Señor me reveló cuándo era el tiempo apropiado. Me había puesto en mi corazón que lo tenía que hacer pero tuve que orar para que sucediera.

No nos lanzamos a hacer algo porque creemos que es una buena idea. Dios nos lo podrá poner en el corazón pero tenemos que orar y dejar a Dios que abra las puertas. Algunas personas quieren abrir las puertas a golpes para hacer lo que creen que deberían hacer. Pero así no es la cosa. Si Dios desea que hagamos eso, Dios abrirá las puertas. Dios abrirá el paso.

¿Ha tenido algún ministerio o proyecto donde estaba trabajando pero que no resultó bien? ¿Qué aprendió de ello?

En realidad sí. Era la líder local de un grupo de mujeres Católicas, el cual Dios lo estaba bendiciendo grandemente. Asistían a nuestro servicio entre 500 y 600 mujeres.
Yo les ministraba porque sabemos que las mujeres necesitan que se les ministre. No hay muchas organizaciones en la iglesia que ayuden a las mujeres, especialmente a las separadas o divorciadas, viudas o solteras—se les ignora con frecuencia. Siento compasión por ellas y siempre les he ayudado, especialmente a las mujeres pobres.

Tenía varios años trabajando con *CWIA*, pero cuando conocí a otro grupo nacional pensé que iba a ser fácil unirlo a nuestro grupo, y así lo hice. En esa época la organización tenía más o menos 150 mujeres. Cuando uní a los dos grupos, creció a más de 600 mujeres.

Dirigí la sección local de este grupo por casi tres años y medio, pero de repente, se
entrometió cierta politiquería; no por mi parte, sino por otro lado. No quiero ni recordarlo; yo fui muy afectada. Dios había levantado ese ministerio y Dios me lo había dado. Dios lo estaba bendiciendo. Pero eventualmente me pidieron que lo dejara debido a esa

politiquería. Sin embargo, el ministerio que resultó de esa rotura nunca creció, sino que fracasó.

Así que continué con *CWIA*, cuyos miembros son ahora casi quinientos. Hacemos Obras de Misericordia corporales. En la otra organización no podíamos hacer ni retiros ni Obras de Misericordia corporales. Yo les llamaba a esos encuentros "fiestas Bendíceme." Esa comunidad solo quería organizar un desayuno o comida, invitar a un orador y hasta ahí. Yo había agregado la oración del Rosario, pero ellos me dijeron que no debía hacer rosarios, que el ministerio no era para eso.

"QUEREMOS REZAR EL ROSARIO COMPLETO"

Los miembros empezaron a llamar y a decir que querían rezar el Rosario. Los lideres nacionales dijeron: "Está bien, recemos una década." Entonces la comunidad decía: "No, no queremos rezar sólo una década del Rosario; queremos rezar todo el Rosario."

Por cosas como estas me di cuenta que no era Dios, sino el ser humano interviniendo en el trabajo de Dios. En una forma muy política se me pidió que me saliera de la organización. Creo que hubo dos o tres mujeres que intentaron continuar el ministerio pero fracasaron y el ministerio se terminó. Era un ministerio tan magnifico para la diócesis, por que las mujeres tenían a donde ir a recibir apoyo.

Para contestar a tu pregunta, sí, hay veces cuando el ser humano interfiere y causa que el trabajo de Dios se venga abajo. Pero porque es el trabajo de Dios, Él tiene maneras de continuar con el ministerio.

Usted ha estado en el ministerio de Liberación por treinta y cinco años, y ha estado asociada con la Asociación Católica Internacional de Liberación y Exorcismo de religiosos y sacerdotes. ¿Nos puede decir de qué manera ha podido ministrar a sacerdotes?

He ministrado, liberado y ayudado a liberar a muchos sacerdotes. No sólo en los Estados Unidos, sino también en el extranjero. No sé como la gente sabe que tengo este ministerio. En una ocasión Dios me envió a un seminarista que vino a pedirme que orara por él, pues era homosexual. Oré por él y fue liberado.

En otra ocasión oré por un Monseñor asignado en un país europeo. La comunidad de creyentes de esa región me habían pedido que fuera a ministrar en su iglesia. Una mujer me escuchó hablar en una de mis sesiones y se me acercó para preguntarme si podría hablar en privado conmigo. Nos citamos en la rectoría. Ella quería privacidad porque había hecho ciertas
cosas, y quería que orara por eso que ella había hecho. Sabía que necesitaba una visita privada porque la mujer era una figura pública, era profesora, y si algo sucedía no quería que sucediera frente a la asamblea.

Para no hacer larga la historia, había ahí un monseñor observando lo que pasaba. Estaba orando por la mujer cuando el enemigo se manifestó tan fuerte en ella que saltó de su silla. Estaba tendida en el piso rodando y actuando como víbora, metiéndose debajo de la mesa. Connie, mi asistente y un par de religiosas la jalaban por debajo de la mesa pero se regresaba debajo de la mesa y actuaba como una víbora.

El monseñor observaba durante todo este tiempo sin decir palabra. Así es que después de orar por cuatro horas una de las líderes del grupo me preguntó si podría orar por monseñor.

El dijo: "¡Sí, por supuesto!"

Empecé a orar por monseñor y de repente empieza a haber manifestaciones del diablo que salían de él. ¡Y yo no lo podía creer!

Sin embargo, lo creo porque eso sucedió antes de que supiera acerca de los demonios que estaban a punto de salir de la Iglesia sobre los escándalos de pedofilia.

Se suponía que el Monseñor iba a celebrar la misa para nosotros porque nos íbamos a ir al aeropuerto a las diez de la mañana para volar de regreso a casa (a E.U.). Él había dicho antes de que orara por él que oficiaría Misa a las siete de la mañana para que después nos desayunáramos y partiéramos al aeropuerto.

Pues bien, a la siguiente mañana no se apareció. Fuimos a la capilla a donde nos iba a oficiar la misa pero no estaba ahí. La líder del grupo nos dijo: "Simplemente no la hizo." Monseñor había estado orando durante toda la noche sobre las cosas que habían salido de él. Se sentía mal y estaba arrepentido.

Como ves, sí he orado por muchos sacerdotes.

En otra ocasión me pagaron el vuelo para ir a España a orar por un sacerdote. Cuando me llaman para que ore por alguien, no hago diferencias. A todos los veo como hijos de Dios. No los veo como sacerdotes o monseñores o adolecentes. Veo que necesitan ayuda y que son hijos de Dios.

De alguna manera, después de una liberación, Dios borra de mi mente lo que salió de la persona y no lo recuerdo. Esa es otra cosa que Él hace, porque sé que no podría aconsejar ni orar por las personas si tuviera que llevar su carga conmigo. Algunos de los casos que he tenido abrumarían a cualquiera. Puedo orar por liberación o aconsejar a una persona y cinco minutos más tarde no puedo recordar de qué se trató. Dios me bloquea la mente para que no juzgue a nadie. No debo juzgar a las personas.

¿Ha conocido a diferentes sacerdotes-exorcistas con sólo unos años de experiencia en el ministerio que no han podido perseverar? ¿Por qué a usted Dios la ha bendecido con este largo ministerio cuando otros se han tenido que salir de él?

Creo que es la cantidad de oración que hago en mi vida espiritual, y también porque enseño lo que he aprendido. No voy por ahí diciendo cosas que la gente quiere oír. Deseo que las personas salgan y oren, que busquen a Dios y aprendan, y a su vez Dios los usa para que enseñen a otros.

No estaré en esta vida para siempre. No sé cuánto tiempo me va a tener Dios aquí. Pero espero que cualquier cosa que haya aprendido del Espíritu Santo la pueda pasar a otros, no sólo a los sacerdotes y a las monjas, sino también a los laicos–si pueden aprender de mis experiencias. Lo más importante es estar abiertos al Espíritu Santo, llevar una vida espiritual, ser humildes y mansos. Dios no puede usar a una persona orgullosa. Debemos mantenernos humildes, sin importarnos lo que veamos, ya sean sanaciones de cáncer o a gente levantarse de una silla de ruedas (las cuales he visto muchas veces). Las personas avientan sus bastones al aire y los ciegos recuperan la vista como lo vi en Polonia, donde las religiosas de ahí trajeron a un grupo de enfermos ciegos...sus ojos se abrieron.

¿Ha visto usted a alguna persona muerta ser resucitada a la vida?

No sé cómo se corre la voz pero una persona me llamó dese Ohio y me dijo que su esposo había estado en coma por muchos meses. Le envié un trozo de tela ungido y cuando ella tocó a su esposo se levantó de la coma. He tenido a muchas personas que se levantan de una coma.

Había un señor, ya mayor, a quien yo ministraba y a quien Dios ahora tenga en paz. El Sr. Proctor había muerto pero oré para que resucitara. Él era protestante y me quería mucho. También era uno de mis intercesores y le fascinaba orar. Siempre que se enteraba que yo iba a salir del país se sentaba frente a la televisión para informarse en caso de que hubiera accidentes porque le preocupaba que tuviera un accidente de avión. Empezaba a orar desde el día que yo salía para que regresara. La primera cosa que yo tenía que hacer al regresar a casa, era llamarle y decirle: "Sr. Proctor, ya regresé de viaje."

Él siempre me decía: "No quiero morir cuando estés fuera."

Y yo siempre le contestaba: "No, Sr. Proctor, Yo siempre estaré a su lado."

HA MUERTO CLINTON

Esta es una historia sobre mi hijo John dándose cuenta del don que Dios me había dado. El Sr. Proctor estaba en el hospital y yo fui a visitarlo. Siempre me llamaban cuando uno de los pacientes de edad avanzada se enfermaba. Me llamaban sin importarles la hora en la que eran hospitalizados. En cuanto la ambulancia salía, me llamaban y yo corría al hospital donde ministraba a estas personas mayores hasta que todos murieron. Fue inmediatamente después de este trabajo cuando el Señor me abrió puertas para viajar alrededor del mundo.

Ese día fui al hospital y hablé con el Sr. Proctor. Oré con él y le dije que tenía que ir a hacer unas compras pero que luego regresaría a visitarlo por la tarde.

Él me dijo: "Está bien."

Así que fui al supermercado. En esa época mi hijo iba a la Universidad. Creo que estaba en primero o segundo año y yo no sabía que él iba a venir a casa de visita. Llegó un Viernes por la tarde cuando el teléfono sonó; era la jefa de enfermeros, quien llamaba para decir que el Sr. Proctor había muerto.

En el estacionamiento del supermercado yo iba empujando el carrito de compras hacia mi coche cuando el Señor me dijo: "Clinton ha muerto."

Me apuré a poner el mandado en el coche y me dije a mi misma: "Voy a correr a casa y a guardar en el congelador sólo la comida congelada, el resto lo dejaré en el coche, y luego me apuro hacia el hospital"

Llegué a casa y cuando me estacioné en la entrada de la cochera, mi hijo estaba parado en la puerta, corrió hacia mí y me dijo: "Mamá, mamá!" Yo le dije: "Ya sé que murió."

"¿Quién te lo dijo?," me preguntó:

"El Señor," le contesté:

Puso todo el mandado en la banqueta, di la vuelta y me fui. Al llegar al hospital, encontré al Sr. Proctor en la cama con la cabeza cubierta. Le quité la sábana y empecé a orar, le empecé a llamar, y revivió.

Y cuando revivió, le dije: "Soy Stella y estoy aquí a su lado," y le empecé a cantar las canciones que le gustaban cuando iba a nuestro grupo de oración; y él empezó a cantar también: Oh, how I love Jesús (Cuánto Amo a Jesús) y Amazing Grace (Sublime Gracia). Juntos cantamos entre tres y cuatro canciones.

Pero luego me dije a mí misma: "Más vale que el Sr. Proctor deje de cantar para que conserve su energía." Pero en cuanto me detuve, me tomó de la mano y murió. Murió tomado de mi mano, sabiendo que yo estaba a su lado.

Me ha tocado orar por varios pacientes que han muerto tomados de mi mano, y se experimenta una sensación de paz.

¿DONDE ESTOY EN EL TÚNEL?

Eso me recuerda a un hombre en mi iglesia a quien yo le llevaba la Eucaristía como Ministro Extraordinario de la Eucaristía. El hombre tenía un tumor en el cerebro cuando se la llevé por primera vez, y tuve una visión. Lo vi a él en un túnel y a La Madre Santísima al otro lado del túnel. "¿Eres muy devoto de la Santísima Madre?"

Él me contesto: "Sí."

"Te vi a la entrada de un túnel y vi a la Santísima Madre del otro lado del túnel." Cada vez que le traía la Comunión, él me preguntaba: "Stella, dónde me encuentro en el túnel?"

Yo le decía dónde se encontraba.

Pero un día le pregunté: "¿Cómo está?"

Él contestó: "No me siento muy bien." Pues él estaba a punto de morir. Fue una muerte muy bella porque sufrió con mucha paz y sin quejarse; se quedaba recostado sin hacer ruido. Tú sabes cómo son algunas personas que están bajo intenso dolor, pero él no se quejaba.

Él me volvió a preguntar, "¿Dónde me encuentro en el túnel?"

Y le dije. "Casi estás tocando la mano de la Santísima Madre, y sus manos extendidas casi te alcanzan.

Le di la Comunión, oré y me fui a casa. Al llegar abrí la puerta de mi casa mientras que el teléfono timbraba. ¡Acababa de morir! Me regresé al carro y me arranqué al hogar donde el estaba. En concreto, sí, he visto muerte.

Está usted describiendo su ministerio para aquellos que se están muriendo. Hoy día existe un ministerio muy común, el ministerio de la casas de hospicio. ¿Qué cree que la Iglesia debería hacer para ayudar a esas personas?

Estoy totalmente en contra de las casas de hospicio. ¡Créeme! La razón por la que estoy en contra es porque la muerte tiene que seguir su curso natural. Dios nos lleva a casa cuando Él está listo, no cuando el ser humano lo decide. He visto esto una vez y otra vez y he escuchado decir: "¡Para morir con dignidad!" El paciente se despide de su familia, luego le dan una inyección y los ponen a dormir y mueren en doce horas o en las horas en que ellos le dicen que va a morir.

¿Usted ha visto esto suceder?

Lo vi con una señora a quien yo cuidaba. La cuidé aquí como por tres semanas. Ella estaba muy preocupada porque pensaba que me estaba imponiendo una carga, ya que su esposo y una de sus dos hijas trabajaban. Su otra hija estaba en la escuela y nadie la podía cuidar. Ella tenía cáncer.

Ella estaba bien aquí, hablaba y oraba. Algunas veces hasta veía la televisión, pero se sentía muy mal porque pensaba que me estaba imponiendo una carga. Pero ella no era una carga para mí porque yo estaba acostumbrada a ese tipo de trabajo con la gracia de Dios.

La internaron en una casa para pacientes terminales, una casa de hospicio. He aquí una mujer que hablaba conmigo, comía, se sentaba a la mesa y compartía la comida con nosotros, y quien en menos de una semana se nos fue.

La familia se reunió porque iba dizque a "morir con dignidad." Las hijas no eran realmente religiosas; eran sólo Católicas de nombre. Cuando fui a visitar a la mujer desahuciada, su familia tenía miedo que le impusiera manos y orara por ella porque no querían que continuara sufriendo. Pensaban que ya sufría lo suficiente y no me dejaban entrar a la recámara a visitarla.

Tú sabes que el sufrimiento aquí en la tierra se relaciona con el sufrimiento del purgatorio. Algunos de nosotros viviremos nuestro sufrimiento aquí. Mientras sufrimos nos relacionamos con Cristo. Es bueno que suframos. Pero algunas personas no aguantan. Y por eso les dan una inyección.

Lo mismo sucedió con esta mujer de la cual te hablo. El doctor dijo que iba a morir en uno o dos días pero yo le dije: "No va a morir." Y efectivamente vivió tres semanas después de que le empecé a ministrar y a orar.

En otras circunstancias conocí a un hombre a quien le llevé la Comunión y quien según los médicos, también iba a morir al siguiente día. Cuando le aplicaron la inyección, sus hijos estaban a su alrededor. Por esta razón le he pedido a mi familia que nunca me internen en un hospicio. El ser humano no debe decir que no debemos sufrir más.

¿Qué les quiere decir a los sacerdotes, religiosas y personas laicas que trabajan en hospitales en cuanto a cómo ministrar a los enfermos terminales? ¿Qué enseñanza les daría?

Que sean amables. El mismo amor y compasión que Cristo tenía debería estar en los sacerdotes porque ellos representan a Cristo. No debemos apresurar la muerte. Dejemos que Dios tome su curso. Por eso me refería a los hospicios; porque ellos te dicen cuándo reunir a la familia y cuando "morir con dignidad." Los sacerdotes deben ser compasivos, no sólo durante la confesión, sino también cuando tratan con los agonizantes. Para ministrar a alguien en agonía se debe ser compasivo. A la gente solo quieren que los escuchen. Quieren sacar lo que traen adentro. Ellos cargan cargas muy pesadas todo el tiempo.

¿Ha liberado Dios a alguien mientras usted les ministra, pero antes de que usted ore por su liberación?

Sí, muchas, muchas veces, cuando la persona está muy dolida. Una vez, a una mujer le dijeron que necesitaba liberación. Me la trajeron para que la liberara pero resultó que no necesitaba liberación. La mujer sufría porque estaba muy herida. Lo único que yo hacía era orar por cada una de sus heridas, mientras que Dios la liberaba y desencadenaba. Su llanto le permitía sacar todo ese dolor que había cargado por tanto tiempo. No era un demonio, sino una herida. La mujer quedó completamente sana. En muchos casos uno tiene el discernimiento para saber exactamente cómo ministrar a la persona. Puede ser que se trate de sanación interna y no de liberación.

MI EXPERIENCIA CON
LA MUERTE

IBA A MINISTRAR A la prima de mi amigo George en Chicago. Era Viernes y planeaba regresar a casa el Domingo. Cuando llegamos a su enorme casa nos dimos cuenta que era gente rica. Había muchos carros y muchas personas.

Y le dije a George: "¿Qué pasa?"

Él dijo: "No lo sé."

La prima le dijo a George: "Tú dijiste que ella tenía un ministerio de sanación. Le dije a mis invitados que iba a venir a orar por mí, y todos quisieron venir."

Había invitado a un montón de italianos que nunca iban a la iglesia.

Así es como Dios me llamó a ayudar a una persona. Nunca sé cuántos compromisos de evangelización se me van a presentar o a cuánta gente voy a ministrar. Y ahí estaba yo, y ore: "Señor, necesito un tema. Solo iba a orar por esta señora y ahora estoy que voy atener que darles un tema."

Tenían el sótano lleno de invitados, sentados en el piso, en sillones y en sillas. Empacaron allí a todos sus amigos y vecinos. Así que les ministré.

Oré por la primera persona, la sobrina de George. Ella cayó en el Espíritu. Luego vino otra persona y también cayó en el Espíritu. Ellos nunca habían visto nada de eso. Nunca habían visto a una mujer enseñar o ministrar. Todo esto era nuevo para ellos pues era un grupo de hombres italianos que no sabían nada sobre el Movimiento Carismático. Y aquí me tienen enseñándoles sobre los dones del Espíritu Santo mientras que ellos eran bautizados por el Espíritu Santo.

A la media noche todavía yo continuaba. La prima de George le dijo a él: "¡No, ella no se va a ir el Domingo! Hay personas que querían venir pero no pudieron. ¿Puede venir otra vez mañana?"

George dijo: "Bueno, no sé, déjame preguntarle a ella."

Yo le contesté: "Bueno, un día mas." Se convirtió en un día más y otro más. En total fueron cinco días. Cada día tenía personas diferentes que venían de diferentes lugares."

El último día, yo le había llamado a mi esposo dos veces para decirle que no regresaría a casa porque había mucha gente a quienes necesitaba ministrar. Eso fue a las once de la noche. Acababa de terminar y planeábamos salir al siguiente día, a primera hora. Subí a la habitación a tomar mi maleta y mi chaqueta, y cuando estaba al tope de las escaleras, a punto de bajarlas, (era una escalera espiral con pasamanos de hierro), sentí que algo me empujó. Era un empujón muy fuerte, era Satanás.

Me caí rodando por la escalera, dieciséis escalones. Mientras caía me golpeé la cabeza y la espalda. No pude parar. Mis mano se atoró en el pasa manos y tres de mis dedos se doblaron completamente hacia atrás. ¡Todo mi cuerpo era un desastre! Para cuando llegué al fondo de las escaleras, yo había muerto porque me golpeé el cuello. Y así pase por la experiencia. Vi que tenemos dos cuerpos: un cuerpo físico y un cuerpo espiritual. Estaba ahí tirada en el suelo boca abajo cuando mi cuerpo espiritual se salió de mi cuerpo material y se movió hacia arriba. Iba subiendo lentamente mientras dejaba mi cuerpo material abajo en el suelo.

Mientras subía lentamente, mientras más alto subía, más brillante se hacia todo, y mayor era la intensidad del amor, gozo, paz y tranquilidad...las palabras no pueden ni describirlo. La sensación era como si te estuvieran elevando. Yo estaba en Chicago pero podía ver a mi esposo y a mis hijos que estaban en Virginia. Amo mucho a mi esposo y a mis hijos pero no se compara con el amor que recibía mientras era elevada. Realmente no hay comparación entre el amor que sientes por los seres amados aquí en la tierra y el amor que se recibe en ese momento.

Subí hasta las nubes. Yo estaba justo como los astronautas cuando están en órbita, sin peso. Vi las nubes que estaban hacia donde yo subía. Y de repente me detuve. Era como si me hubiera detenido en un elevador. No me encontré con Jesús cara a cara pero escuché su voz que me decía: **"Tienes que regresar."**

Yo le contesté: "No, no quiero regresar (¡porque era magnifico, magnifico!).

La siguiente cosa que me dijo fue: **"Tu trabajo aún no ha terminado."** Y cuando dijo eso, bajé tan rápido que creo que a la mitad del camino fue cuando oí Su respuesta para mí: "No."

Según me acercaba a mi cuerpo material, podía ver mi cuerpo boca abajo, y veía a George y a Mary. Luego mi espíritu entró en mi cuerpo y escuché a George llorar, quien por cierto, ya murió–que Dios guarde su alma. Él sólo decía:

Señor, Señor, no te la lleves. ¿Qué le voy a decir a Jack, su esposo? ¿Que la maté?" Eso es todo lo que decía, ¡pobre hombre!

Mientras tanto el dueño de la casa gritaba: "¡Llamen a la ambulancia! ¡No quiero que muera en mi casa!

Mary y George decían: "¡Oren, oren!" La gente se acababa de convertir, por lo tanto no sabían cómo orar. George le gritaba a Mary: "¡Ora, ora!" Mary decía: "¡Estoy orando, estoy orando, estoy orando!" Era como una película italiana mala. ¡Lo que Dios tuvo que hacer para mostrarles Su poder...usarme de esa manera!

Yo sentía un dolor terrible en todo mi cuerpo, de pies a cabeza. George me dijo que mis manos y todo lo demás estaban tan flojos que parecían "fideos mojados." Todo mi cuerpo estaba flácido. Ellos me levantaron, cosa que nunca debieron haber hecho. Me recostaron sobre el sofá y cuando hicieron eso empecé a temblar. Me estaba congelando. Había entrado en shock. En ese momento dijo George: "Está bien, llamemos a la ambulancia."

Cuando dijo eso era como si mis dedos se hubieran enchufado en un toma corrientes porque todo mi cuerpo empezó a sacudirse y a temblar.

Entonces le dije a George: "George, ayúdame a levantarme."

Y él me contestó: "Stella, estás bien?"

Le dije: "Si, ayúdame a levantarme."

Me ayudó a levantarme y cuando traté de levantarme, me caí. Y cuando caí, corrieron y me trajeron una silla. Para entonces Mary les dijo que dejaran de llamar a la ambulancia. Me sentaron en la silla y me di cuenta que tenía un hueso largo en mi pierna que se había salido hacia afuera.

Le dije a George: "¡George, trae el aceite ungido y empuja ese hueso hacia adentro!"

Ahora bien, ¿por qué dije eso? ¿Estaba sangrando? No, solo estaba salido hacia afuera. De alguna manera o la escalera o el pasa manos de hierro lo habían golpeado. En ese momento no sentía nada. Todo el dolor se había alejado. Pues cuando toda esa electricidad entró en mi cuerpo el dolor desapareció. George tomó el aceite bendito en sus dedos y ungió el hueso. El me dijo después que sucedió como un succión. El sintió el hueso meterse adentro de nuevo.

Luego sentí una sensación caliente en mi mano y exclamé: "¡George, endereza mis dedos!" Mis dedos estaban volteados al revés. Esos tres dedos estaban como un puño pero en la dirección contraria.

Exclamé nuevamente: "¡Endereza mis dedos!"

George me los ungió con aceite bendito y los tomó uno por uno colocándolos en su posición original. Luego hizo lo mismo con mi rótula en mi rodilla, puesto que también estaba desviada.

Me levanté y dije: "¿Dónde están mi maleta y mi chaqueta? ¡Vámonos!

Su sobrina interrumpió: "Te voy a llevar al hospital".

Yo dije inmediatamente: "¡No, no necesito ir al hospital!"

Y George dijo: "¡Ah, claro que sí! Yo pago. Yo pago por los rayos-X. Te tienen que sacar rayos-X."

Pero yo insistí: "¡Estoy bien, Vámonos, necesitamos dormir!"

Ya era la medianoche y a la mañana siguiente teníamos que levantarnos muy temprano. Así es que dejamos a todos muy sorprendidos y nos fuimos en el carro a la casa de su tía. Ella quería darme algo de comer.

Pero le dije: "No, no tengo hambre, estoy cansada. Necesito acostarme."

Mary y yo nos fuimos a la cama y la tía de George y George se quedaron ahí rezando rosarios toda la noche. Estaban esperando que me levantara y dijera: "llévenme al hospital."

Me levanté a las seis de la mañana, llamé a Mary y le dije: "¡Mary, vamos a Misa!" Cuando fui a la cocina, George y su tía estaban sentados ahí.

George me preguntó: "¿Estás bien?

Le contesté: "Si, voy a misa."

¿Vas a Misa?"

"Sí."

"¡Entonces me voy a dormir!"

De modo que los dos se fueron a la cama y yo me fui a Misa. Mientras estaba en misa, justo antes de comulgar, iba orando y algunas palabras me vinieron a la mente: "Lo que él destruye yo lo construyo. No tengas miedo, estoy contigo." Por eso supe que había sido un ataque del enemigo.

Como dije antes, he pagado precio tras precio siendo atacada por el enemigo y por las personas. Pero continúo. Si no fuese un ministerio y un llamado de Dios, por todas las penas y tribulaciones que he pasado, podría haber dicho: "¡¿Quién desea esto?!" Pero porque es un ministerio y un llamado de Dios tengo que servir en las buenas y en las malas. Tengo que hacerlo y eso me ha enseñado mucho.

Esa fue la lección que aprendí cuando regresé de ese viaje. Tenia una de las ancianitas a quien estaba evangelizando, que me dijo que tenía miedo de morir (estaba hospitalizada). Tenía mucho miedo de morir.

Le dije: "No debes tener miedo. ¿Por qué no intercambiamos lugares? Ojalá yo estuviera en tu lugar porque sé que es hermoso morir y tú estás en estado de gracia."

Añadí: "Si yo hubiera muerto entonces, estuviera con El Señor, pero Él no está listo para recibirme." Me dijo que mi trabajo aún no había terminado.

EL PODER DE LOS SACRAMENTOS

¿Ha necesitado liberación usted personalmente? ¿Es la liberación una cosa común o es cosa rara?

Algunas veces las personas necesitan ser liberada de espíritus ancestrales. Estos no son adquiridos por sus propios errores, sino por los de sus antepasados. Hay otras veces que las personas tienen que ser liberados de espíritus adquiridos por su propia culpa. Pero si siempre se está en gracia de Dios, no hay necesidad de ser liberado. Sólo se necesita una buena confesión.

Algunas personas no saben cómo ir a confesión y algunas personas que van a confesarse sólo confiesan uno o dos pecados porque, o se sienten avergonzadas, o tienen miedo o no saben que es pecado. He ayudado a muchas mujeres que me dicen que no sabían que el aborto o el no ir a Misa los Domingos eran pecados. Las Sagradas Escrituras nos dicen: "Mi pueblo es destruido por falta de conocimiento" (Oseas 4:6). Por eso es muy importante que conozcamos y entendamos las Sagradas Escrituras; que conozcamos nuestra fe, y que creamos y conozcamos los Diez Mandamientos.

Me preguntaste que si yo misma he necesitado liberación alguna vez. La verdad, no recuerdo una ocasión en que haya sentido la necesidad, simplemente porque voy a Confesión y trato de vivir una vida sin pecado mortal.

¿Podríamos hablar del poder de los Sacramentos como fuente de

liberación y sanación? Empecemos con el Bautismo. ¿Qué tan importante ha sido el Bautismo en su vida y en su ministerio?

¿Te refieres al Bautismo en el Espíritu o al Bautismo en el agua?

Al Bautismo en agua.

¡Dios mío! Ser bautizado significa convertirse en hijo de Dios. Uno pertenece al Señor. ¿Sabes que tus padres y padrinos juegan un papel muy importante en tu vida cuando eres bebé? Pero no es sólo la responsabilidad de tus padrinos sino también la de tus padres hacerte saber lo que es el bautismo.

¿Ha tenido que liberar a personas que no han sido bautizadas? ¿Nota diferencia entre los bautizados y los no bautizados?

Bueno, no en un Católico por así decirlo, pero sí veo diferencia en los protestantes que no fueron bautizados. No he tenido tantos, que me pueda recordar ahora, que no hayan sido bautizados.

¿Cuál es la diferencia que usted nota?

Ellos viven una vida muy deprimida, una vida de temor. No hay paz. Con las personas Católicas y que participan de los Sacramentos, hay una diferencia, porque hay esperanza en la Confesión. Hay esperanza en el perdón. Hay esperanza de que si vas a Confesión puedes recibir la gracia que necesitas. De hecho, es por ello que vamos a confesarnos, aun cuando no tienes pecado mortal: para recibir la Gracia.

¿Cree usted que la gente puede ser liberada al ir a Confesión?

Si se hace una buena confesión, sí. No oro por ninguna persona sin antes mandarla a confesarse, y después de que se Confiesan y reciben la Comunión entonces pueden venir a mí. A veces me facilita el trabajo.

¿Y qué tal la Comunión? ¿Ve usted que las personas son liberadas durante la Comunión?

Sí. Has notado alguna vez que cuando el sacerdote eleva la Hostia Consagrada o el cáliz, escuchas gente toser? De repente la gente empieza a toser. Esos son espíritus (los pequeños) que salen de la gente que va a Comulgar. Son expulsados por la presencia de Dios Mismo. Todo está tranquilo y de repente escuchas, toser, toser, toser.

¿Piensa usted que la Sagrada Misa es un momento especial de sanación o liberación?

Sólo puedo hablar por mí misma. He sido sanada muchas, muchas veces a través de la Comunión, porque no permito que nada se me quede. Como dije antes, voy a Confesarme seguido. Ahí es donde obtengo la mayor parte de mi sanación; verdaderamente a través de la Comunión. Sé qué es lo que estoy recibiendo cuando estoy compartiendo la Eucaristía: el Cuerpo de Cristo, lo Verdadero.

El Sacramento de la Confirmación, ¿Cómo lo ve como un Sacramento importante?

Veo la Confirmación como fabricación de un verdadero soldado de Cristo. Para ese entonces la persona deberá saber quién es el Dios a quién está a punto de recibir, a quién va a servir y cómo deberá vivir su vida. A través de la Confirmación, la persona se hace un verdadero soldado de Dios.

¿Recuerda usted algo de su Confirmación?

No porque cuando la recibí era bebé. Fui confirmada en una Iglesia de Misión y el obispo iba solo cada cinco o seis años. El obispo tenía que confirmarnos cuando éramos bebés o a cualquier edad, porque podían pasar otros diez años o más antes de que él pudiera regresar. De verdad que yo debí haber tenido clases de la fe como adulta.

He escuchado que recibir la confirmación junto con el bautismo con agua es en realidad recibir el bautismo en el Espíritu. Yo me pregunto si fue por eso que usted recibió sus dones a temprana edad, porque ya había sido confirmada. ¿Piensa que esa puede ser una posibilidad?

Sabes, nunca lo había pensado así. Pero te repito, recibí los dones cuando era muy joven porque me estaba muriendo de difteria. El doctor le había dicho a mi madre que me llevara a casa y que me tuviera contenta porque no me quedaba mucho tiempo de vida. Estaba tan delgada y sin energía que no podía hacer nada. Tenía como seis años de edad. Cuando mi madre me llevó a casa, me levantó en brazos y me entregó a Dios diciendo: "Tú me la diste, te la devuelvo."

Mientras tanto mi padre estaba afuera muy triste hablando con un amigo que había llegado a visitarlo. El amigo le preguntó a mi padre: "¿Por qué estás tan triste?"

Mi padre le contestó: "Mi hija se está muriendo."

El amigo de mi padre exclamó: "¡Déjame verla!"

Mi padre lo llevó a mi cuarto, me vio y preguntó: "¿Qué le están dando de comer?"

Mi madre, que estaba al lado, le dijo: "Caldo de pollo. Eso es todo lo que puede comer. Fueron las órdenes del doctor."

Inmediatamente él dijo: "¡Por el amor de Dios, si se está muriendo, por lo menos déjenla morir con el estómago lleno. Se va a morir de hambre. En lugar de darle el caldo de pollo, denle el pollo!"

Así es que mi madre empezó a alimentarme con caldo de pollo y pollo.

Creo que eso sucedió porque mi madre me entregó a Dios.

¿Cómo ve usted el Sacramento del Matrimonio? ¿Qué papel juega el matrimonio como medio de sanación y liberación en la cultura de hoy en día?

El Sacramento del matrimonio es para multiplicarse. Así fue la intención de Dios. Por lo tanto una pareja joven debe entregarse totalmente a Dios. En otras palabras, las parejas hoy en día usan el matrimonio con el propósito de beneficiarse con dos ingresos mensuales o para viajar o hacer cosas juntos. Eso no fue la intención de Dios sino la multiplicación. Al entregarnos totalmente a Dios y el uno al otro recibimos las Gracias para poder vivir juntos como Dios quiso que fuera~ en las buenas y en las malas, en la salud y en la enfermedad, en la riqueza y en la pobreza. Ahí es cuando las Gracias llegan. Así es cuando verdaderamente se empieza a vivir el Sacramento en la manera en que Dios lo instituyó.

¿Hay más necesidad de liberación entre los hijos de padres divorciados? ¿Nota diferencia?

Mucha diferencia, por supuesto. Verás que cuando los padres son divorciados, si hay dos o tres hijos, el divorcio continúa en el linaje espiritual familiar. La maldición continúa por cuatro generaciones. Una bendición alcanza mil generaciones y una maldición alcanza a cuatro generaciones, pero pueden detenerse estas maldiciones y pueden continuar otra vez. Esto lo veo muy seguido. Se tienen que cortar y sanarse para que no se pasen a través del linaje espiritual familiar.

Para dejar de cometer los mismos errores del pasado, y para escoger a una pareja con cuidado, se debe acudir a Dios y preguntarle: "Si es esto lo que deseas que yo haga, entonces que se haga Tu voluntad. Pero si esto no es lo que deseas que yo haga, entonces cierra la puerta. Ayúdame a ser feliz en el estado de vida al que Tú me has llamado."

Eso es lo más importante. Sin embargo, muchas personas no se sienten felices en el estado de vida que Dios les ha dado o que ellos han escogido. No hay paz ni gozo, y cuando no hay paz no hay gozo, porque el gozo del Señor es nuestra fortaleza.

El matrimonio no es un sacramento fácil. Es muy difícil y es mucho más difícil que unirse a la vida religiosa o sacerdotal. ¿Por qué? Simplemente porque cuando estás casado, tienes que vivir con una persona. Un sacerdote puede enojarse y cerrar la puerta y quedarse ahí solo. En el matrimonio no es así. Tienes que cocinar, trabajar, limpiar, lavar ropa, y tienes que hacer todas esas cosas. Por lo tanto no puede funcionar cuando ambas personas no funcionan de la misma manera. Es una carreta que ambos tienen que empujar al mismo nivel o de lo contrario está desbalanceada. Así es que tienes que perdonar y pedir a Dios fortaleza.

¿Qué tal la Comunión y la Confesión?

Reconozco que la Comunión y la Confesión son la fuente más grande de sanación. Si recuerdas en las Escrituras, Jesús siempre regresaba o iba a orar por personas, sanar personas o liberar personas. Esos es todo parte del Ministerio, tiene tres dimensiones: Jesús vino a sanar, a rescatarnos, a liberarnos. Él hizo las tres cosas, y la iglesia no lo esta haciendo, es la misión de tres dimensiones que Jesús hizo..

Hay una diferencia entre hacernos libres y liberarnos. Jesús vino a salvarnos. La Confesión nos puede librar de cargas pesadas, especialmente del pecado mortal en nuestras vidas. Cuando vamos a Confesión, podemos ser libres.

La liberación es diferente. La liberación puede liberar a la persona de espíritus ancestrales, como dije antes, o del espíritu del hábito de la lujuria. Por ejemplo, si vamos a Confesarnos y decimos: "Ay, tengo lujuria por las mujeres," pero no decimos: "Tengo el hábito de ver a las mujeres de manera lujuriosa," o "tengo el hábito de masturbarme," o "tengo el hábito de acostarme con mujeres," no es suficiente. Esos son espíritus fuertes. Tenemos que llamar al hábito como lo que es. El sacerdote deberá determinar si es un pecado compulsivo para que determine si la persona debe ser liberada de ese espíritu.

Ahora bien, analicemos a ese espíritu y al por qué una persona lo hace repetidas veces. Puede ser que sea un espíritu de sus antepasados, y entonces se busca la el origen del espíritu y uno se pregunta: "¿Cómo eran las vidas del padre y de la madre?" Luego, se analiza a los abuelos. He visto ese mismo espíritu muchas veces. No puedo ni empezar a contar cuántos cientos de veces personas vienen a mí y me dicen que no se pueden controlar. Entonces mirando al pasado, analizo a sus antepasados y encuentro que el padre era un mujeriego o un don Juan o que el bisabuelo vivió con dos o tres mujeres. Así es que viene en la línea ancestral espiritual y por lo tanto tenemos que orar y cortar ese espíritu de lujuria. Eso es lo que es, un espíritu de lujuria, un espíritu perverso.

Ese espíritu tiene que cortarse desde la primera o tercera generación, o del lado de la madre o del padre, o de ambos. Encuentro muy seguido que viene de ambos lados y que viene de la segunda o de la tercera generación. Una vez que corto el espíritu ellos sanan.

Lo mismo sucede con los espíritus de alcoholismo o de mentira. Me parece que es como la flor de diente de león. Si alguna vez has sacado esta flor de la tierra, sabrás que su raíz está enterrada hasta un pie de profundidad. Tienes que escavar hasta esa profundidad de lo contrario no la puedes sacar. Si pasas la cortadora de césped sobre la flor de diente de león, esa flor crecerá nuevamente en dos o tres semanas.

De igual manera con el espíritu. La persona confiesa el mismo pecado una y otra vez hasta que se va a la raíz del pecado y se corta la raíz de ese espíritu ancestral.

Se tiene que buscar y encontrar de dónde viene el espíritu. Los sacerdotes deberían aconsejar y encontrar de dónde viene el pecado si la persona continúa confesando lo mismo una y otra vez, de lo contrario a esa persona no se le está ayudando ni se le permite crecer espiritualmente. Tenemos que llegar a la profundidad del pecado. La sanación de una enfermedad es una cosa, pero la sanación del espíritu o alma es otra. Así como la sanación de los espíritus ancestrales es totalmente diferente. Sanar nuestra alma de espíritus ancestrales es una cosa totalmente diferente.

He visto que usted libera a la gente pero no se queda ahí. ¿También ora por sanación?

Absolutamente, y luego doy seguimiento a la sanación. Por ejemplo cuando vamos al doctor nos da medicina pero luego quiere que regresemos para saber cómo nos sentimos. Si no nos sentimos mejor, entonces intenta algo diferente. Es lo mismo conmigo. Oro por sanación, luego continúo observando si persiste el mismo problema, si todavía hay algo. De ser así, tenemos que ir a un nivel más profundo, hasta llegar a la vida de los antepasados, mientras pido a Dios discernimiento. Ese es uno de esos dones que son muy útiles. Si alguien no me lo dice el Señor me lo muestra. Entonces oro por eso y la persona es libre de ataduras o cautiverio. Luego le viene una paz absoluta a la persona y su cara le cambia completamente, y también su vida.

¿Qué tal los dones que vienen con el Sacramento de Orden Sacerdotal? ¿Pueden los sacerdotes hacer más sanaciones y liberaciones?

Creo que sería maravilloso si los sacerdotes tuvieran tiempo de hacerlo, porque toma mucho tiempo. Muchas veces solo hay uno o dos sacerdotes en el ministerio de sanación en una parroquia y no tienen el tiempo para darle a la comunidad toda la atención que requiere.

Deberíamos dar a los sacerdotes comunidades pequeñas pero nuestras iglesias son tan grandes que no es posible para los sacerdotes ser eficientes en una parroquia y en el ministerio de sanación. Créeme, es un ministerio muy exigente y requiere mucho tiempo. Sé que has visto que mi tiempo no es mi tiempo. Me llaman a cualquier hora del día y de la noche durante la semana. Soy como un soldado. Eso es lo que somos, estamos expuestos a ser llamados 24 horas al día. Recuerdo cuando mi esposo estaba en el servicio y él era soldado primero. Siempre podía ser llamado en cualquier momento. Lo mismo sucede conmigo.

Hay una cosa que me gustaría mencionar. No todas las personas deberían estar en este ministerio. Si uno está casado y la pareja no está de acuerdo entonces uno no debe hacerlo. Conocí a un hombre que quería unirse al grupo pero la esposa se oponía y él decía que de todos modos lo iba a hacer porque Dios lo llamaba a hacerlo. Ese no era Dios llamándolo a hacer el trabajo; era él mismo llamándose a hacerlo. Si Dios hubiera querido que él lo hiciera, la esposa hubiera deseado ayudarlo y apoyarlo.

Recuerdo escuchar decir a una mujer no hace mucho tiempo que quería estar en el ministerio pero su esposo estaba en total desacuerdo, a tal grado que se iba a divorciar de ella si lo hacía. Aun así ella insistía que era una llamada de Dios. Créeme, Dios no trabaja así. Dios les da al esposo y a la esposa el deseo de apoyarse el uno al otro. Si yo no tuviera el apoyo de mi esposo (y lo tengo el 100%), yo no estaría haciendo esto.

Mi esposo ha dicho esto muchas veces a muchas personas. La gente le pregunta: ¿Qué tu piensas de tu esposa siempre yendo aquí y allá? ¿No tienes miedo que la maten o que muera en un accidente aéreo? Ellos siempre lo miraban de un lado negativo.

Mi esposo siempre contesta: "Si Dios la llamó a ir, Dios la traerá nuevamente." Él también dice: "Si Dios la llama a ir a hacer algo, yo no me opongo en el camino de Dios."

Cuando Dios me trajo e este hombre, Dios sabía cuál era el ministerio que Él tenía preparado para mí, porque Dios no tiene tiempo. Él lo sabía y me dio el hombre que me apoyaría 100% y nos preparó a mí y a mis hijos.

Por lo tanto es muy importante que no nos adjudiquemos ministerios sólo porque nos atrae la belleza del mismo. Porque no sabemos qué hay en el fondo ni el precio que debemos pagar por el ministerio. Como dije antes, es un llamado como un sacerdote que es llamado al sacerdocio y es un buen sacerdote porque es llamado por Dios. Si no es buen sacerdote es porque no fue llamado por Dios, sino por su madre o su tía o porque no pudo encontrar un trabajo en el mundo. Puede haber muchas razones pero no ser una llamada de Dios. Y si a pesar de ello entra al seminario no va a ser feliz, al contrario, será miserable.

Lo mismo sucede con el matrimonio. Dios me llamó a este matrimonio. Dios lo unió; este matrimonio fue hecho en el cielo. Lo mismo con el ministerio: si Dios me dio este ministerio, entonces se supone que debo ser feliz y fiel a él.

LIBERACIÓN

Usted tiene gran devoción a San Martin de Porres. ¿Ha visitado alguna vez su casa en Lima, Perú?

Fui a Lima cuando ministré ahí por cinco días, más o menos. La mujer que me patrocinó el viaje me preguntó si conocía acerca de San Martin de Porres. Le conté cuan devota era yo de él y cuánto me gustaba él.

Ella me dijo: "Bueno, yo conozco la villa donde él vivió."

Tuve la gran oportunidad de ir a la villa y me encontré con que era un lugar precioso, agradable y tranquilo. La villa se usa ahora para realizar trabajo social. Un par de habitaciones se usan como cocinas para alimentar a los pobres y a las personas mayores. Así es que me pareció un buen lugar. Tiene una cocina grande donde había cocineros preparando alimentos cuando lo visité. Recorrí las habitaciones y encontré la recámara de San Martin, donde hay una fotografía suya. Ahora la han convertido en una pequeña capilla de meditación.

Estaba yo de pie en la capilla, orando a San Martin, cuando de repente, escuché a mi asistente gritar mi nombre. Corrí hacia un patio grande que había en la casa y vi a dos mujeres peleándose, ¡una de ellas con machete en la mano! Eran dos cocineras que habían estado en la cocina preparando alimentos. Alrededor del patio había mucha gente sentados a la mesa y comiendo.

Cuando allí, vi a a las dos mujeres peleando. Sonia, mi asistente, quería que nos saliéramos de la casa en caso de que se empezaran a golpear. No quería que me involucrara, solamente trataba de protegerme. Corrí hacia donde estaban las mujeres y todos en la cocina me gritaban: ¡No señora, no, señora! Porque me les acercaba cada vez más.

Cuando me acerqué a ellas, levanté mi mano y le ordené a Satanás que soltara el machete. Y el machete cayó al pavimento. La mujer que tenía el machete también cayó al piso y descansó en el Espíritu.

Entonces ministré a la mujer a quien iban a matar, y le pedí que la perdonara. Ella me dijo que no tenía nada que perdonarle. Supuestamente la otra mujer le tenía celos porque pensaba que estaba en adulterio con su esposo. Ella insistía que no era cierto y que ella no sabía por que la otra mujer pensaba así.

Le dije: "Aun así, perdónala." Y así lo hizo.

Cuando la administradora social salió de la oficina (alguien la tuvo que haber llamado), la mujer se encontraba todavía ahí, cerca del machete, tirada y descansando en el Espíritu. Me preguntó si deberían recogerla y meterla a alguna de las habitaciones de la casa.

Yo le dije: 'No, déjala ahí." Le puse un rosario alrededor de su cuello y oré por ella y se quedó ahí por un largo rato. Eventualmente le perdí la pista porque las personas presentes se me acercaron pidiéndome oración. Hice un servicio de sanación allí mismo donde la mujer del machete descansaba en el Espíritu. Así fue como Dios usó esas circunstancias para que impusiera manos y orara por la gente. Ellos sabían que algo especial había sucedido porque ellos mismos lo habían atestiguado con sus propios ojos.

Esas son las oportunidades que Dios usa para abrir puertas. Puede ser que no pensemos en lo que está pasando o en lo que puede suceder. El Señor solamente abre las puertas. ¡Heme ahí en medio de un patio en la villa de San Martín de Porres ofreciendo un servicio de sanación! ¡Fue hermoso! Más tarde nos fuimos mi patrocinadora, mi intérprete y yo. Estábamos sorprendidas con lo maravilloso que es el Señor y con la oportunidad que nos dio de tener un servicio de sanación.

¿Ha visitado otros lugares?

Estábamos en Lourdes en una peregrinación con un grupo grande (incluyendo Filipinos). Íbamos subiendo el cerro, mientras hacíamos las Estaciones de la Cruz, cuando el grupo me escuchó orar en *Tagalog* (lengua Filipina). Le oraba a Dios como acostumbro a hacerlo: "Úsame como tu instrumento, guía mis pies y guía mis palabras para no ofender a nadie." Cuando uno ha sido ofendido y herido, uno tiene cuidado con las palabras que usa.

Escuché que usted ha enseñado sobre la necesidad de perdonar antes de que la persona sea sanada o liberada. ¿Qué lecciones ha aprendido usted sobre el perdón?

Sabemos que cuando el Señor enseñaba hizo hincapié en el mandamiento del perdón. No sólo siete veces, sino setenta veces setenta, y esas son muchas veces. Sé y he visto muchos casos en los que me han traído gente con todo tipo de problemas, aun problemas donde los doctores no pueden encontrar la respuesta.

Escuchando a las personas, me doy cuenta que un gran porcentaje de ellas sufre de tensión nerviosa, depresión, coraje, o amargura y es que tiene un espíritu de falta de perdón en sus corazones. Ese espíritu puede mantener a la persona encadenada y en cautiverio. Pero es posible liberar a esas personas de ese espíritu.

Cuando les pido que perdonen, algunas veces me dicen: "No puedo. Me hirió mucho."

Y les recuerdo: "¿Cuántas veces has herido a Dios y Dios te ha perdonado?

En cuanto me escuchan decir eso lloran y yo les pregunto: "¿Si por ahora no puedes perdonar de corazón, al menos puedes hacerlo de boca? Repite entonces conmigo: "Señor Jesús, no puedo perdonarlos con mi corazón pero los perdono con mi boca hasta que sanes y los pueda perdonar de corazón."

Entonces ríos de lágrimas salen de la persona e inmediatamente oro por ella. A veces, aun antes de que termine de orar por la persona, ya ella es capaz de perdonar. Lo único que hago es dejar a las personas totalmente libres y lo puedes ver en sus caras~mis asistentes muchas veces lo notan también. Podemos ver sus caras y basta que ellos reconozcan lo que se les ha pedido que repitan para que haya un cambio: la tensión, el coraje, la amargura y el resentimiento que existía en ellos desaparece y son libres.

Eso es lo que sucede; por eso Jesucristo enfatizó que debemos perdonar setenta veces setenta. Él mismo nos dio el ejemplo más grande cuando colgado de la cruz dijo: *"Perdónalos porque no saben lo que hacen."* Nosotros nunca hemos experimentado ni experimentaremos su dolor. Experimentamos dolor, pero nunca comparado al de Él. Y aun con tanto dolor Jesús pudo perdonar. Él nos lo mostró y es el ejemplo que todo Cristiano debemos seguir.

La Iglesia Católica ha tenido una de sus más grandes crisis recientemente: la crisis de abuso sexual por parte del clero. ¿Tiene algo que contribuir al respecto?

Sé que es muy difícil perdonar cuando ves lo que les está sucediendo a aquellos que te sirven, a aquellos que te evangelizan o a aquellos que abusan del dinero que se les da. Mucha gente ha dado y ha sufrido; ha sacrificado para dar a la iglesia para construir una iglesia o para mantener la iglesia. Sea lo que sea, duele. Pero entonces debes recordar que cada persona es responsable por sus propios pecados y también que aun cuando el sacerdote no está en Gracia de Dios al celebrar la Misa, para nosotros continúa siendo el Sacrificio de la Misa. El sacerdote tiene que rendir cuentas a Dios, así como nosotros también, y por eso debemos perdonar. Esa es mi forma de pensar. Odiar el pecado pero amar al pecador.

Sin embargo, no me gusta lo que está pasando. Me ha tocado ministrar a muchas víctimas, padres e hijos. ¡Me duele el corazón como no te puedes imaginar! Tengo hijos y nietos y si algo de eso les hubiera sucedido a alguno de mis hijos cuando eran servidores del altar o a mis nietos, hubiera sido un gran golpe para mí. He conocido a padres muy heridos y enojados con la Iglesia y con Dios. Pero no debemos estar enojados con ellos; únicamente con la persona culpable del crimen.

Lo único que puedo decir es que esto sucedió porque los sacerdotes culpables estaban fuera de la voluntad de Dios, aun cuando estaban haciendo la obra de Dios. Le han permitido a Satanás perturbar sus vidas. Se han debilitado, la carne se ha apoderado de ellos y se han dejado llevar por los instintos de la carne. Eso es lo que hay en nuestra Iglesia hoy en día. Los hombres se han debilitado y debemos orar por ellos.

Creo que también los laicos tenemos culpa porque por muchos años mantuvimos a los sacerdotes en un pedestal. En épocas pasadas había buenos sacerdotes y no escuchábamos nada de estos problemas. Yo sólo repito lo que todas las personas de mi edad saben, que nuestros sacerdotes eran bien respetados, amados y se les mantenía en alto nivel.

No orábamos por ellos. Esperábamos que ellos oraran por nosotros y no oramos por ellos. Ahora me doy cuenta del daño que eso ha causado.

En una ocasión me encontré con un sacerdote. Le dije: "Voy a orar por usted."

Y él me contestó: "Yo soy sacerdote, no necesito tus oraciones."
Eso me hirió. En esa época yo no sabía que existía pecado entre los sacerdotes, y yo dije lo que dije porque siempre oro por ellos. Sí, no oramos por los sacerdotes y el espíritu de lujuria entró en el santuario, ya sea el espíritu de homosexualidad, o de acoso sexual de menores. También se, de hecho, que algunas de las monjas son lesbianas. Se han debilitado y creo que se han debilitado porque dejaron de orar como acostumbraban a hacerlo; dejaron de seguir la Palabra de Dios y no viven en comunidad.

Satanás constantemente busca grietas en nuestras vidas, y una vez que encuentra esa grieta o debilidad, nos ataca. Por eso es que siempre debemos de mantenernos fieles, en temporada y fuera de temporada. Debemos estar en oración siempre. ¡Recibamos los Sacramentos! No sé cómo más enfatizar eso. ¡La Confesión, la Confesión, la Confesión! Sentarse frente al Santísimo. Todas esas cosas que nos levantan y nos acercan a Dios. Si no tenemos estas cosas a nuestro alrededor, en nosotros y a través de nosotros, nos debilitamos. Yo me podría debilitar si me descuido. Es por eso que paso mucho tiempo en oración, no quiero que me sucedan esas cosas. El enemigo no quiere sino eso y ha intentado detenerme muchas veces. ¡Muchas veces! Y así intenta detener a aquellos que verdaderamente son sinceros.

Además de haber estado involucrada con la liberación de gente, también ha liberado lugares como iglesias o escuelas. ¿Podríamos hablar sobre estos incidentes?

Sí, me han invitado a esos lugares para rezar por los terrenos y edificios. La posesión también puede ocurrir en cualquier lugar o edificio. Los demonios también pueden venir de la televisión, como lo mencioné anteriormente, de lo que vemos en la televisión; de lo que escuchamos en la radio o a través de nuestras conversaciones; conversaciones sexuales u otras conversaciones malas—cosas que no edifican a Dios. Esas cosas pueden suceder y han sucedido.

Comprar una Tabla de La Ouija o uno de esos juegos que los niños tienen y que son demoniacos, comprar pornografía, etc. ¡Hay tantas cosas que ni siquiera puedo mencionarlas todas! Traer estas cosas a la casa es traer espíritus malos (pequeños dioses) dentro del hogar y eso causa mucho descontrol en las familias. No sólo la persona que los ve es afectada, sino que también muchos miembros de la familia. Hay gente que experimenta fenómenos ocultos en iglesias, en sus casas o en escuelas. Lo he visto.

Personas se me han acercado y me han dicho la razón por la cual desean que visite y ore en esos lugares. Ellos han sido liberados y se han interesado de la manera como lo hago. Uso aceite bendito, agua bendita y sal bendita y llevo un crucifijo. El Señor me ha dicho que ore mucho en el Espíritu y he logrado mucho orando en el Espíritu. Cuando rezo en el Espíritu mi espíritu sabe exactamente por qué orar, por algo en particular.

Yo llevo un equipo de personas. Tengo un equipo de siete personas (ocho conmigo). Ellos son excelentes guerreros de oración con un fuerte don de discernimiento. Me asisten cuando visitamos una casa, una iglesia, etc. Para darte un ejemplo: al momento en que bajamos del auto nos ungimos con aceite bendito. Los unjo a todos y clamo la Sangre de Cristo sobre ellos. Y le pido a Dios que nos cubra con Su Preciosa Sangre para que ningún tipo de espíritu nos afecte en ninguna forma o manera.

Luego le pido a la Santísima Virgen María que nos cubra con Su Manto y después aclamo a los ángeles y santos para que oren e intercedan con nosotros y para que nos acompañen mientras hacemos la marcha de Jericó alrededor del edificio. Si recuerdas el pasaje de las Escrituras sobre Jericó, la muralla de la ciudad se vino abajo cuando el pueblo orando le dio la vuelta entera a la ciudad (Josué 6:20). Eso es exactamente lo que hacemos. Oramos y nos lanzamos en contra, no necesariamente de murallas ni muros, sino a los espíritus que están pegados a esos muros y que al orar se vienen abajo; y reclamamos la tierra nuevamente a Dios.

Una vez que hemos sido ungidos con el aceite bendito, y hemos ido a Comulgar y estamos en ayuno, vamos a reclamar el territorio poseído por Satanás. Así sea la iglesia misma, el terreno, la rectoría, la escuela o cualquier cosa que sea, reclamamos nuevamente el territorio al Señor. Empiezo por ordenar que los espíritus que están en ese territorio sean atados. Los expulso en el nombre de Jesús y los envió a los pies de Jesús.

Primero tomamos las cuatro esquinas del exterior de la propiedad. Yo voy primero, con el crucifijo, rociando el agua bendita, no sólo sobre la tierra, sino también en el aire porque ahí también hay espíritus (más tarde explicaré cómo me entré que hay espíritus en el aire también). Lucho en contra de esos espíritus con mi atomizador lleno de agua bendita. Continuamos caminando alrededor de la propiedad rociando el agua bendita.

Cuando terminamos de purificar el terreno entramos por la puerta principal. Al momento de entrar unjo la puerta con aceite bendito y ordeno que los espíritus que están en la casa sean atados y los envió a los pies de Cristo Jesús, en el nombre de Jesús—Y no sólo en el nombre de Jesús, sino que también uso el poder del Espíritu Santo. Donde está el Espíritu Santo hay mucho poder. Todo lo que pido en el nombre de Jesús o en el poder del Espíritu Santo, Dios lo honra. El Padre honra eso porque estoy usando los nombres de Su Hijo y del Espíritu santo. También utilizo las oraciones de la Santísima Virgen, de todos los Santos y los ángeles.

Cuando estamos adentro de la casa o edificio, pedimos discernimiento para ver qué está en la casa que debe ser sacado de los libreros o qué hay en la casa que no agrada a Dios. Empezamos orando en el Espíritu y Dios nos da ojos espirituales para buscar en las repisas. Saco de las repisas las cosas que no son de Dios y se las doy a alguno de mis asistentes para que las acumule. Cosas como libros, revistas, figuritas o maderas talladas con imágenes, entre otros. Acumulamos todas estas cosas juntas.

Pasamos de habitación en habitación y cada ventana es ungida. Me tomo mi tiempo y no me importa si me toma tres horas. Cuando la casa es grande oramos en cada habitación. Si hay dos ventanas, entonces dos ventanas son ungidas; si hay dos puertas, dos puertas son ungidas. No importa si es sólo un closet o si es una puerta de baño. Todo se cubre cuando unjo las puertas y ventanas con la cruz y el aceite bendito. Mientras que vamos de cuarto en cuarto y puerta por puerta nos tomamos el tiempo para discernir qué hay ahí adentro como obstáculo para que Dios derrame su Gracia. También hacemos oración en el terreno del edificio, ya que ahí puede haber pecados de asesinato, sexo u otro tipo.

Después de haber hecho todo eso y de haber limpiado el edificio o casa, entonces pedimos una bendición sobre estos y llamamos a los ángeles para que los protejan. Le pedimos al Señor que proteja no sólo a las personas que viven ahí, sino también a los que entrarán al lugar. Porque cuando le abrimos la puerta a alguien nunca sabemos quién va a entrar ni quién va a traer malos espíritus. Esa es una cosa de la que debemos estar alerta. Estoy segura que mucha gente no le pone atención a esto, pero cuando caminas en el Espíritu, el Señor te enseña tanto. Yo quiero que otras personas también aprendan esto, no solo yo.

Quisiera agregar que no sólo he entrenado a mi equipo, sino también a todos los integrantes de *Christian Women in Action*, CWIA (*Mujeres Cristianas en Acción*), para que hagan todo esto cuando vamos a moteles u hoteles, o a dondequiera que nos hospedamos. En el minuto que entramos en la puerta de la habitación atamos a cualquier espíritu impuro que hay en el cuarto, porque no sabemos quién ha dormido en esa cama ni quién ha cometido actos impuros ahí. Los espíritus pueden saltar sobre nosotros. Sé esto por experiencia, y mi esposo ha sido testigo de eso. También, algunos de mis asistentes, quienes han viajado conmigo, pueden dar testimonio de ello. Si entramos a la habitación sin bendecirla sucede algo malo. El enemigo nos ataca.

Puedo recordar una ocasión en particular cuando fuimos a un lugar en Pensilvania y nos hospedamos en un hotel. Entramos al hotel pero en cuanto subí las escaleras le dije a mi esposo: "Este no es el lugar donde nos debemos hospedar."

Efectivamente, cuanto mi esposo abrió la puerta yo me quedé ahí parada y los espíritus de lujuria salieron de la habitación e intentaron atacarme. Inmediatamente tomé autoridad en el nombre de Jesús y los expulsé. Fue como un soplido de aire sucio, asqueroso que salió de la nada, aunque el lugar estaba limpio y ¡era un hotel precioso! Inmediatamente le dije a mi esposo: "no me voy a quedar aquí." Mi esposo tuvo que tomar las maletas, ir a la recepción, reclamar el dinero que habíamos pagado, y manejar a lo largo de la calle buscando otro hotel.

Digo estas cosas no sólo para aquellos que me escuchan hablar o que están leyendo este libro, sino que hay que dejar que estas palabras se esparzan como lo hacen las ondas en el agua y lleguen a todas las personas. Para que crezcan y maduren en la vida espiritual; para que se protejan y para que luchen la batalla espiritual.

Usted también tiene experiencia liberando iglesias. Puede que haya alguna iglesia donde había abuso sexual o donde un ministro de la iglesia estaba involucrado en lo oculto. La gente no lo sabe pero de momento empezaron a suceder cosas malas en la iglesia e inclusive había manifestaciones demoniacas. ¿Tiene usted alguna iglesia que nos pudiera dar como una ilustración y que sucedió cunado la liberó?

He experimentado que no sólo hay espíritus en las iglesias, sino también en los servicios que se ofrecen en las iglesias, porque, te repito, asiste todo tipo de personas con todo tipo de espíritus y estos espíritus vienen de todas direcciones. Puede ser que algunas personas no hayan ido a Confesión por muchos años y aun así se levantan a Comulgar. Por supuesto, ahí encontramos mucha herejía. También he entrado en iglesias donde no hay nadie y he percibido esos mismos espíritus. Dios, entonces, me ha puesto a orar alrededor de esas iglesias, mayormente adentro, porque no quiero que ningún sacerdote me vea caminando y orando alrededor de su iglesia; a no ser que el sacerdote me de permiso.

En algunas ocasiones me han dado permiso. Algunos sacerdotes me han pedido que ore por el terreno de su iglesia, lo cual he hecho.

Se me viene a la mente una iglesia en particular donde había mucho ruido y sucedían muchas cosas raras. Muchas personas se morían de repente sin estar enfermas. Les daba un ataque al corazón, o un derrame cerebral o algo similar y morían. El sacerdote de esta iglesia se empezó a preocupar de que había algo sucediendo que el no podía explicar. Esto sucedió aquí en los Estados Unidos. Resulta que esa iglesia había sido construida sobre un cementerio indígena y pude discernir que los espíritus que vagaban pedían oraciones.

En otra ocasión visité una iglesia donde las cosas se quebraban por todas partes. El sacerdote se dio cuenta que algo estaba sucediendo. Efectivamente, oramos por esto y resultó que en el patio de la iglesia se había hecho mucha brujería.

Por lo tanto, cuando oro puedo discernir de qué tipo de espíritu se trata. Cuando oro el Señor me revela cosas y entonces sucede lo que yo llamo "limpieza de casa o de iglesia". Después de hacer esa limpieza espiritual la gente ya no vuelve a experimentar esas cosas.

Stella, ¿nos puede describir qué sucede en las sesiones de liberación que ocurren semanalmente en su casa?

Primero, alguien acude a mí. Algunos son enviados por sacerdotes. Por ejemplo, un caballero que vino a las once de la noche el otro día; fue enviado por un sacerdote. Muchas personas son enviadas por sacerdotes, religiosas, laicos o amigos~se corre la voz de boca en boca. Vienen no sólo del área donde vivo, sino de otros lugares fuera de la ciudad o incluso del extranjero. Han venido gente de España e Italia y se han quedado el fin de semana. Acostumbraba a recibirlos en casa, aunque ya no lo hago. Ahora los hospedo en un hotel y los mantengo ahí tres días dependiendo del caso.

Primero les hago preguntas: "¿Por qué piensas que necesitas liberación?" Mientras me dicen por qué piensan que necesitan liberación, rezo en el Espíritu mentalmente para que no vean mi boca moverse. Algunas veces, cuando me doy cuenta de que no me están viendo, rezo con mis labios.

Cuando rezo mentalmente en el Espíritu, le pido a Dios que me revele cuál es el problema. Les hago muchas preguntas y si mi espíritu está totalmente en paz, entonces me doy cuenta que no es liberación lo que necesitaban, sino sanación interior, como en el caso de las personas que han sido heridas profundamente. Luego guío a las personas por una sanación interior profunda.

Una sanación profunda puede retroceder al pasado tan remoto como cuando el bebé fue puesto en el vientre de su madre. Pudo haber sido que la madre haya rechazado al bebé y no quería embarazarse. Quizás no podía mantener un bebé en esa época porque estaba enferma. Quizás había caos en la casa, o cualquier cosa por la cual la madre rechazó al bebé cuando se enteró que estaba embarazada. Esto puede ocasionar problemas ya que la criatura puede cargar con un espíritu de rechazo toda su vida. Los mismos hijos rechazan todo. He notado también que el espíritu de rechazo causa mucha tristeza en sus vidas. Es esencial el don de discernimiento para encontrar la causa y el porque.

Si he orado y discernido que no es sanación interna lo que se necesita, sino liberación, entonces le digo a la persona: "Quiero que vayas a Confesión." Le doy un libro de instrucciones que tengo para hacer una confesión consiente y profunda. Abarca los Diez Mandamientos desglosados detalladamente uno por uno. Cada Mandamiento es desglosado entre diez o más cosas que se derivan de ese mandamiento. De seguro hay por ahí algo que la persona no ha confesado en tan solo uno de los Mandamientos.

Les digo que hagan una buena confesión y que Comulguen antes de venir a mí. Porque les doy cita en Lunes les pido que vayan a misa el Domingo y que vengan en ayunas.

Los preparo pidiéndoles que lean el salmo 91 todos los días hasta el día que vengan conmigo para que se preparen. Justo como cuando vas a ver al doctor y te envía a hacerte exámenes antes de una cirugía en preparación para operarte. Lo que experimentan las personas en una sanación espiritual es en realidad una operación, y es así como deben prepararse espiritualmente.

Cuando vienen a mí, empezamos rezando el *Rosario* y la *Coronilla a la Divina Misericordia*, adoramos y alabamos a Dios en grupo durante treinta minutos más o menos. Algunas personas se liberan durante este periodo, porque durante la alabanza y adoración hay liberación. Lo veo cuando empiezan a llorar o a eructar o escupir ya que a veces la alabanza y adoración es muy ungida. Eso es fantástico para mi, porque el trabajo lo hace solamente Dios. No hay dos liberaciones idénticas; cada ocasión es diferente.

Después de orar todos juntos nos dividimos y el equipo de liberación de ocho personas nos vamos a otra habitación. El resto de los asistentes se queda en la capilla orando la *Coronilla a la Divina Misericordia* una y otra vez hasta que terminamos. No importa si nos toma treinta minutos o cuatro horas. La gente que ora está tan comprometida porque cerca del 90% de esas personas han sido liberadas anteriormente. Reconocen cómo se les ayudó y en agradecimiento oran para ayudar a otros.

¿Cree usted que la oración a la Divina Misericordia es una oración de liberación?

¡Muchísimo, por supuesto! Cuando me enteré de la oración de la *Coronilla a la Divina Misericordia* y la empecé a orar, el trabajo se me facilitó. ¡Créeme, realmente fue más fácil! Cuando lo noté le dije al equipo de liberación que era mucho más fácil cuando se oraba a la *Divina Misericordia*.

En cuanto entramos al lugar donde oramos, los ocho integrantes del equipo oramos en el Espíritu, en lenguas. Todo lo que hacemos es orar en el Espíritu en lenguas. Entonces le pido a Dios que derrame en nosotros los dones que vamos a necesitar para hacer el trabajo al que Él nos ha llamado hacer en ese momento; de esa manera no nos enfocamos en nadie más que en la persona que va a ser liberada.

Ponemos nuestra atención exclusivamente en esa persona. Dios empieza a derramar los dones que necesitamos para discernir y nos da la sabiduría y el conocimiento necesarios para saber exactamente qué hacer. Después de ungirnos con aceite bendito y de cubrirnos con Su Preciosa Sangre, le pedimos a la Santísima Virgen que nos cubra con su manto y les pedimos a los ángeles que rodeen la casa como protección.

Entonces el equipo y yo empezamos a discernir calladamente. Se les ha entrenado a anotar en silencio lo que han discernido. Normalmente empiezo yo misma a discernir los espíritus, pero si hay algún espíritu que yo no discierno, entonces el equipo lo discierne. Luego llamo al espíritu que han identificado por su nombre. Por ejemplo, si es el espíritu de lujuria, lo llamo espíritu de lujuria.

Sabemos que Jesús es el liberador. Nosotros sólo somos Sus asistentes. Así que cuando me dirijo al espíritu le digo: "Satanás, en el nombre de Jesús y con el poder del Espíritu Santo, te ordeno que salgas de ahí. Te ordeno que vayas a los pies de Jesús."

Muchas veces los espíritus hablan a través de la persona que está siendo liberada y dicen cosas como: "No me salgo," o "Te odio," o "¡Cállate!" Hasta me han dicho "¡Sierra la boca! Me han dicho: "Vete, déjame solo. No me molestes" o "He estado aquí muy largo tiempo." Y cuando dicen eso me doy cuenta que es un espíritu ancestral. Entonces vamos inmediatamente a la raíz de ese espíritu ancestral. Hay muchas formas diferentes en que esto sucede. Tuve un caso no hace mucho tiempo donde el espíritu me dijo: "No salgo."

Y yo le contesté: "¡Claro que sales de ahí; con el Poder del Espíritu Santo de Dios y en el nombre de Jesús saldrás de ahí!

Luego me respondió: "Pero regresaré otra vez." El espíritu salió. Luego le advertí a la persona que tuviera cuidado porque el espíritu tenía frente a él una casa limpia y trataría de regresar y traer a siete espíritus más por cada uno que acaba de salir. Les doy instrucciones a las personas y les pido que regresen para darle seguimiento a la sanación. A veces regresan, otras veces no, porque ya han sido liberadas, y es como todo: porque ya se sienten bien, no regresan. Pero vuelven más tarde y los tengo que liberar varias veces más, y sólo porque no siguen mis instrucciones.

Quizás debería decirles: "Ya no voy a rezar por ti si no colaboras conmigo." No es justo que sólo el equipo y yo hagamos el trabajo para que la persona sea liberada, y que esa persona no haga nada por ella misma. ¡Cada quien tiene que cuidarse a sí mismo!

Cuando el doctor hace una cirugía le dice al paciente que se vaya a casa y que siga una terapia y si el paciente no hace lo que debe hacer, entonces paga las consecuencias. De la misma manera sucede en el ámbito espiritual.

Mucha gente regresa con cara feliz y emocionada por haber sido liberada. Ya no sufren de lo que sufrían anteriormente cuando primero llegaron. Para nosotros esa es nuestra recompensa. No se nos paga ni pedimos dinero por el trabajo que hacemos para Dios. Además, el poder sanador de Dios es gratis. Por eso, para nosotros, es un gozo ver a una persona liberada y convertida y que regresa a servir a Dios. Y esa es mi recompensa.

Stella, he tenido el privilegio de presenciar su ministerio durante una liberación y recuerdo que usaron los dones de discernimiento y sanación. ¿Nos puede hablar sobre el don de "Padecimiento"?

Ese es un don de intercesión muy profundo. No es muy común pero es una forma muy profunda de intercesión. Te rindes completamente a Dios en cuerpo, mente y alma; luego Dios, a través de tu cuerpo, empieza a hacer cualquier cosa por lo que estás intercediendo. Experimentas o "padeces" el dolor de la persona por quien estás intercediendo. Por ejemplo, si estás intercediendo por una persona que ha cometido un aborto, pasas por el dolor y los movimientos que experimentó esa persona en particular durante el aborto, ya sea provocado o accidental.

Yo experimento el dolor de parto y todo mi cuerpo tiembla intensamente. Paso por una experiencia de mucho dolor y lloro como cuando escuchas a las madres llorar porque sus hijos han muerto o han sido asesinados salvajemente—así como ellas lloran. De la misma manera es como tu cuerpo lo empieza a sentir. Es una intercesión tremenda, fuerte y poderosa pero también es una intercesión que uno la hace sólo cuando Dios nos llama a hacerlo. Si quisiera hacerla ahorita mismo, no podría hacerlo.

No solamente lo experimento yo, sino también mi equipo. Por ejemplo, si una persona no está dispuesta a pasar por una liberación, Dios la hace descansar en el Espíritu mientras que uno de los miembros del equipo pasa por "el padecimiento" y liberación de esa persona.

Otra situación que sucede es la liberación *en proxy*. Esta ha resultado muy efectiva. De hecho, lo compartí con el grupo de Roma. Querían que les enseñara al respecto, porque ellos nunca lo habían experimentado. Les dije que mi profesor era el Espíritu Santo—es el Espíritu Santo quien me enseña. Lo sé porque funciona y lo he visto funcionar. Cuando Dios me hace pasar por esas experiencias y oraciones veo los resultados. Y mientras más las uso, más eficiente se hacen, y más las enseño a otros a usarlas también. Dios me enseña esas cosas para que te enseñe a ti y a la vez, tú las enseñes a otros.

Entonces, cuando usted se refiere a liberación "en proxy"; ¿quiere decir que si alguien que tiene una persona amada que necesita liberación pero no esta presente, puede hacer llegar la liberación a su persona amada por medio de someterse ella misma a la oración de liberación?

Eso lo hago muy seguido. Frecuentemente impongo manos sobre una madre orando por sus hijos o sobre una esposa, orando por su esposo. De hecho ahora mismo tengo a una persona por quien he estado orando desde hace un mes por la liberación de su esposo. Mientras oramos *en proxy* por su esposo, ella también ha sido liberada tremendamente porque ha avanzado espiritualmente del punto 1 al punto 9 1/2 más o menos, por decirlo así. Ahora ella asiste a Misa diariamente y está muy llena del Espíritu Santo y está hambrienta de la Palabra de Dios, a tal punto que su vida ha cambiado completamente. Además, ha aceptado sus problemas con paz, mientras que antes no lo podía hacer.

Otro ejemplo es una persona en nuestra clase de Biblia. Uno de los miembros tiene un hijo involucrado en el uso y venta de drogas y alcoholismo. Pero una de sus negociaciones no le salió bien y lo andaban siguiendo para matarlo. No te voy a dar su nombre pero te voy a decir el lugar donde ocurrió. Fue en Los Ángeles, California. Les llamó a sus padres y su padre voló inmediatamente para tratar de esconderlo y sacarlo de ahí. Estaba en la universidad; creo que en el segundo año.

Para hacer la historia más corta, la madre pidió oración *en proxy* en nuestro estudio de Biblia mientras el padre estaba en California. ¿Qué tan lejos cree que está Virginia de California, por lo menos a 3,000 millas? Estábamos aquí en Virginia orando por la liberación de su hijo, a través de la madre, sentada en una silla experimentando la liberación completa de su hijo.

Mientras el esposo se encontraba en California, escondiendo a su hijo en el hotel, él también experimentaba lo que la esposa estaba experimentando en Virginia. El muchacho fue liberado totalmente en la habitación con su padre. Ahora bien, sé que hay lugares donde puedes ir a desintoxicar tu cuerpo de la droga y del alcohol pero también he visto muchos lugares donde las personas no son curadas.

El muchacho estaba desesperado por llegar a Virginia para darme las gracias y en el momento en que entró a mi casa me extendió sus brazos. Yo lo había visto antes varias veces pero nunca como ese día; antes solamente me decía: "Hola." Cuando vino a mi casa vino solo a agradecerme, extendió sus brazos, me abrazó, me agradeció y me besó y me dijo que nunca me olvidaría por lo que había hecho por él. Fue liberado de drogadicción y alcoholismo.

Aunque él perdió todo ese año escolar porque no pudo regresar a la universidad, regresó después y hoy en día ese joven tiene un doctorado. Conoció a una mujer joven y bella con quien se casó, a cuya boda me invitaron. Así es que a veces veo el resultado de mi trabajo. ¡La madre estaba tan feliz! Y así he visto esta liberación en proxy muchas veces. He orado no solo por el hijo o la hija, sino también por un hermano o hermana o aun por un amigo o amiga.

Ahora bien, ¿Cómo oro cuando oro en proxy por una persona? Menciono el nombre de esa persona. Por ejemplo en el caso del aquel hombre joven a quien llamaré Bob: "Bob, en el nombre de Jesús y por el poder del Espíritu Santo, le ordeno a ese espíritu de drogadicción y alcoholismo que está en ti que salga. Espíritu, vas a salir de ahí y te mando a los pies de Jesús. Bob serás libre y en el nombre de Jesús; te cubro en este mismo momento para que ningún espíritu impuro se agarre de ti en ninguna forma o manera y que todo espíritu que esté a tu alrededor en este momento vaya a los pies de Jesús y que Jesús se deshaga de él."

No los envío al infierno, los envío a Jesús. Los envío a los pies de Jesús. Los envío al pie de la Santa Cruz y le permito a Jesús deshacerse de ellos como a Él le parezca. ¡Eso es muy, muy importante! He escuchado a personas decir: "Ah, yo los envío al infierno." No, así no lo debes hacer. Los envías a Jesús. Jesús sabe qué hacer con ellos. Y de esa forma he visto muchos casos de gente que ha sido liberada en proxy.

¿Qué consejo les daría a los lectores de este libro? Viven lejos de Sacerdotes o de ministerios de liberación, o quizás no tienen acceso a un grupo de oración. Personas en todo el mundo están luchando con problemas. Hay escasez de Sacerdotes y de los Sacramentos en todo el mundo. ¿Qué podemos hacer? ¿Cómo pueden ellos orar por sanación y liberación?

Uno a uno. No podemos liberar a toda la iglesia pero podemos hacerlo uno por uno, familia por familia. Las madres y los padres necesitan educarse en el Espíritu para que sepan qué tipo de espíritus están trayendo a sus casas, para saber en qué tipo de espíritus están involucrados sus hijos y en qué "fuegos" están jugando. Muchos padres hoy en día no ponen atención a sus hijos, ni a donde sus hijos están metidos, ni a las amistades con quienes se juntan. Yo siempre supe quienes eran los amigos de mis hijos. Si me daba cuenta que uno de ellos no era buena compañía los ahuyentaba con oraciones. Le pedía a Dios que se los llevara tan lejos de mis hijos como la distancia entre el este y el oeste, lejos de mis hijos.

Oremos constantemente por nuestros hijos. Quizás tengamos que orar siempre, pero a la larga no tendremos que atravesar por el sufrimiento por el que muchos padres pasan hoy. Me puedo sentar aquí y de una manera humilde decir que tengo cuatro hijos y que ninguno de los cuatro fue alcohólico, ni estuvo envuelto en drogas, no fueron mujeriegos ni libertinos. Fueron y son hoy en día los mejores padres, los mejores esposos, los mejores hijos y la mejor hija. Pero yo luché por ello.

Recomiendo que los padres oren, especialmente por los pequeños y que les pregunten a Dios si sus hijos se deben casar. Empiecen a orar por la persona que va a ser su esposo o esposa, por sus hijos y sus nietos o si el Señor desea que sean sacerdotes o religiosas hay que orar por eso también. Esta fue siempre mi oración: que si el Señor deseaba que mis hijos fueran sacerdotes o mi hija religiosa, que fueran los mejores sacerdotes o la mejor religiosa, o que fueran los mejores padres o madre. Y eso es lo que siempre han sido. Ahora oro por mis nietos.

Y puedo decir: "Si El lo hizo por mí, también El lo puede hacer por ustedes." Mi padre y mi madre oraron por nosotros y por eso soy quien soy, no es que yo haya sido quien soy por mi propia cuenta sino porque mi madre oró mucho por mí y mi familia. Así es como se repite la historia. Así como los pecados del padre pasan por cuatro o cinco generaciones, también en el ámbito espiritual, las bendiciones pasan por mil generaciones.

Ese es mi consejo para las madres que están educando hijos o que tienen hijos con problemas. La oración es la mejor medicina para todo, y no se trata de una oración sólo para hoy sino que es una oración constante. Quizás molesto a Dios constantemente pero no importa. Él quiere que yo siempre ore. Esa es la mejor medicina y el mejor consejo que puedo dar.

Hay que recordar que tenemos que abandonar a nuestros hijos en las manos de Dios. Muchas madres vienen a pedirme que ore por sus hijos, pero les pido que los tomen y los pongan a los pies de la cruz, se los entreguen a Jesús y retiren sus manos de ellos. Dicen que lo hacen, sin embargo regresan a la siguiente semana llorando y hablando una vez más de los problemas de sus hijos.

Entonces yo les digo: "Pensé que se los habíamos entregado a Jesús."

"Si, pero,~"

"No," les respondo. "Se los entregas y después se los quitas. ¿Cómo puede entonces Dios trabajar en ellos si se los entregas y luego se los quitas?"

Hay que entregárselos a Dios aun cuando parezca que hay total obscuridad a su alrededor. ¿Sabes que nuestras oraciones alcanzan el cielo y que Dios, en Su tiempo, no en el nuestro, las contesta?

La gente, especialmente en los Estados Unidos, está acostumbrada al pudín instantáneo y quiere que Dios le conteste sus oraciones instantáneamente y a su manera. Dios no funciona de esa manera. Dios no es una marioneta a quien se le jala una cuerda y empieza a danzar y a darnos lo que queremos.

Él sabe lo que nos conviene y eso es lo que nos va a dar. Mientras tanto, según oramos, recibimos un sentido de paz al saber que Dios nos escucha y que nos va a dar lo que es más conveniente para nosotros.

Entonces quedémonos satisfechos y no nos quejemos porque "mi hijo no fue a colegio" o porque "mi hijo no se casó con la persona correcta." Tenemos que mantenerlos en nuestras oraciones, aun cuando hayan encontrado al hombre o a la mujer perfecta. Yo todavía oro por mis nueras. Oro por los matrimonios de mis hijos todos los días. Pido que tengan buenos matrimonios, que sean buenos esposos y padres, que críen a sus hijos en la dirección correcta y que les den buena educación. Esas son las oraciones que siempre le hago a Dios.

La oración no es solamente para los Domingos, sino para todos los días. La oración no es cosa de una sola vez, cuando ves a tu hijo hacer algo malo. Es una oración constante, justo como cuando nos duchamos diariamente. Los dientes te los cepillas todos los días. ¿Qué pasaría si no lo hicieras? Eso mismo sucede con tus hijos. Si no te lavas los dientes todos los días, pierdes algunos de los dientes. Tienes que ir al dentista. Tienes que ir a Jesús todos los días. Te cepillas los dientes; tienes que orar...tienes que orar.

¿La oración de intercesión; es un gran don?

Intercede siempre por tus hijos. Siempre intercede por tu matrimonio. Intercede por ti misma. Yo oro por mí misma. Oro y le pido a Dios que sea la persona que Él quiere que yo sea. Yo le pregunto: "¿Qué vamos a hacer hoy?" Porque Él y yo trabajamos juntos.

¿Cuál es el papel de las Escrituras en su vida o en su trabajo de todos los días? ¿Son necesarias?

Lo más importante es entender las Escrituras. ¿De qué sirve leerlas y no ponerlas en práctica o leerlas y no entenderlas? Pídele al Espíritu Santo que te de la gracia de entenderlas. Dios quiso que estuvieran presentes en nuestra vida. Estudiar las Escrituras, lo cual hago siempre, es vivirlas. Vivir las escrituras es poner en práctica lo que has aprendido.

¿Podría darme un ejemplo de la forma que usted interpreta un pasaje Bíblico el cual usted basa su forma de vivir en el y que si

tan solo otras personas basaran sus vidas en este pasaje Bíblico el mundo sería diferente? ¿Hay algunos pasajes que rigen tu forma de vivir y tu quisieras otras personas vivieran basados en estos pasajes Bíblicos?

Tengo dos Salmos. El primero es el Salmo 23: "El Señor es mi Pastor." Lo conozco personalmente. No solo es El Señor. El es mi Pastor. En el Salmo 91, "Él es mi defensor." No importa por lo que pase sé que estaré protegida.

Me gusta mucho el Evangelio de Juan y lo leo mucho. Es como mi abrigo—es parte de la ropa que uso diariamente. También Pablo es muy importante. Sé que a muchas mujeres no les gusta Pablo porque él era un hombre que quería que la mujer escuchara a los hombres, pero si estudias a Pablo y si lo amas y escuchas sus enseñanzas, te das cuenta que era un gran soldado de Dios. Yo me llamo a mí misma, no tanto servidora de Dios, sino soldada de Dios. Aunque también soy Su servidora. Por eso me gustan todas las cartas de Pablo, pero mayormente el evangelio de Juan. El Evangelio de Juan es mi chaqueta y Pablo es mi falda.

¿Qué papel desempeña María en su ministerio de liberación? ¿Ve usted su mano en el ministerio?

Si, y también he sentido su presencia muchas veces. En una ocasión pensé que ¡casi me tropezaba con ella! Ella es la intercesora más grande. Donde Jesús está también ella está y donde María esta, Jesús también. Dondequiera que está María, también los ángeles están ahí. Los he visto con María. He sentido la presencia de los ángeles también. Muchas veces hemos escuchado los aleteos de sus alas a nuestro alrededor. Se amontonan cuando hay mucha gente. Yo no he sido la única. En una ocasión varios de nosotros escuchamos los aleteos de los ángeles.

María es para mí la madre de Dios y es el tabernáculo. María le dijo al Padre: "Hágase en mi según tu voluntad." ; y eso es lo que he hecho yo en mi vida. Yo también le he dicho: "Hágase en mi según tu voluntad."

A veces es difícil—por ejemplo, cuando Dios me pide la sala o la casa y la tengo que hacer pública. No es fácil. Tengo que hacer algo difícil. Pero si digo: "Hágase en mi de acuerdo a tu voluntad y esa es su voluntad en mi vida, entonces tengo que hacerlo.

María me ha dado un buen ejemplo. También, durante mi crecimiento, era yo muy devota de la Virgen de Fátima y lo sigo siendo. Amo a todas las representaciones de la Santísima Virgen pero Nuestra Señora de Fátima es mi devoción favorita. Si te fijas, tengo distintas ilustraciones de nuestra Bendita Madre alrededor de la casa.

¿Cuál es la importancia del mensaje de Nuestra Señora de Fátima?

Para mí el mensaje es de conversión. Hoy en día yo usaría la palabra renovación. Renovación de la iglesia y como madre que soy lo entiendo. Me paro frente a sus estatuas o fotografías y veo la imagen de Jesucristo—especialmente en la de *La Piedad*. Cuando veo a María sosteniendo a su hijo todo herido, me doy cuenta del precio que Cristo tuvo que pagar y que María caminó junto a Él todo el camino. María presenció el dolor que Jesús soportó. Como madre que soy, sólo solo puedo imaginarme cómo me hubiera sentido si hubiera visto sufrir a mi hijo. ¡Y saber que mucha gente ni lo sigue ni escucha el motivo por el que Jesús murió! Pienso en ello y a veces lloro porque mi amor por Cristo es grande. Me relaciono con María porque soy madre y aun cuando mis hijos están enfermos siento el dolor. No es que me preocupe pero siento el dolor con ellos porque siento su dolor. Y así, María ha sido un buen ejemplo para mí toda mi vida.

Mencionó que usted también tiene devoción al Espíritu Santo. Me gustaría escuchar más sobre esta relación con el Espíritu Santo. Usted tiene una devoción a Jesús pero; ¿Qué es tenerle devoción al Espíritu Santo?

Mi devoción al Espíritu Santo es la fuerza detrás de todo mi trabajo. Me imagino que comenzó cuando el Señor me abrió las puertas para que ministrara. Cuando me dijo: "Ora en el Espíritu, ve con Su Poder y haz Mi trabajo." Mientras más oro en el Espíritu más experimento al Espíritu Santo en mi vida. Llega el momento en que somos uno, el Espíritu Santo y yo. Puedo sentir Su poder. Puedo sentir cuando soy débil. Soy fuerte porque Él es fuerte en mí.

Lo que me mantiene en marcha cuando evangelizo 15 horas al día fuera del país es Su poder. Tengo esta fuerza, una fuerza Divina que normalmente no tengo. Sé que es el poder del Espíritu Santo ya que las cosas suceden inmediatamente. Lo puedo ver. Tengo una devoción tremenda al Espíritu Santo, y no solo a Él sino también a María. Así es que entre el Espíritu Santo, María y yo podemos trabajar para Jesús, para el Padre.

Llamo al Hijo en el nombre de Jesús, en el poder del Espíritu Santo. La razón, también, el Señor me la ha revelado a mí. Jesús antes de partir les dijo a sus apóstoles: "Quédense en la habitación del piso superior y les enviaré al Consolador." Entiendo muy bien, en mi espíritu, que Jesús les dio el Espíritu santo no sólo a los Apóstoles sino también a nosotros porque la Palabra de Dios es la misma ayer, hoy y siempre. Lo que era para ellos también es para nosotros. Las obras que Jesús hizo, nosotros haremos, y mayores obras haremos nosotros, porque como dijo Jesús: "Les envío el Espíritu Santo y yo voy al Padre."

Por lo tanto me di cuenta que aquí tenemos a los 12 apóstoles, temerosos en la habitación del piso superior. Quizás también iban a ser perseguidos y colgados como Jesús. No podían decir ni una palabra ni hacer nada hasta que el poder del Espíritu Santo los iluminó para que pudieran ver. Aunque ellos habían caminado con Jesús y visto las manifestaciones y milagros que Jesús había hecho todavía tenían miedo en el cuarto del piso superior mientras esperaban. Pero ¡mira lo que sucedió cuando llegó el Espíritu Santo! Se llenaron de poder y hablaron diferentes lenguas. El poder del Espíritu Santo era la fuerza central de las obras de los apóstoles. De la misma manera eso me muestra muy claramente que lo mismo me sucede a mí.

Algunas personas que lean este libro dirán: 'Bueno, es fácil para usted decirlo porque tiene poder o dones extraordinarios. Usted es única entre millones. ¿Realmente cree que ese pasaje aplica a todos?

¡Por supuesto! ¡Claro que sí! Pero tiene que estar en tu corazón. Tienes que quererlo. Tienes que desearlo. Tienes que trabajar por ello. No es algo que llega al tronar los dedos. Es algo que tienes que orar para desearlo.

No creo que alguna vez me hayas oído decir esto pero cuando he orado por las personas y después de haber sido bautizadas en el Espíritu Santo, siempre les digo que tienen que orar así: "Señor Jesús dame hambre y sed de tu Palabra y ayúdame a entender las Escrituras." De esa manera, al pedir hambre y sed de su Palabra, la gente buscará e indagará la Verdad.

El mismo Espíritu Santo se les va a revelar porque ningún libro te ayudará como el Espíritu Santo. Eso yo lo sé. Mi profesor, el Espíritu Santo, me ha enseñado tanto, me ha mostrado tanto y se me ha revelado tanto que ningún libro me ha revelado lo que el Él me ha revelado. ¡Ojalá pudiera tan sólo revelar lo que hay en mi corazón y en mi mente! La manera en la que entiendo las escrituras, la manera en la que entiendo la Palabra de Dios para hacerle saber a las personas que ellas también lo pueden alcanzar si lo buscan.

Tienes que estar hambriento. Tienes que estar sediento. El Señor no puede saciar tu sed a no ser que tú hagas algo. De modo que debes pedir esa sed, para que los ríos de agua fluyan sobre ti. Esa agua es el agua purificadora del Espíritu Santo que purifica nuestros corazones y nos da el deseo de seguirlo y de ser por Cristo y desear trabajar, y no solo por hoy. Para mí todos los días son Domingos. Todos los días son días santos. Estoy viva hoy.

Ha mencionado espíritus perversos con los que ha tenido que lidiar en el ministerio de liberación. Estos suenan que fueron tiempos críticos. ¿Es el demonio más activo? ¿Ha tenido alguna vez que lidiar con Satanás directamente durante una liberación? ¿Sucede eso con frecuencia?

Si, lo he visto. Lo he visto en las caras de la gente muchas, muchas veces. Un ejemplo es el de un hombre joven que tenía 24 años de edad y era homosexual. Me había llamado por teléfono. Cuando mi hija contestó, aun ella me advirtió que había algo muy extraño en la línea. Así es que se puso a orar mientras yo hablaba con él. Inmediatamente me di cuenta que era Satanás quien hablaba conmigo. Por lo tanto le pedí al joven que viniera a casa. Cuando vino y se paró en la puerta yo ya me había preparado rociando agua en los escalones y en las puertas para que toda la casa estuviera ungida. Cuando abrí la puerta no vi la cara del joven sino que por un minuto o uno y medio vi a Satanás. Cuando estás en su presencia es como si estuvieras en prisión, tu pelo se te eriza y te sientes muy incómoda. Empecé a orar inmediatamente por el joven y por el espíritu de homosexualidad que le había entrado. El joven aparentemente había tenido sexo con un hombre homosexual poseído. Esa es otra forma en la que Satanás puede entrar en la persona. Una mujer joven tiene sexo con un hombre y puede ser que el hombre esté poseído, porque como las escrituras dicen: "se hacen uno." El espíritu se pasa del uno al otro. Eso lo he visto.

Entonces, le pedí al Espíritu Santo que me enviara su poder para liberar de ese espíritu a esa persona. Ese espíritu entró en él la primera vez que él tuvo sexo, y él lo sabía porque se sentía muy incómodo y enfermo.

¿Habitaban el espíritu de homosexualidad y Satanás en este hombre?

Sí, la cara de Satanás se había manifestado en el joven pero he visto a Satanás muchas, muchas veces en distintas personas. Tiene una sonrisa de satisfacción o autosuficiencia. No tiene una barbita de chivo como muchos lo pintan pero sí tiene bigote y una sonrisa de satisfacción en su cara y sus ojos son redondos y brillantes y tiene pelo negro. También lo he visto en forma de oso negro o en mujeres manifestarse como hombre.

¿Es más difícil expulsar a Satanás que a un demonio regular?

En el hombre joven que te acabo de mencionar habían espíritus de lujuria y de homosexualidad y eran espíritus fuertes. Me deshice de los espíritus de lujuria porque eran los espíritus que se manifestaron en particular a través de este hombre.

No sólo he visto la cara de Satanás sino que también me ha

hablado. Me ha revelado algunas cosas acerca de cómo se ha poseído de las personas. Satanás es un mentiroso, por lo tanto tengo que tomar lo que me dice con precaución y orar para ver si me dice la verdad. ¡Algunas veces es la verdad!

Se que me odia porque me lo ha dicho muchas veces. Me ha dicho que me va a matar. Yo también le he dicho que yo lo odio. No debería de hablar con él pero algunas veces se aparece de repente. Él también llora y me ha rogado que no me deshaga de él. Algunas veces, cuando no quiere salirse de la persona le digo: "¿Qué no sabes quién soy? Soy hija de Dios." Y reconoce que soy hija de Dios.

¿Entonces el poder del que habla, el poder de un líder espiritual, es el poder de un hijo o hija de Dios? Eso me hace pensar que todos tenemos ese poder. ¿Qué es lo poderoso en ser hijos de Dios?

Jesús nos dio la autoridad. El Padre nos dio la autoridad en el nombre de Jesús. Cuando haces un testamento y el abogado lo firma y el padre le da el poder judicial al hijo o a la hija o a cualquiera, ellos ejercitan la autoridad que se les dio. El abogado tiene que cumplir con esa autoridad porque la palabra está ahí escrita.

Dios mismo dijo que a través de Jesús, podíamos llevarlo a cabo, pero tenemos que verdaderamente pertenecerle a Él. Jesús realmente sabe quiénes somos. Nosotros podemos decir que vivimos para Jesús, ¿pero realmente vivimos para Él? Si yo tuviera un hijo desobediente (gracias a Dios que no), le dejaría mi autoridad y poder para vender mi casa sabiendo que al venderla malgastaría el dinero en borracheras u otras cosas? ¿Debería yo desperdiciar esa autoridad y poder en Él?

Creo que debemos pertenecer a Dios. Cuando decimos que pertenecemos a Él, tenemos que ser obedientes a Su palabra. Quiero que mi hijo sea obediente a mi palabra. Yo deseo que mi hijo me obedezca y deseo que siga mis enseñanzas. Jesús también nos da el poder y la autoridad y nosotros la podemos usar si vivimos bajo Su voluntad y somos obedientes a Su voluntad. ¡Entiendes lo que te digo?

En una ocasión yo estuve en una de sus sesiones de liberación y la vi a a usted tocar y abrazar a una persona a quien liberó. Y me dije a mi misma: "se ven películas de liberación o exorcismo y se piensa que uno no se puede acercar a la persona, que se les debe tener miedo o que pueden afectarle a uno." Pero yo veo que usted se acerca lo más posible a la persona. ¿Cuál es la lección que quiere compartir en este sentido?

Lo que hago es asegurarle a la persona que está bien. Le aseguro a la persona que la amo con el amor de Cristo. Jesús la toca, Jesús la sana y la libera. No debería haber miedo ni ansiedad sino el amor de Dios, y no sólo en esa persona sino también en mí. Ha de ser Cristo abrazándole y reafirmándole con paz para que ya no experimente miedo. Algunas veces cuando l a persona tiene mucho miedo, o quizá porque nunca ha sido abrazada, siento que es El Señor Jesús es quien toma mis brazos y la abraza.

Ahora, ¿Yo tenerle miedo a Satanás? NO! Él sabe que no le tengo miedo. El demonio no puede saltar sobre mi, no sólo porque cargo un crucifijo, ni porque estoy ungida con aceite bendito o porque tengo fe, sino porque me he ido a Confesar y he recibido la Eucaristía, y soy un instrumento limpio a quien el Espíritu Santo usa y protegido por Jesús, la Santísima Virgen María, los ángeles, los santos y mi ángel guardián.

Y como dijo mi esposo: "Si Dios la manda a hacer ese trabajo, Dios la traerá de nuevo." Si Dios me ha llamado a hacer este trabajo, Dios me va a proteger. Así es que dependo mucho en El Señor.

LUCHANDO LA BATALLA ESPIRITUAL

Ha hablado sobre caminar con el poder del Espíritu Santo con la misma fuerza que los apóstoles lo experimentaron hace 2000 años. ¿Puede usted relacionar esto con la oración?

Los apóstoles estaban orando en la habitación del piso superior. Hay muchas maneras de orar y ni una ni otra es la mejor. Pero hay muchas formas de orar. Podemos orar con nuestras manos elevadas. Podemos rezar el *Rosario* o la *Coronilla a la Divina Misericordia*. Podemos orar o cantar en el Espíritu o podemos postrarnos frente a la presencia de Dios. Podemos rezar novenas. ¡Tenemos tantas bendiciones en la Iglesia Católica porque tenemos muchas formas de acercarnos al trono de Dios! Y ninguna es igual.

San Pablo habló de diferentes maneras de orar. Yo las uso todas. Muchas veces me la paso postrada frente a la presencia de Dios, especialmente si voy a la capilla y encuentro el *Santísimo* solo, o cuando no hay mucha gente, me voy atrás. Eso es algo que todos tenemos que hacer.

Debemos orar, como dicen las escrituras, en el cuarto donde nadie nos vea porque no queremos que otros piensen que somos "más santos que ellos". Debemos orar de tal forma que sólo Dios y uno sepamos que estamos orando. Como quiera que estemos orando, no bebemos dejar que la "mano derecha sepa lo que hace la mano izquierda". Cuando nos postramos frete al Santísimo al frente de la capilla la gente se preguntará qué estamos haciendo, ya que esto es nuevo para muchos de ellos. Cuando lo hagamos vayamos a la parte de atrás donde nadie nos pueda ver. Si levantamos las manos, hagámoslo en la parte de atrás. Pero si todos están elevando las manos está bien hacerlo, no ofendemos a nadie.

Uno de los propósitos de este libro, además de compartir su experiencia en el ministerio de liberación, es transmitir sus ideas sobre la batalla espiritual. ¿Podría hablar sobre algunos temas al respecto? También mencionó anteriormente que la Iglesia es en estos momentos es como un gran ejército dormido al frente de la batalla y además con recorte de recursos.

Cuando mencioné que la Iglesia es el ejército de Dios la estoy comparando con la Fuerza Militar porque mi esposo estuvo en la Fuerza Militar y sé mucho sobre ello. Si los Estados Unidos tuviera un ejército como lo que hoy es la Iglesia no creo que ganaríamos ninguna guerra.

En estos momentos me parece que nuestra Iglesia y nuestra fe (no solo la fe Católica sino también la protestante) están en un mundo que está en confusión. Es la batalla espiritual. Estamos en batalla y algunas personas ni se dan cuenta que estamos en ella.

Algunos sí se dan cuenta que estamos en batalla pero no entienden cómo combatir esta batalla. La gente no está equipada. Ni siquiera la gente sabe cómo equiparse, y mucha gente ni siquiera tiene puesta la armadura completa de Dios. Otros tantos no saben ni cómo usar los instrumentos que Dios nos ha dado. Por eso la comparo con la Fuerza Militar.

Sólo visualízala tú misma, un pobre soldado que no sabe cómo protegerse a sí mismo. Por eso este libro es muy importante y esa es precisamente mi meta: despertar los espíritus del lector y enseñarles cómo equiparse para luchar contra esta batalla. La única manera en que podemos combatir esta batalla es sabiendo quiénes somos, el poder y los instrumentos que tenemos y cómo usarlos.

La Biblia es nuestro manual más importante y necesitamos saber qué hay en este manual para ponerlo a trabajar, para ponerlo en práctica. Por eso ruego que con la Gracia de Dios este libro sea útil.

Cuando doy enseñanzas estoy bajo la unción del Espíritu Santo. El Señor también me está enseñando a mí y yo también estoy aprendiendo. Nunca dejamos de aprender. Siempre estoy en la escuela para aprender—Las Escrituras—y nunca dejaré de hacerlo porque sé que es algo que necesitamos aprender todos los días. Dejamos de aprender sólo cuando El Señor nos lleva a casa, con Él. Por eso las personas que piensan que ya han pasado por la Escuela Espiritual de Aprendizaje y dejan de estudiar después de hacer la Primera Comunión o Confirmación o de estudiar *RICA* (*Rito de Iniciación Cristiana de Adultos*) están muy equivocadas.

Lo que le pasa a la sociedad hoy en día, al mundo o a nuestra iglesia les está pasando porque la gente no ha mantenido lo que Dios tenía en mente: nuestra manera de aprender. La Biblia es un manual y una manera de dar instrucciones de cómo vivir una vida santa y feliz. No puedo enfatizar lo suficiente qué tan feliz me siento porque he seguido el manual, porque vivo de acuerdo a la Palabra de Dios.

Le agradezco a Dios y lo bendigo por mi vida feliz y por mi familia, mis amigos y el trabajo que Dios está haciendo a través de mí. Los trabajos que he visto a Dios hacer a través de mí le llevan gente a Él; al liberar al individuo me permite ser el instrumento de poder sanador de Dios.

Usted dijo que es importante saber quiénes somos: hijos de Dios, y el poder que tenemos en el Espíritu. También ha hablado sobre el poder de las Escrituras.

La primera cosa que hago en cualquier batalla es conocer al enemigo. El enemigo es el que destruye nuestra vida. Nuestro enemigo es lo opuesto a Jesucristo y por lo tanto debemos saber quién es el enemigo. Sabemos que vino a matar, a robar y a destruir. Vino por tres cosas. Trata de destruir todo lo que Dios ha hecho o está haciendo. Mata el ama, destruye la mente, destruye familias y los corazones de cada persona. Jesús vino a sanar, a hacernos libres, a liberarnos y a salvarnos. Satanás hace todo lo opuesto a lo que Jesús puede hacer.

Cuando tratamos de ver quién es el enemigo ¿Cuáles son algunas de las cosas que debemos buscar?

Satanás se presenta disfrazado como un ángel de luz. ¿De qué otra manera disciernes su presencia? Es muy encantador, muy inteligente, porque fue creado por Dios como un ángel de luz y cuando fue creado todo el cielo fue glorificado. Es muy inteligente.

Pero como ángel caído fue desobediente a Dios. Así es que quizás se le acerque a un hombre de manera muy encantadora. Este hombre casado quizás, un buen hombre, un buen esposo pero Satanás puede encantar a ese hombre y el hombre cae en su trampa.

No hace mucho tiempo tuve a un hombre que había dado su vida a Satanás porque su hija, a los 15 años, había pasado por muchas cirugías. Ninguna de las operaciones le había dado resultado, caminaba con un andador y en extremo dolor. Este hombre joven había ido de iglesia en iglesia (aparentemente había sido Católico pero había dejado la religión Católica.) Se había casado muchas veces y su hija era del primer matrimonio.

En fin, el hombre había llevado a su hija a diferentes grupos de oración, tanto protestantes como católicos. De alguna manera llegó a mí. Empecé a interrogarlo porque mucha gente ya había orado por él y los doctores no podían encontrar el remedio.

Lo primero que me dijo fue: "No sé qué hacer porque mi hija tiene mucho dolor. ¡Si tan solo pudieras escucharla llorar de dolor por las noches!

Entonces empecé a orar por la niña y, una vez más, Dios me dio el don de discernimiento.

Luego le pregunté: "Has estado alguna vez involucrado en brujería?"

Volteó a verme y me dijo: "Bueno, creo que no."

"¿Le has dado tu alma al demonio alguna vez?," le pregunté.

Se sorprendió que yo dijera eso y me contestó: "¿Quién te lo dijo?"

Me gusta cuando la gente me contesta de esa manera porque me confirma que el Espíritu Santo me está hablando y que tengo razón.

Le dije entonces: "Me lo dijo el Espíritu Santo."

Si, asintió, "le di mi alma a Satanás y le dije: 'sana a mi hija.'"

¿Te das cuenta cómo este hombre fue engañado?

Le pregunté: "¿La ha sanado? Sabes, Satanás es un mentiroso, es un impostor y es un destructor.

Entonces el hombre se soltó llorando. "Tienes que arrepentirte y necesitas pedirle a Dios que te perdone, le dije. " ¿Cómo podemos orar por tu hija si sirves a Satanás en lugar de servir a Dios? Sin embargo Dios ama a tu hija, así es que oraremos por tu hija."

Sí, así es, Satanás atrae a la gente con encantos, los engaña de muchas formas diferentes para robar y destruir la vida.

Usted ha hablado anteriormente de la importancia de comunidad.

Creo que más gente debería pertenecer a una comunidad. Una comunidad puede ser diferentes cosas. No tienes que vivir con una persona en la misma casa, pero puedes tener una comunidad con un grupo de oración por ejemplo.

Te daré un ejemplo de lo que es nuestra comunidad. Somos nueve personas y nos reunimos todos los sábados. Cada semana nos reunimos en una casa diferente donde compartimos la comida, convivimos y nos conocemos las unas a las otras. La anfitriona de esa noche dirige la oración y el estudio de la Biblia. Hemos estado unidas desde hace 17 años. Cada Sábado oramos las unas por las otras y si tenemos algún problema lo compartimos. Si necesitamos ayuda de cualquier tipo, nos ayudamos y aunque cada una de nosotras tenemos nuestra propia familia, nosotras hemos llegado a ser una familia. Pero es un grupo de apoyo de constante oración para vivir vidas santas y para buscar a Dios en las Escrituras y en la convivencia.

Recomiendo lo mismo para parejas, solteros o adolecentes. Acostumbraba a dirigir un grupo de hombres y mujeres solteros y dentro de ese mismo grupo todo mundo se empezó a casar.

Así es como el Señor intentó hacerlo originalmente. Y así es como sucedía. La gente se reunía en cada una de sus casas. Oraban juntos. Las Escrituras dicen que debes comer en tu propia casa para no molestar a tu vecino, pero nosotros compartíamos la comida y era muy lindo porque ansiábamos ver qué íbamos a comer el siguiente Sábado, lo que la pareja iba a cocinar. Lo disfrutábamos mucho. Reíamos, llorábamos, orábamos, cantábamos y estudiábamos las Escrituras.

En una ocasión mi madre me dijo: "un amigo es alguien que ora y llora contigo." Así es que a momentos hemos llorado unas con otras cuando alguien ha tenido un problema o una catástrofe o cualquier otra cosa. ¡Reímos, nos reímos mucho! ¡Nos la pasamos de maravilla! Alabamos y adoramos a Dios.

Usted habla de cinco maneras de prepararse para la oración y usted hace eso con su grupo de oración. ¿Nos podría llevar por esos cinco pasos?

Si, así es como me preparo para un grupo de oración o una comunidad o para una reunión. La primera cosa es arrepentirnos y reconocer nuestra condición de pecador. Necesitamos saberlo antes de presentarnos al trono de Dios. Tenemos que pedirle perdón a Dios por cada pecado. Conoce tus pecados. No tienes que desparramarlos, pero de manera discreta toma un momento para pedirle a Dios que te perdone por cada pecado que has cometido esa semana o ese día-arrepiéntete.

La siguiente cosa seria el perdón. Si nuestros enemigos nos han ofendido, tenemos que perdonarlos. Cuando podemos verdaderamente perdonar experimentamos paz verdadera.

¿Ha tenido alguna vez una experiencia donde trata de orar pero necesita hacer una pausa para permitir que la persona perdone?

¡Sí, me ha sucedido! Eso también puede bloquear la oración, y también he hablado sobre esto anteriormente. Es muy difícil orar donde hay un corazón que no ha perdonado. Esto bloquea la oración y es muy difícil leer y estudiar la Biblia. De alguna manera la falta de perdón bloquea a la persona. Puedes estar leyendo las escrituras pero no tienen sentido para ti, porque el espíritu de falta de perdón es un espíritu muy fuerte. Esta es la razón por la que he dicho: "Aun que vayas a Confesión si no confiesas ese pecado se queda ahí." Si uno tiene el don de discernimiento puede discernir ese espíritu en la persona y decirle: "Hay alguien a quien tienes que perdonar. Perdona." Te repito, les cuesta mucho pero eventualmente perdonan.

La tercera cosa es agradecer a Dios por las bendiciones del día. Agradezcámosle porque nos levanta con salud. Agradezcámosle por el techo que nos cobija. Agradezcámosle por que tenemos con que vestirnos. Agradezcámosle por nuestras familias, por nuestros trabajos. Hay muchas cosas por las que puedes agradecer a Dios todos los días. Por cada día que nos da. No se trata de agradecerle hoy y luego agradecerle la próxima semana o el próximo mes. Se le agradece todos los días. Hoy puedo respirar. Digamos: "Te doy gracias Señor porque me has dado vida."

Luego, después de hacer eso, la cuarta cosa que debemos hacer es alabar y glorificar a Dios. Esto lo hacemos durante el grupo de oración los Lunes por la mañana. Los llevo por estos pasos todas las mañanas antes de empezar a interceder. Cantamos canciones de alabanzas y adoración que tocan nuestros corazones y nos acercan a Dios. Podemos sentir la presencia de Dios en cuanto empezamos a alabarlo y a bendecirlo.

Por ahí tengo una bandera que dice: "Dios me respeta cuando trabajo, pero me ama cuando Canto." Le encanta escuchar nuestras alabanzas. Mucha gente lo ataca pero nosotros lo alabamos porque las alabanzas son fragancia de incienso para su olfato, como nos lo dijo en el libro de Apocalipsis.

Ahora bien, después de hacer todo eso, estamos listos para orar y pedirle cualquier cosa. Algunas personas sólo dicen: "Dame, dame, dame, Señor." Pero ¿cuánto le hemos dado a Él? El ex-presidente Kennedy le dijo a los ciudadanos del país durante la toma de posesión de la presidencia: "No preguntes qué puede hacer tu país por ti sino qué puedes hacer tú por tu país." Yo te diría: "No pidas qué puede hacer Dios por ti sino qué puedes hacer por Él. ¿Qué podemos hacer hoy por Dios? Cómo le puedo agradecer de tal forma que cuando rece mis oraciones sean escuchadas?

Usted habló sobre el papel de la tentación en la guerra espiritual. Nos puede hablar sobre sus ideas sobre la tentación? Muchos de nosotros pensamos que no existe tal cosa como el demonio o que no nos tienta, o que nosotros estamos en control de nuestro propio destino.

Mucha gente no cree en el demonio. Pero se menciona en las Escrituras más de cien veces. Sabemos que anduvo vagabundeando en el libro de Job, por ejemplo. Satanás tuvo una confrontación con Dios y Dios le permitió destruirle prácticamente todo a Job como una prueba.

Nosotros también seremos probados. Job fue probado, y así como los otros santos, nosotros también seremos probados para saber si pasamos la prueba. Pero nos tenemos que mantener firmes. Nos tenemos que mantener firmes de la manera que hemos estudiado y conocemos las Escrituras, y de la manera en que vivimos nuestras vidas.

Tú y yo hemos asistido a la escuela. Nos hacían exámenes para ver cuánto habíamos aprendido; de la misma manera tenemos que "tomar un examen." Dios a veces lo permite para probar nuestra fe, para ver qué tan fuertes o débiles somos. Cuando fracasamos Él nos levanta y nos carga. Luego nos da nueva fortaleza para continuar siguiéndolo a Él.

Las tentaciones no se presentan sólo cuando salimos de la puerta al mundo, sino también en la casa. Hay tantas cosas que nos pueden tentar y que nos pueden hacer pecar de diferentes maneras. Dios no se separa de nosotros, sino que nosotros mismos nos separamos de Él cuando caemos en las trampas del enemigo a través de las trampas del mundo.

A pesar de toda la maldad que usted confronta diariamente ¿Por qué no tiene miedo?

Porque Jesús nos dijo que no tuviéramos miedo y las Escrituras también nos dicen que no tengamos miedo. El Papa Juan Pablo II nos dijo que no tuviéramos miedo y yo lo creo. Vivo con esas palabras. Practico lo que creo, practico lo que leo, y practico lo que confío. ¡No tengo miedo! ¿Si Dios me llamara ahora mismo haría yo algo diferente de lo que estoy haciendo ahorita? ¿Correría a la iglesia? ¡NO! Me quedaría sentada aquí donde estoy lista para irme.

No cambiaría nada de lo que estoy haciendo si supiera que estoy a punto de morir ahora mismo.

¿Podría hablar sobre algunos de los ángeles malos, como usted los llama, y con los que usted tiene que lidiar todos los días? ¿Qué es el espíritu de resentimiento? ¿Nos podría hablar sobre ese espíritu?

El espíritu de resentimiento es un espíritu muy fuerte que puede bloquear aun las gracias de Dios y nuestras oraciones para que sean escuchadas. Algunas veces no es culpa de la persona tener este espíritu, ya que se pueden encontrar en el linaje ancestral. Puede pasarse a tres o cuatro generaciones. Pudo haber padres que tuvieron resentimiento durante una guerra o en contra del vecino~o en contra de los propios padres o hermanos. Si existe ese espíritu, también puede saltearse una generación y atacar a dos o tres hermanos. Quizás ataque a solo un miembro de la familia. Pero he notado que en diversos casos donde existe este espíritu la persona tiene resentimiento contra la autoridad.

¿Es el espíritu de rebeldía?

Si, resentimiento cuando se les dice qué hacer y resentimiento a la palabra de Dios, resentimiento de ser bueno, resentimiento de comportarse bien.

He escuchado en Alcohólicos Anónimos que el resentimiento es uno de los peores sentimientos que provocan que una persona recaiga.

Satanás no fuerza a una persona a caer en alcoholismo ni en pecado, sino que pone la idea en la mente para que el individuo peque. Tenemos libre albedrío. Se nos ha dado esa libertad desde Adán y Eva y Dios no nos va a quitar esa libertad. Ese libre albedrío está en nosotros y podemos decir sí o no. Satanás puede poner el olor de la cerveza o una botella frente a nosotros o a una mujer bonita pero tenemos la libertad de tomar la cerveza o a esa mujer o cualquier cosa que sea. En otras palabras un mal pensamiento que nos llega a la mente no es pecado, pero sí lo es si consientes y te entretienes en él. Ahí se convierte en pecado.

En una ocasión me contó la historia de un doctor de 27 años de edad quien se metió en Satanismo.

Este doctor joven estaba trabajando en un cuarto de emergencias. Me comentaron que si él estaba trabajando con un paciente con una cruz o un crucifijo colgado o una medalla de la Santísima Virgen María, se ponía furioso. El doctor sabía que tenía que hacer algo al respecto o perdería su trabajo. Pero no sabía cómo arreglarlo.

Ya había ido a liberación con dos sacerdotes y un obispo. El problema era que el demonio que él tenía revelaba los pecados de cualquiera que se le acercaba a orar por él. Esto es muy importante para aquellos que están en ese ministerio: hay que asegurarse de ir a confesión antes de orar por una persona y de que su espíritu esté libre de cualquier pecado mortal, porque eso es lo que les sucedió a los dos sacerdotes y al obispo. Le huían y el espíritu se quedaba ahí. No sé cuantas personas estaban presentes con los sacerdotes o con el obispo (nunca pregunté), pero me dijeron que cada vez que el sacerdote se le acercaba, el espíritu identificaba todos los espíritus que habían en él.

De modo que esta es una pepita de oro que les doy a aquellos que están en el ministerio; que tengan mucho cuidado de estar en gracia de Dios. Sí, efectivamente el doctor estaba involucrado en Satanismo. Iban a la playa él y otros tres hombres y adoraban a Satanás. Éste les daba poder y ellos volaban alrededor de la playa mientras el demonio hacia cosas con ellos.

Más tarde este hombre ya no quería saber nada de esas cosas puesto que era doctor. Y no sólo estaba metido en brujería y Satanismo sino también en bestialidad, es decir, sexo con animales. Por eso el espíritu más fuerte que se manifestaba en él cuando yo oraba sobre él era un perro. Se transformaba en perro; se paraba en el piso de cuatro patas y se volteaba y ladraba como perro y sacaba la lengua. Nunca he visto una lengua como esa. ¿Has visto a un perro grande con toda la lengua salida? Así es como se le salía la lengua a el. ¿Terrible verdad? ¡Sí! ¿Con miedo? ¡NO!

Ha lidiado con casos muy difíciles como ese, pero también hay casos de gente que ha estado en algún ministerio de la iglesia por años, rezan rosarios, van a Misa todos los días y sin embargo necesitan liberación. Mencionó anteriormente el caso de una mujer de edad avanzada quien siempre estaba enferma visitando médicos. Resultaba que había un pecado en su vida pasada. ¿Podría hablar sobre ello?

Sí, la mujer de edad avanzada había cometido varios abortos cuando era joven pero nunca confesó esos pecados. Años más tarde, a una edad ya avanzada, sus pecados la estaban acabando lentamente. Ella venía a nuestro grupo de oración cada semana y se unía a nuestras oraciones. Orábamos por las clínicas de aborto y por las madres que abortaban, por los doctores y las enfermeras asistentes. Ella escuchaba todas estas oraciones y hasta se unía en oración con nosotras por todo esto y al parecer estas oraciones le tocaban el alma pues le mostraban su pecado. Sin embargo ella no podía confesar su pecado hasta que un día, por fin lo hizo.

Se me acercó y me pidió que orara por ella y que lo hiciera cada semana. Siempre oraba por sus dolores, por el dolor en su pierna o su brazo o su cabeza o su ojo. Continuaba pidiendo oración tras oración. Así es que yo oraba por las cosas que me pedía–y se sanaba pero a la siguiente semana regresaba con algo más. Era una condición distinta cada semana.

Finalmente, un día se me acercó y me dijo que deseaba que orara por ella.

Y yo le pregunté: "¿Por qué deseas que ore?"

Ella me dijo: "Solamente ora."

Empezamos a orar y pude discernir que había tenido un aborto. Aquí me tienes frente a una mujer de 80 y pico de años y a quien me daba vergüenza decirle: "Tuviste un aborto." Pero se lo dije.

Sollozando me dijo: "mi esposo me obligó a hacerlo. Él no quería más hijos y cada vez que me embarazaba yo tenía que abortar."

Entonces oramos por ella y la manifestación estaba ahí. ¡Ah! Y a propósito, iba a confesarse y el sacerdote le decía: "Ya no necesitas confesarte, tú ya no cometes pecado."

Así es que quiero alertar a los sacerdotes: ustedes están ahí para escuchar la confesión de los feligreses y no para decirles que ya no tienen que confesarse. Porque ¿quién sabe lo que la persona lleva cargando? No importa qué tan mayor o santa sea la persona, pueden tener algo escondido que por temor o vergüenza no han confesado.

La mujer estaba feliz y gozosa. Sabía que se le había descubierto su pecado y que había sido liberada. Ella estaba bien pero me enteré más tarde que se había hecho senil. Fue maravilloso que ella pudiera confesar ese pecado y fuera liberada antes de hacerse senil.

El tema de maldiciones es muy controversial, ya que algunas personas piensan que las maldiciones no tienen poder sobre nosotros. Podría hablar sobre lo que ha aprendido acerca de las maldiciones durante sus experiencias de liberación?

Yo no creía en las maldiciones hasta que me ocurrió a mí personalmente. Cuando esto sucedió me di cuenta que sí existían. ¡Bendito sea Dios que me protegió y me ayudó!

Dondequiera que he tenido una experiencia diferente, el Espíritu Santo me ha mostrado qué hacer y cómo suceden las cosas, luego empiezo a orar por la gente y a cortar esas maldiciones. Para cortar esas maldiciones se necesita hacer la marcha de Jericó alrededor de la persona y cortar la cadena a la cual la persona ha sido encadenada por la maldición. Un buen ejemplo fue el caso de una joven (cuyo nombre ni país puedo revelar para protegerla). Se trata de una mujer joven, nutrióloga y cuyo esposo era médico. Su madre no quería perderla ya que no se quería quedar sola en casa. Por esta razón no sólo le puso una maldición a su hija, sino que también a su hijo.

Para ello la madre visitó a una bruja y le pidió que a través de una maldición enfermara a su hija de tal forma que siempre dependiera y estuviera cerca de ella. Así la madre nunca estaría sola. También le pidió a la bruja que hiciera que su hijo nunca se fuera lejos para que siempre estuviera ahí para ayudarla.

En fin, la hija se empezó a enfermar y a enfermar cada vez más. Como nutrióloga que era ella cuidaba de su salud, trataba de ver qué estaba comiendo que la hacía enfermar. Y siendo su esposo doctor, ella estaba bajo el cuidado de especialistas de alta calidad en el país donde vivían pero no podían encontrar nada malo en ella, aunque siempre estaba enferma.

Finalmente, después de consultar a varios doctores y de que no podían encontrar nada malo, la enviaron a la Clínica Mayo en E.U. En esta clínica se hacen investigaciones y pensaron que podría encontrar lo que le causaba tanto dolor en su cuerpo~ tenían suficiente dinero como para volar y recibir ayuda en este país.

No obstante, en medio de todo esto, yo viajaba a ese país para ministrar con frecuencia y fue así como llegamos a conocernos muy bien. Ella cubría los gastos de mis comidas mientras me hospedaba allá. Cuando los doctores decidieron que ella debería ir a la Clínica Mayo, me llamó y me dijo que le gustaría pasar un par de días aquí de camino a la Clínica y que quería que orara por ella, especialmente por lo que estaba a punto de hacer.

Y así vino con su esposo. Yo sabía que el esposo no creería lo que yo iba a hacer cuando orara por ella, por eso le pedí a mi esposo que se lo llevara a Washington, D.C. y lo mantuviera ahí hasta el atardecer para que mi equipo y yo nos pudiéramos quedar trabajando todo el día con ella aquí (era un Lunes). Y así lo hizo. ¿Te das cuenta? Mi esposo y yo somos un equipo. Él me ayuda de muchas formas.

Nuestro equipo empezó a orar ese día y discernimos que había una maldición. Me enteré que su madre le había puesto la maldición. Ahora bien, para yo decirle a una joven de 35 años de edad: "tu madre te mandó poner una maldición," fue difícil porque no quería herir sus sentimientos, pero ella tenía que saberlo. Sabía que me preguntaría: "¿quién me hizo la maldición? y ¿por qué? y sabe qué más.

Así es que le dije: "A tu esposo, siendo doctor, le va a ser muy difícil creer que has sido sanada, por lo tanto quiero que vayas a la Clínica Mayo y te hagas examinar. Te harán exámenes pero no encontrarán nada en tu cuerpo y después le dirás a tu esposo lo que sucedió." Y ese fue nuestro acuerdo.

Esa noche ella no experimentó dolor alguno. A la siguiente mañana, después de levantarse los llevé al aeropuerto. Ella ya no sentía dolor en lo más mínimo. Habían comprado ropa de invierno porque iban a Minnesota. Les habían dicho que la nieve llegaba a la altura de las rodillas y por ello tuvieron que comprar mucha ropa cara, ya que en el país de donde ellos venían no nieva. En fin tuvieron que gastar en botas, abrigos, diferentes tipos de pantalones para nieve, entre otras cosas. Yo les hubiera ahorrado mucho dinero pero aun así tuve que dejarlos ir para que se dieran cuenta.

Cuando llegaron a Minnesota, ella tenía varias citas para hacerse varios exámenes. Se la pasó de examen en examen. Sólo me llamaba para decirme: "Stella, el examen de hoy salió negativo." Finalmente, a fines de semana, me volvió a llamar y me dijo: "Hoy es Viernes y quieren que me quede hasta el Lunes. Hay un último examen que me quieren hacer para saber por qué no aparece nada." Ella había traído todos los archivos de su médico donde mostraba el dolor que ella había estado experimentando, sin embargo, en la Clínica Mayo no podían encontrarle nada.

Entonces ella me preguntó: "¿Qué hacemos?" Yo le contesté: "¿Le has dicho a tu esposo?

"Ya se lo dije," contestó ella. "Muy bien, tomen el avión y váyanse a casa," le dije. "Olvídense del asunto. Ya has sido sanada, yo sólo quería que él se cerciorara de que no hay nada malo en ti, pero que alguien te había hecho una maldición y que ya ha sido cortada y por eso no volverás a enfermarte.

Hasta hoy en día ella no se ha enfermado y ya han pasado varios años. Sin embargo, unos meses más tarde regresé a ese país y me hospedé con ella. Era una casa muy bonita. Había un patio detrás de la cocina y del comedor. Me senté ahí a orar tarde durante la noche y yo sólo alababa y bendecía a Dios. En el porche había un árbol grande que lo cubría y yo continuaba orando y alabando a Dios, preparándome para la enseñanza del próximo día.

Mientras que yo oraba, de repente, tuve una visión. En esa visión vi una cadena alrededor del árbol. Al final de la cadena donde estaba anudada, había un zapato, una bota de hombre, un tipo de bota alta, una bota de trabajo. Le dije a mi amiga: "El Señor me acaba de revelar que hay algo enterrado alrededor de ese árbol."

Ella me contestó: "¡¿Qué voy a hacer si mi madre se entera que tenemos que escavar alrededor del árbol?!

Había césped alrededor del patio. Como gente rica que eran ellos tenían jardinero, así es que ella dijo: "Mañana mi madre se va a reunir a jugar cartas y se la pasará ahí todo el día. La primera cosa que haré por la mañana cuando ella se valla es pedirle al jardinero que escave para ver qué encuentra."

A la mañana siguiente yo fui a misa. (¿Por qué le digo esas cosas a la gente? ¿Por qué los hago hacer esas cosas? No lo sé, el Espíritu de Dios me lo dice además de las visiones y las confirmaciones que me da). El jardinero escavó y efectivamente encontró una cadena grande alrededor del árbol atada a la bota de su hermano.

Lo que sucedió fue que el Señor me dijo que su hermano podía irse solo a cierta distancia pero algo lo jalaba de regreso a casa. Esa fue la maldición que la madre le había hecho a su hijo para que el hijo no se fuera lejos del área, porque él quería irse a otro estado pero no podía hacerlo. Algo lo detenía. Así es que él también tenía una atadura hacia su madre a través de la maldición que la madre le había hecho por medio de la bruja.

El jardinero sacó la cadena e inmediatamente después cubrió la excavación. No sé que hizo con la cadena pero arregló el terreno de tal manera que la señora ni lo notara. Y aunque lo notara, no sabría qué había ocurrido; en fin, el asunto se quedó solo entre mi amiga y yo.

Luego me llevó a donde su hermano. Fui y oré por él y empezó a llorar y llorar. Sabía que había algo que lo detenía y le dijo a su hermana: "no podía explicar qué era pero ahora ya sé."

El hermano era un hombre casado y tenía dos hijos. Una vez que fue liberado no sabía cómo agradecerme. ¡Estaba tan agradecido y feliz de ser un hombre libre! En ese momento ambos hermanos fueron liberados.

Yo continuaba hospedada en esa casa y había colgado mi ropa en un closet. Al siguiente día fui a buscar una falda y una blusa para usarlas durante los servicios de oración pero no las pude encontrar. Tampoco encontraba unas enaguas. Así es que mi amiga puso a las muchachas de servicio a buscarlas como locas por todos lados. Las pobres casi llorando le decían: "no las hemos visto; nosotras no las hemos tomado ni hemos entrado a su habitación. No sabemos dónde están." Se habían perdido.

Entonces mi amiga les preguntó: "¿Quién entró a la casa?"

Y una de las sirvientas le dijo: "¿Recuerda a esa mujer que era bruja y que vivía lejos de aquí? Ella estuvo aquí hoy."

"¿Qué hacía aquí? Le preguntó mi amiga.

"No sabemos. Ella estuvo aquí hablando con su mamá." Contestaron ellas.

En ese momento mi amiga inmediatamente supo de quién se trataba y que ella era la mujer que les había puesto la maldición a ella y a su hermano porque era bruja.

Cuando la madre regresó a casa, mi amiga le preguntó: "¿Quién estuvo aquí hoy?"

Y su madre le contestó: "Nadie."

Era una mentira: "Nadie."

Y la hija le dijo: "Qué raro, la muchacha de servicio dijo que fulana de tal estuvo aquí hoy. ¿Qué hacía ella aquí?

"Ah, se enteró que Stella estaba aquí y quería verla," dijo la madre.

Mi amiga le preguntó: ¿Vino durante el día sabiendo que Stella estaba trabajando fuera?

"Bueno, es que andaba en el área y por eso vino," dijo ella.

Y así se quedó la cosa. Al día siguiente me regresé a Estados Unidos. Cuando llegué a casa mi asistente recibió una llamada de alguien de ese país y la persona en la otra línea le decía: "Stella va a morir; está muy enferma."

Mi asistente le respondió: "no, ella está muy saludable. No le pasa nada."

"Ah," dijo la persona.

Entonces fue cuando me di cuenta que la bruja me había puesto una maldición en mi ropa la cual hasta entonces no podían encontrar. Dos días más tarde mi amiga me llamó diciendo: "¡Ay, Stella, encontramos tu falda, tu blusa y tus enaguas, ahí estaban en el closet!"

"No, no estaban en el closet, desaparecieron." Le dije.

Y así fue como me enteré que la madre me había puesto una maldición porque se enteró que su hija se había recuperado y que su hijo había sido liberado. ¡Ahora le tocaba a Stella Davis la maldición para que no regresara! Se suponía que yo debía morir y no regresar. Ahí fue cuando creí que las maldiciones existen.

Más tarde me encontraron cáncer en el pecho pero el doctor me dijo: "lo encontramos a tiempo. Ya corté la raíz y por lo tanto no tiene que tomar ningún tratamiento." Mi grupo oró y oró.

De todo esto aprendí una lección y con ello después pude aconsejar a muchas personas que han sido maldecidas.

Otra cosa. Mi hija también me ayuda de tantas maneras, Dios la usa y tiene muchos dones. Siento que ella va a tomar el ministerio cuando yo me vaya a la casa de Dios. En fin, después de la cirugía me encerré en la habitación con todas las persianas bajas, a oscuras. Estaba tan deprimida que no quería hablar con mi esposo ni quería que él hablara conmigo. Quería que me dejara sola. Mi hija quería prepararme cosas que sabía que a mí me gustaba comer pero yo no las quería. Yo sólo quería que me dejaran en paz.

Así es que mi hija tomó la grabadora y la colocó en la puerta y me puso las grabaciones de mis enseñanzas para que me escuchara a mi misma enseñando a otros y para permitir que la unción de esas cintas entrara en mi espíritu y lo ministrara.

No sé cuántas cintas me puso pero de repente abrí la puerta y les dije: "¿Qué estoy haciendo aquí? ¿Por qué le estoy permitiendo a él [Satanás] ponerme en este estado de depresión?

Me di cuenta que era la Palabra de Dios la que me evangelizaba y me sacaba de ahí; la misma Palabra que he enseñado a tantas personas. Ahora le digo a la gente que usen cintas [Casetes o Discos Compactos] de alabanza y adoración y que dejen que el Espíritu de Dios penetre en sus corazones y en sus mentes y que lo dejen ministrar a través de sus oídos. Eso saca a las personas de la depresión.

¿Estaba pasando por una batalla espiritual y no se había dado cuenta?

Pero alabé a Dios por mi hija. Por eso es que nos necesitamos los unos a los otros.

¿Me permite preguntarle sobre otro trabajo de maldición? Estaba yo sentada en la mesa de su cocina tomando café un día cuando

NIH (*Instituto Nacional de Salud, siglas en ingles*) es una institución de investigación que sólo toma casos poco comunes y de los cuales los doctores no encuentran cura. Resulta que esa mujer estaba poseída. El cuerpo de la mujer expedía un olor terrible y los doctores no la podían sanar. Ella no podía mantener ningún trabajo porque nadie se podía sentar cerca de ella debido a los malos olores. Lo que pasaba es que alguien le había puesto una maldición.

Esta mujer había ido a NIH y no la podían ayudar. No podían encontrar qué le causaba esa variedad de olores terribles que cambiaban. Una persona podía oler el olor de zorrillo, otra de vómito y otra diferentes olores pero todos eran olores terribles.

Era una mujer que se había divorciado de su esposo y la suegra estaba tan enojada con ella que dijo: "si no te quedas con mi hijo nunca tendrás otro hombre en tu vida y yo lo arreglaré."

La mujer no se dio cuenta del daño que su suegra le podía traer. Aparentemente esta mujer no creía en maldiciones pero la maldición que la suegra le puso fue que ella oliera tan mal que nadie se le pudiera acercar.

No recuerdo cómo me encontraron NIH o la mujer; pudo haber sido a través de alguna amiga que estuvo presente en mi ministerio anteriormente. Me la trajeron y, por supuesto, en cuanto oré, encontramos que le habían puesto una maldición y mientras orábamos nos enteramos que había sido la suegra. Luego oramos y cortamos la maldición y ella fue sanada.

Como resultado fue a NIH y les dijo cuál era su problema y cómo la habíamos ayudado. NIH se quedó con mi número de teléfono, ¡después otra mujer acudió a ellos con el mismo problema! Por eso NIH le dio mi número de teléfono a la mujer para que se contactara conmigo y pudiera ser libre. Ahora me pregunto qué pensarían los doctores cuando escucharon lo que escucharon.

¿Estados Unidos está pasando por una maldición en estos momentos, verdad?

¡Sabes que la oración de exorcismo habla sobre asambleas y

sectas? Hoy en día hay misioneros en los Estados Unidos que vienen de diferentes partes del mundo y traen falsos dioses. Es una batalla espiritual en la que nos encontramos y ahora la batalla es por nuestra propia cultura, no sólo por las almas individuales sino que por miles y millones de almas.

Tenemos que darnos cuenta de que muchos dioses pequeños – *dioses* con la "d" minúscula—se han introducido a nuestro país. Tenemos templos y mezquitas por todos lados y la gente está adorando a una variedad de dioses. No quiero mencionar las diferentes creencias o religiones que también se han infiltrado en nuestro país, incluyendo la *Nueva Era (New Age)*—la cual la hemos tenido aquí desde hace muchos años.

Nuestro país está siendo oprimido por muchos espíritus malos que han entrado de muchos países y son como maldiciones. Anteriormente no los teníamos en los E.U. pero hoy en día tenemos brujos, así como hombres y mujeres extranjeros que ponen maldiciones.

La *Nueva Era* ha traído muchas maldiciones a nuestro país. Satanás se ha disfrazado de una persona suave con mucha labia y bien educado, en la forma de la *Nueva Era*. Se ha metido sigilosamente en este país y no sólo se ha dispersado en las diferentes iglesias sino que también en nuestra propia Iglesia Católica. El demonio ha cegado a muchos de nuestro clero para que no se den cuenta que están mal. ¡Pero si tan sólo pudieran ver lo que sale de la gente que ha estado involucrada en la Nueva Era, si pudieran verlo ellos mismos, entonces se darían cuenta del daño que se ha permitido entrar a nuestro país.

Los Masones, los Musulmanes, los adoradores de Satanás—hay muchas "iglesias" hoy en día donde se adora a Satanás. Todo eso está asfixiando nuestro país. Nuestro país ya no es lo que era antes.

¿Nos puede dar el ejemplo de alguna persona Católica que quizás estuvo involucrada en la Era Nueva y quien probablemente aprendió sobre esa técnica en su parroquia o en un hospital Católico o centro de retiro? ¿Nos puede explicar cómo daña a las personas la técnica o filosofía de la Nueva Era?

¡Eso arruina la vida espiritual de la persona! Arruina matrimonios. He visto muchos matrimonios destruidos porque él o ella se metieron en eso. Deshace matrimonios y sus vidas espirituales se convierten en un caos completo. También hay caos en el corazón de esas personas.

Un buen ejemplo es el de una mujer quien había estudiado y había ido a muchas escuelas para aprender acupuntura. Sabes que muchos individuos usan acupuntura. Mucha gente encuentra alivio en la acupuntura, pero es sólo a corto plazo porque esas sanaciones no perduran, la enfermedad o el dolor regresan. Cuando Dios sana lo hace completamente. Pero cuando Satanás cura, usa sus herramientas para sanar sólo por un tiempo. Luego toma a esa persona y la oprime como esponja. Luego otros problemas surgen de ese problema.

Cuando esta persona vino a mí, ya había consultado a muchos doctores porque estaba deprimida. Luego empezó a ir a los sacerdotes. Le daban consejería pero no le daban la mano. Me la enviaron y me enteré que era maestra de acupuntura habiendo estudiado en la escuela y estaba a punto de ir a Japón. Para entonces ya tenía el pasaje de avión y había invertido miles y miles de dólares en la práctica de acupuntura. Pero ella siempre estaba enferma y no sabía qué le pasaba.

Su vida espiritual era muy superficial. Pertenecía a una comunidad Católica porque era Católica, pero su vida espiritual estaba en malas condiciones. Cuando acudió a mí me dijo que no se podía concentrar en la oración. Hacía sus oraciones pero las dejaba porque no se podía concentrar. Leía la Biblia y no la podía entender o simplemente se aburría. Cuando iba a Misa tampoco podía poner atención. Lo que quiero decir es que ella estaba completamente destrozada.

Empezamos a orar por ella y el espíritu que estaba en ella se empezó a manifestar. No había duda ni en mí ni en mis asistentes que lo que salía de ella pertenecía a las prácticas de acupuntura que ella había estado haciendo.

Cuando fue liberada le dije: "Parece que ahora te toca a ti. Haz lo que tengas que hacer; necesitas orar y pedirle a Dios que te muestre lo que debes hacer." Porque no le voy a decir a nadie que deje de tomar medicinas ni le voy a decir lo que tiene que hacer. Es el Espíritu Santo quien tiene que declarar culpable a cada uno. El Espíritu Santo tiene que mostrarles lo que deben hacer y lo que no deben hacer. Mi trabajo es orar por ellos y el Espíritu Santo se encarga de dejarles saber su error.

Después se fue a su casa y por fin pudo orar, estudiar las Sagradas Escrituras y meditar. Luego acudió a su director espiritual, quien le dijo: "Tienes que deshacerte de los instrumentos que tienes. Tienes que deshacerte de tu oficina."

A todo esto tenía una oficina muy bonita. Me dijo que había gastado mucho dinero y que pagaba renta mensual. Empezó a orar y a orar para cerciorarse de que lo que le había dicho el sacerdote era lo que debía hacer. Yo oraba para que el Espíritu Santo le inspirara a hacer lo que Dios quisiera que hiciera. Finalmente tomó los instrumentos que valían miles de dólares y los tiró a la basura. Se deshizo de todo, incluyendo la oficina.

Sabía que debía trabajar pero no sabía dónde, no tenía trabajo ni tampoco era joven. Pensaba que nadie le ofrecería trabajo debido a su edad. Entonces oramos para que Dios le diera un trabajo, y he aquí que encontró uno fascinante en la comunidad. Empezó a trabajar en negocios para la comunidad donde le pagaban muy bien.

Depende del individuo hacer lo que tiene que hacer. De hecho le pedí que ofreciera un taller para que diera a conocer su testimonio, y decirle a la asamblea cómo se había sentido ella, lo que había hecho y lo que estaba mal. Ella misma reconoció que lo que había hecho estaba mal y que su negocio anterior era un negocio engañoso que no venía de Dios.

Había otra mujer, quien estaba metida en medicina alternativa (lo cual está también conectado a la Nueva Era) y cuya vida espiritual estaba también en caos. Le costaba mucho trabajo mantener a sus empleados ya que trabajaban una semana o dos y se le iban. También tenía dificultad atrayendo pacientes, como ella los llamaba.

Pero esta mujer escogió no hacer lo que la otra mujer hizo porque decía que su trabajo era su sustento. La otra mujer dejó su negocio porque quería seguir a Cristo, fue liberada y supo qué hacer. Esto me recuerda a Pedro y a Judas. Judas no se arrepintió. Pedro se arrepintió y a él Dios le dio las llaves del Cielo. He aquí una comparación entre dos hombres y dos mujeres.

Usted ha dicho que es más importante saber quiénes somos nosotros y quién es Dios. Somos hijos de Dios. ¿Podría detallarnos cómo este entendimiento es importante para su vida espiritual y para su práctica?

En primer lugar tenemos que saber que fuimos creados a imagen y semejanza de Jesucristo. Fuimos creados y Dios se hizo humano como nosotros pero sin pecado. Él tenía sentimientos, El sintió rechazo.

Somos soldados de Dios. Estamos de visita aquí en la tierra, somos pasajeros. No estamos aquí para quedarnos. Todos tenemos una cita a la que tenemos que asistir algún día; el día, la hora y el momento adecuado. Es aquí donde yo tengo que criticar a algunos doctores cuando les dicen a sus pacientes que tienen una o dos semanas para vivir. ¿Quiénes son ellos para decirnos cuándo nos va a llevar Dios a Su Gloria? La única manera en la que ellos pueden hacerlo es dándonos una inyección y poniéndonos a dormir. Pero Dios es el creador de nuestro cuerpo y de nuestra alma y cuando Él esté listo, nos llevará a Su Gloria. Debemos saber esto.

Muchos de nosotros buscamos el Cielo en la tierra creando una *Nueva Era* ahora y queremos disfrutar del placer ahora. Aquí es cuando el clonar, reproducir y escoger bebés no está bien: no queremos un varón o una hembra. El ser humano se está adjudicando el papel de Dios en sus propias manos. Esto es lo que está sucediendo ahora. Hoy en día hay confusión en nuestras mentes. Dios nos ha dado sabiduría y conocimiento, pero tenemos que usarlos para el bien y no para el mal.

Somos una raza escogida. Somos un sacerdocio real. Somos una nación santa. *Éramos* una nación santa, pero nos estamos alejando de esa santidad.

¿Cuál es el lema? "En Dios confiamos" (*In God we trust*). ¿Verdaderamente confiamos en Dios hoy en día? ¿Podemos orar en nuestras casas, en las escuelas y durante nuestras recreaciones? ¡No se nos permite! Nos lo prohíben porque una o dos personas no se sienten a gusto.

Tenemos que levantarnos y defender a nuestro país, arrebatarlo de las manos de Satanás y reclamarlo como a una nación de Dios y proclamarlo como a un país bajo el cuidado de Dios en justicia y libertad. Somos una nación santa y real y encontramos esto en 1 Pedro 2:9. Somos el trabajo de Sus manos.

El Padre nos creó en Cristo Jesús para que hiciéramos el bien. Él nos dio el ejemplo y una vez que nos lo dio nos dijo que saliéramos a hacerlo también. Pero se nos ha olvidado. Nos hemos olvidado de las Escrituras. Nos hemos olvidado para qué hemos sido creados. No fuimos creados para pasárnosla bien ni para ser felices por siempre en esta tierra.

Tenemos que recordar que estamos en un viaje. Que somos compañeros. La canción que se me viene a la mente dice así: "Somos compañeros unos de otros y vamos cabalgando juntos." La letra tiene razón. Nos tenemos que ayudar a crecer espiritualmente los unos a los otros para llegar al cielo. Nos necesitamos recíprocamente para levantarnos y no para derribarnos con palabras que nos hieren. Se nos olvida que estamos aquí temporalmente y no para siempre.

Siempre he dicho que cada uno de nosotros tenemos una valija temporal que llevaremos cargamos cuando nos encontremos con el Señor. Yo quiero que el Señor mire dentro de mi valija y me diga: "Entra mi fiel servidora, bien hecho." No quiero que me diga: "Bueno, debiste hacerlo pero no lo hiciste; o pudiste pero no quisiste." Más bien quiero que diga: "Entra mi fiel servidora, bien hecho." Quiero cargar en mi valija cosas que he hecho para Dios y para otros. Para eso es la vida: para ayudarnos y servirnos unos a otros.

Es bueno saber quiénes somos. El poder del que usted habla es en realidad el poder de la resurrección. ¿Nos podría hablar sobre el poder de Cristo para salvar nuestras almas? ¿Qué significa eso para usted?

El Padre envía al Hijo para salvarnos, para enseñarnos y mostrarnos el camino. Cuando Jesús murió en la cruz llevó a cabo muchas cosas. Llevó a cabo la redención, y el perdón de nuestros pecados. A través de la Sangre Preciosa nuestros pecados son perdonados. Nos ha liberado del dominio de la oscuridad. Nos transportó al reino de Dios a través del Bautismo, la comunión, la

Confesión y los otros sacramentos.

¡Qué bendecidos somos por ser Católicos porque creemos en todos esos Sacramentos! Todas esas cosas son parte de ayudarnos en a llegar al Reino de Dios. No es como otras denominaciones. Hay por ahí un dicho que dice: "Una vez salvado, serás siempre salvado." Eso no es verdad. Podemos caer, pero a través del Sacramento de la Reconciliación Dios nos puede levantar. Somos como una camisa blanca. La podemos lavar y poner almidón y hacerla bonita nuevamente. Cuando salimos del confesionario lucimos como esa camisa bonita, limpia y almidonada.

Dios nos transporta a su Reino y Él es la Cabeza del Cuerpo de Cristo. Él nos libera del temor a la muerte porque si sabemos a dónde vamos y sabemos que hemos vivido una vida tal que a Él le complace ¿por qué tenemos que temer a la muerte? La vida que vivimos aquí no nos da el gozo y la paz que nos esperan cuando lleguemos al cielo.

Si supiéramos lo que nos espera nos apresuraríamos a llegar a casa y no nos daría miedo dejar este mundo. Puesto que yo ya he experimentado la paz, el gozo y tranquilidad que se siente al dejar este mundo, sé que ningún hombre ni el dinero ni meta alguna puede darnos esto mientras te desprendes de este mundo. Desearíamos todos estar allá.

Dios nos ha hecho como El, excepto en el pecado. Vino a pagar un precio por nosotros ofreciendo Su cuerpo y Su sangre. Somos salvos por el precio que Él pagó. Tu sabes que El pagó un precio enorme, pero debemos creerlo. Ahí es donde debemos tener fe para creerlo. Si no tienes fe ni tranquilidad ora para que Dios te de fe para creer. Cuando oramos podemos mover montañas y esas montanas pueden ser montañas de problemas que hemos creado en nuestras vidas, o de problemas que nuestros seres queridos han creado a nuestro alrededor. Podemos derribar esas montañas a través de la oración y con fe. La fe juega un papel muy importante. Si recuerdas, Jesús le dijo a la mujer que tenía una hemorragia: "Tu fe te ha sanado." Jesús dijo eso muchas veces, también al hombre ciego.

¿Ha visto a alguien sanar en su ministerio y después perder su fe?

Si, los he visto sanar y los he visto luego tomar su propio camino. El mundo les ofrece mucho gozo y Satanás está detrás de todo esto. Lo que el mundo nos ofrece es pasajero. Como he dicho anteriormente, tenemos libre albedrío para escoger lo bueno o lo malo. Somos sanos, Dios nos ha sanado, pero entonces, de qué le sirve al hombre ganar todo el mundo y después perder su alma?

Algo de lo que usted ha hablado por años es sobre la falta de discernimiento en la Iglesia en todos los niveles: discernimiento de espíritus, la falta de los dones del Espíritu Santo: los dones de conocimiento, sabiduría y entendimiento. Mientras mucha gente pueda tener la Verdad para entender las bases fundamentales de la f, quizás hasta títulos académicos no tienen discernimiento. ¿Podría hablar sobre este importante don del Espíritu Santo?

Es el don más importante, para poder discernir lo que viene de Dios y qué es lo que Dios nos está tratando de decir a través de las Escrituras y de los sacramentos; como cuáles son las necesidades de las personas a las que servimos. Ya sea que seas una persona laica, sacerdote o pertenezcas a una orden religiosa, el don de discernimiento es muy importante.

¿Cuál es el verdadero significado de las cosas? ¿Por qué estoy haciendo esto o aquello? ¿Lo hago para obtener renombre, estatus o buena posición en la Iglesia? Hay que discernir cómo quiere Dios que caminemos a través del trabajo al que Él nos ha llamado hacer, y cómo debemos hacerlo. Muchos creyentes sabrán acerca de su trabajo pero no saben cómo hacerlo en fe.

Conozco el caso de un sacerdote quien supuestamente tenía el don de leer los corazones. Durante una confesión le dijo a una mujer que había cometido un pecado, el cual ella nunca había cometido y esto realmente le afectó la fe a ella. ¿Cómo se puede saber si alguien realmente tiene el don de discernimiento?

Para el bien de ese sacerdote, el probablemente discernió que ahí había un espíritu, pero el pecado no había sido cometido por la mujer, sino probablemente por su madre o su abuela. El sacerdote debió haber cortado ese espíritu~o lo que haya discernido~en sus antepasados y no en ella. ¡Pero él no tenía la experiencia suficiente para saberlo!

El sacerdote no tenía la experiencia suficiente para discernir que era un espíritu ancestral y no un espíritu de la mujer a quien le hablaba. Si él hubiera tenido la experiencia, el entrenamiento o el don le hubiera dicho a ella: "He discernido este espíritu en ti, pero dices que nunca lo has hecho. Sé que tú no lo has hecho pero es un espíritu ancestral que debemos cortar. Ahora necesitamos orar para saber si es de tu madre o de tu abuela o de tu bisabuela. Tenemos que cortar eso."

Ella no se hubiera sentido herida sino que se hubiera sentido feliz y hubiera estado agradecida que hubiera sido cortado y que ya no se iba a pasar a través de su línea ancestral. Esto nos muestra la importancia de identificar a través del don de discernimiento.

¿Lo que quiere decir es que el discernimiento de espíritus es fundamental en cualquier tipo de discernimiento, verdad?

Correcto, muy fundamental, especialmente en ese ministerio. Este es el don que Padre Pío tenia, él veía el corazón de la persona. Si no le decías tus pecados él te los decía y no te quedaba otra más que decirle: "Si, estoy de acuerdo, eso es."

PREGUNTAS ESPECIALES

EN MINISTERIO

Algunas personas no entienden la diferencia entre el ministerio de liberación y un exorcismo formal. Nos puede decir cuál es la diferencia?

Se lo he dicho muchas veces a la gente: recuerden que yo no hago exorcismos. Los exorcismos se hacen a través de los sacerdotes u obispos. El sacerdote o el obispo usa las oraciones de la Iglesia. Una liberación es hecha por una persona laica y se hace bajo la unción y el poder del Espíritu Santo y en el nombre de Jesucristo. De hecho, existe un muy buen exorcista, amigo mío de Roma, quien dice que de los casos que él ha atendido, el 90% son liberaciones y quizás el 3% exorcismos, porque él usa las oraciones del Espíritu Santo en lugar de usar las oraciones de la Iglesia. También usa la oración en lenguas, en el nombre de Jesús y por el poder del Espíritu Santo—mismas palabras que yo uso. Cuando este sacerdote dio enseñanzas mencionó que él hace más liberaciones que exorcismos.

Un exorcismo tiene que ser hecho por la Iglesia y se le hace a una persona que esté totalmente poseída por Satanás. Yo diría que el doctor a quien mencioné en el capítulo anterior estaba poseído por Satanás porque cualquiera que adora a Satanás está poseído.

La Iglesia exorcizará una persona así, pero no tan

frecuentemente. Yo se que ese ministerio no se está usando tanto como se debería usar. La Iglesia envía a esa persona a psicólogos o psiquiatras antes de ni siquiera tocar la persona, para asegurarse de que no es un problema sicológico y de que es ciertamente una posesión.

Algunas veces la gente no pasa sólo por la influencia demoniaca, sino también están en un estado psicológico inestable. Sé que en algunas ocasiones, los sacerdotes no toman casos de personas que necesitan liberación porque tienen miedo que estén locas o que los demanden. Sé que esta es un área medio gris. ¿Podría aconsejar sobre qué hacer en estos casos?

Si, muchos pacientes internados en instituciones mentales no están ahí porque estén locos o mentalmente enfermos, sino porque están poseídos. De eso estoy segura. Sin embargo, el Señor es un Padre con tanta misericordia y compasión que desea que también oremos por esas personas. Si esa persona está poseída y nuestras oraciones son efectivas, la persona sanará. Si la persona está mentalmente enferma nuestras oraciones no son en vano. Pueden ser aplicadas por algo diferente. Si vas a orar por esa persona tienes que tener el don de discernimiento para discernir si la persona está o no está mentalmente enferma.

He tenido casos donde me han dicho: "Ah, esa persona estaba mentalmente enferma," y he orado por ellos y no estaban enfermos. Actuaban como si estuvieran enfermos, pero en realidad estaban poseídos. Por lo tanto, aun así debemos orar por ellos.

¿Existe una forma pastoral diferente para una persona inestable?

Sí. Por ejemplo, un caso que sucedió recientemente es el de alguien a quien tú también viste y pensaste que estaba mentalmente enfermo, pero yo lo vi con ojos de compasión. Trabajé y oré con él para ver si podía ver resultados. Si oro y oro y no veo resultados con mis oraciones, entonces Dios me está abriendo otra puerta para enviarlo a donde lo atiendan mentalmente. Este hombre del que te hablo es Católico, se ha casado varias veces y ha vivido con muchas mujeres. Ya con todo esto, cualquiera que tenga sentido común puede decir que tiene problemas, pero son problemas espirituales. ¿Me entiendes? Son problemas espirituales. Por eso debemos tratarlo desde el punto de vista espiritual. Haz que este hombre se arrepienta, que vaya a Confesarse, que ore y que se siente frente al Santísimo. Y eso es lo que ha estado haciendo. Le he pedido que vaya al Santísimo.

¿Cuáles son los beneficios de sentarse frente al Santísimo? ¿Podría explicarlo?

Las personas que se sientan frente a las playas dejan que el sol brille sobre ellas. Absorben la radiación del sol y se broncean su cuerpo. Lo mismo sucede cuando te sientas frente al Santísimo Sacramento. Jesús esta vivo y tu estas sentado ahí, y Su radiación o unción bañan tu cuerpo físico y espiritual con Su presencia. Estás sentado a los pies de Jesús, y ¿qué mejor medicina que la de sentarte frente a los pies de Jesús y dejarle que te llene de su presencia y de su poder Sanador?

¿Ha visto sanación en ello?

Absolutamente, incluyéndome a mí misma. En lo personal, hago visitas al Santísimo muy seguido y asisto a Misa diariamente. Me entrego a Dios frente al tabernáculo o ante la Presencia en la custodia cada semana. Voy y me siento frente a Sus pies. No tengo que estar orando ni tengo que estar pidiéndole nada. Sólo me siento y dejo que Sus rayos de amor y Sus rayos de unción me bañen y penetren mi cuerpo, justo como esas mujeres que se tienden bajo el sol en la playa para broncearse. Quiero que Dios broncee mi alma con Su amor.

La práctica Theophostic (técnica psicológica usada por el Dr. Ed Smith en E.U.) está de moda y existen otros tipos de procesos

psicológicos y de visualización, o quizás técnicas de hipnosis que están siendo combinadas con el ministerio de sanación. ¿Qué nos puede enseñar al respecto?

Te puedo dar un buen ejemplo. Sólo te voy a mostrar el poder que ambos tienen. Una mujer de quien hablé hace mucho tiempo acostumbraba ir a su tío. Él la hipnotizaba para quitarle un dolor que ella tenía. Yo estuve presente en una de esas sesiones.

Le dije: "me gustaría ir contigo y observar y ver lo que lo que sucede mientras te hipnotiza."

Le llamó al doctor para preguntarle si podía traer a una amiga a la sesión y le dijo: "Si, por supuesto, tráela."

Yo fui y fui presentada al doctor y me senté en una silla detrás del doctor. El la acostó en la cama y procedió a tratar de hipnotizarla mientras que yo oraba en el Espíritu. El trató, y trató y trató de hipnotizarla sin poder lograr nada. El doctor se volteó y le dijo a mi amiga: "¡Oye, tu amiga tiene mucho poder!"

Él no sabía que yo estaba orando en el Espíritu, pensaba que mi pura presencia ahí no le permitía hipnotizarla. Cuando salí de la habitación, le dijo: "Me gustaría que me hicieras una cita con ella para hablar con ella y ver qué tipo de poderes usa para sanar gente (mi amiga le había dicho que yo era sanadora). Así es que ella me pidió que si estaría yo dispuesta a verlo y, sobre todo, porque se trataba de su tío.

Le dije: 'Si, estoy dispuesta." Después de que dije eso, me dije: "¡Dios mío, por qué dije eso! ¿Por qué debería yo de recibirlo? Tú sabes, no debería. Entonces empecé a orar y a preguntarle a Dios: "Señor, ¿debo o no debo recibirlo?"

Más tarde el doctor llamó a mi amiga y le dijo que había otros dos doctores con quienes había hablado y que todos ellos querían venir a entrevistarme. Ellos también eran médicos pero usaban el método de hipnotismo para sanar a sus pacientes.

Finalmente les dije: "Si." Así pues, pusimos una cita pero antes tomé el teléfono y llamé a casa y les pedí a mi esposo y a mi hija que me pusieran en la cadena de oración y que empezaran a orar por mí y me cubrieran con oraciones para poder contestar a las preguntas de los doctores y convertirlos con el poder del Espíritu de Dios.

La cadena de oración se inició y al siguiente día el doctor llamó a mi amiga diciéndole: "Podrías preguntarle que si podemos cancelar la cita esta tarde porque uno de los doctores no puede ir a esa hora? Iremos a verla mañana."

¿Te das cuenta? Dios cierra la puerta. Al siguiente día yo volaba a casa. Por eso nunca pude hablar con ellos y así es como Dios contestó mis oraciones. Ese es el poder que ellos tienen~ NINGUNO.

¿Qué piensa usted sobre un ministerio de liberación donde se mezcla lo psicológico con lo espiritual, es decir cuando un ministerio de liberación se mete en técnicas psicológicas?

¿Para mí? NO. Quizás para otra persona pero para mí no. Yo confió estrictamente en Dios. Confió y busco y uso la forma que el Espíritu Santo me ha enseñado y obtengo resultados. Eso es todo lo que necesito y no voy a experimentar ni a meterme en otras cosas tratando de enriquecer eso porque tengo todo el poder que necesito del Espíritu Santo.

Usted ha dicho que toda gracia viene a través de la oración. ¿Qué quiere decir con eso y qué tan importante es orar para obtener gracias de Dios para nosotros mismos u otras personas?

Cristo mismo dijo: "Mi gracia es suficiente para ti." Si no tenemos la gracia, La Escritura dice que oremos para obtenerla. Yo oro para obtener fe. Oro para obtener gracia. Sin la gracia de Dios, no podemos hacer mucho.

Muchas personas que acuden a usted se preguntan por qué las cosas no cambian o por qué les han pasado cosas terribles. Pero usted ve que el poder de la oración cambiando las vidas y cambiando las cosas a algo mejor. ¿Qué tipo de oración debería hacer la gente diariamente?

Lo primero que se debe hacer es agradecer a Dios por levantarnos con salud mental. Algunas veces las personas oran por las cosas equivocadas. Mencioné anteriormente que la gente ora por las cosas equivocadas o pide las cosas equivocadas. Las personas no saben como orar por cosas, o las personas solo quieren orar por algo que necesitan en particular.

Es más importante que tengamos nuestra vida espiritual sana que nuestro cuerpo sano. Lo he dicho muchas veces: "Podemos llegar al cielo sin pierna o brazo, pero no podemos llegar al cielo con una vida espiritual podrida."

Por lo tanto es más importante y saludable tener una vida espiritual sana que un cuerpo sano. Hemos de sentir dolor para relacionarnos con el sufrimiento de Cristo. Si no sintiéramos dolor no necesitaríamos a Dios. Si no tuviéramos exámenes en la escuela, no necesitaríamos a Dios. Necesitamos a Dios para todo.

La gente debe darse cuenta, como yo me he dado cuenta, que no puedo respirar, que ni siquiera podría estar hablando contigo ahorita sin que Dios me lo permitiera. Yo lo he experimentado, lo sé y hablo por experiencia. Me lo dijo Él a mí cuando tomó mi respiración, tomó todo lo que hay en mi cuerpo y que me permite funcionar correctamente.

Me he dado cuenta que si no tenemos la gracia de Dios entonces somos nada. Los animales no tienen la gracia de Dios, ni mi perro que es un animal precioso. Pero la gracia de Dios no está en el perro. La gracia de Dios está en ti y en mí. Es muy importante que oremos para que la gracia de Dios esté en nuestras vidas y así experimentemos sanación espiritual; no tanto sanación física sino espiritual.

Cuantas veces vienen las personas y sus vidas espirituales son sanadas. Mientras éstas son sanadas, poco a poco llegan a conocer a Cristo, empiezan a orar y a ir a Misa, a arrepentirse y a ir a Confesión. Sin darse cuenta su cuerpo físico se sana también.

Cuando tu cuerpo espiritual sana, entonces puedes aceptar el dolor, ofreces el dolor y puedes hacer sacrificios. Pero para nosotros no experimentando dolor, yo no sirvo a ese Dios. Sirvo al Dios que sufrió y que nos permite sufrir para relacionarnos al dolor de Cristo.

Por eso es que a veces estamos en la cima de la montaña y otras veces en el valle. ¡Qué maravilloso es cuando estamos en la cima de la montaña! Cuando estamos en el valle podemos mirar hacia arriba sabiendo que un día estaremos en la cima de la montaña nuevamente. Tenemos los cerros, las montañas y los valles. Todos son buenos y Dios los creó para que los disfrutemos y no los odiemos.

Todo el mundo tiene que sufrir. La manera como sufrimos es una cosa individual. Te mencioné anteriormente cómo Carl (aquel hombre con el tumor cerebral) experimentaba dolores espantosos, pero los toleraba con pasión y compasión, esperando solamente a que el Señor se lo llevara a casa. No gritaba ni rechazaba a Dios, sino que llamaba a Dios mientras experimentaba dolor y sufrimiento. He visto gente que están muriendo y maldicen a Dios. Así es que tenemos dos alternativas. Una vez más, tenemos libre albedrío, entendimiento, revelación, conocimiento de la Palabra de Dios en nuestras vidas.

Un tema importante en tus enseñanzas es que debemos buscar la voluntad de Dios y vivir de acuerdo a la voluntad de Dios. ¿Tiene algún consejo para sacerdotes o laicos llamados a caminar en este camino angosto de sanación y liberación acerca de cómo quedarse en la voluntad de Dios? ¿Cómo busca usted la voluntad de Dios? ¿Cuánto tiempo le toma discernir algo? ¿Cuáles son las cosas por las que usted pasa al buscar la voluntad de Dios?

Si caminamos por el camino angosto y nuestra vida espiritual está limpia, el Señor nos habla o nos pone un pensamiento o una palabra en nuestro oído o en nuestro espíritu, y la pone frente a nosotros. Porque estamos llenos con su Espíritu y porque Él vive en nosotros, sabemos que Dios no nos va a permitir tomar la opción equivocada y que el camino que tomaremos Él lo honrará. Es muy simple para mí. Lo anormal se ha convertido en normal para mí. Para mí es sencillo seguir y escuchar (escuchar y no solo oír). Pero luego también hacer Su voluntad.

La he visto esperar, y algunas veces meses o años antes de recibir una palabra de Dios para llevar algo a cabo.

Es verdad. Él no me da paz. Experimento ansiedad o una duda incómoda y por eso oro. No me importa cuánto tiempo le va a tomar en responder. Si es verdad lo que Dios quiere que yo haga, al final del túnel, la puerta se me abrirá. Si no es lo que Dios quiere que yo haga y ya he orado mucho y la puerta no se abre entonces busco otra alternativa. Pero si es la voluntad de Dios y es su camino entonces la puerta se abrirá. De lo contrario, la puerta se cerrará y lo entenderé y después sabré por qué sucedió así.

Usted ha hablado acerca de esperar a que se abran las puertas. Mencionó anteriormente que las puertas en la Iglesia Católica se le abrieron después de haber evangelizado en las iglesias protestantes. Usted atribuyó ese hecho a la santidad y a las oraciones de su primer director espiritual. ¿Podría dar a conocer esa historia?

Los líderes de mi grupo de oración sabían que el Señor me estaba usando tanto, que ya no sólo los necesitaba a ellos, sino que ya necesitaba a un sacerdote como director espiritual. Así fue como acudí al padre Jack, asistente del pastor de mi iglesia y a quien le pregunté si podría ser mi director espiritual. Me dijo que no, porque era muy joven y no tenía mucho tiempo como sacerdote, pero me recomendó al padre Arthur, director espiritual y muy buen sacerdote. Entonces llamé al padre Arthur y le dije que el padre Jack me había enviado a él, y se emocionó cuando se enteró que yo era misionera y evangelizadora comisionada por el padre Scanlon en Steubenville, Ohio, quien oró por nosotros y nos ungió para ir a ministrar.

El se sintió feliz de ser mi director espiritual. En esa época yo había estado evangelizando en iglesias protestantes. Así es que siempre me pedía que le orara a la Santísima Virgen María para que intercediera por mí para que se me abrieran las puertas en la Iglesia Católica. Y así lo hice. De hecho, cada vez que iba a ministrar en las iglesias protestantes, en silencio en mi espíritu le oraba a la

Santísima Virgen para que intercediera por mi. Ella estaba siempre allí a mi lado intercediendo por mi.

Muchos años más tarde el padre Arthur se enfermó. La última vez que él y yo oramos juntos me aconsejó que continuara enseñando el amor de Jesús y que esperara para que el Señor abriera puertas en la Iglesia Católica. Antes de salir a Francia donde yo iba a hablar en iglesias protestantes visité al padre Arthur, pues siempre que salía de viaje acudía a él para que me bendijera. Cuando regresaba de mis viajes le contaba todo sobre los lugares y cosas que Dios había hecho a través de mí. Tan pronto como llegué a Francia, después de haber evangelizado la primera noche, mi esposo me llamó para decirme que el padre Arthur había muerto. Esa noche, durante uno de los servicios protestantes, se encontraba una mujer Católica, quien luego le comentó a su sacerdote sobre el ministerio. Al siguiente día me encontré evangelizando en iglesias Católicas.

Muchas de las iglesias Católicas se abrieron en Francia, y cuando regresé me di cuenta que fue el padre Arthur quien había intercedido ante el Trono de Dios para abrir las puertas para mí en Francia. Les agradecí profundamente a la Virgen María y al padre Arthur porque los dos fueron responsables de haber introducido el ministerio en la Iglesia Católica.

Hasta ahora nunca he tenido otro compromiso para hablar en las iglesias protestantes. Tenía muchos amigos protestantes pero esas relaciones pronto se desintegraron.

Ya no vienen mujeres protestantes a orar a mi casa como solían hacerlo. Se ha convertido en nada más que mujeres Católicas, hombres Católicos y sacerdotes Católicos de dondequiera que he evangelizado. Les he extendido invitaciones para que se hospeden en mi casa, incluso a un par de obispos. Para mí todo eso fue una señal de que el padre Arthur (su alma descanse en paz) fue el responsable por las puertas que se me abrieron para que iniciara un ministerio Católico en la Iglesia Católica.

¿Es apropiado para un laico misionero ir a Iglesias Protestantes? Sé que usted es una mujer llena de fe Católica, muy fiel al Magisterio. ¿Puede decirnos también por qué es importante llegarles a los protestantes y cómo lo hizo usted?

Yo diría que lo he hecho porque mi fe está enraizada en la Iglesia Católica. De ninguna manera, no importa cuánta atención ni cuánto trabajo estuviera haciendo en las iglesias protestantes, jamás dejaría mi fe Católica.

Para yo recomendar que alguien vaya a una Iglesia Protestante, depende de su fe y de qué tan bien cimentada esté en su propia fe y qué tanto saben de su fe Católica. Porque hay gente que son evangelizadas y lo primero que quieren hacer es alabar, adorar y predicar de Dios. Si no se les da la oportunidad dentro de la iglesia Católica, se van y la dejan por las iglesias protestantes.

Ahí hay una línea muy fina donde se tiene que tener mucho cuidado. Qué tan bien cimentado estás en tu fe y cuánta educación tienes en el ámbito espiritual? ¿Qué tanto sabes de las Escrituras y cómo las entiendes, qué significan para ti, qué significa ser Católico, sabes que es la Iglesia verdadera?

Todas mis enseñanzas las basé en Jesús, en los evangelios y en sanación y por eso les gustaba. Nunca incluí a la Santísima Virgen, aunque siempre estuvo presente conmigo. Los servicios de sanación eran muy poderosos y creo que el Señor les quería revelar que la Iglesia Católica también tiene al Espíritu Santo como lo tienen muchas de las iglesias pentecostales.

Ellos sabían que yo era Católica, nunca negué mi título de evangelizadora Católica, pero nunca enseñé nada sobre María. Sentía en mi espíritu que no era tiempo pero que mi ejemplo era importante: conocer a Jesús, conocer y vivir las Escrituras y tener los dones que ellos podían ver. Hay muchos protestantes que dicen que los Católicos no son cristianos pero ellos vieron en mí a una verdadera Cristiana. Puedo decirte con certeza que si el Señor te abre puertas y estás solida en la fe Católica no veo por qué no puedas hacerlo.

Usted llama al Espíritu Santo "el Profesor" y dice que le enseña muchas cosas durante la oración y sus experiencias en el ministerio. Pero dentro de la Iglesia Católica ¿toma también cursos de educación continua (para adultos) y de maestría con la Iglesia Católica?

Sí, me veo en la necesidad de hacerlo y nunca deberíamos dejar de aprender. El día que dejemos de aprender es tiempo de irnos al Cielo con el Señor. Cada día aprendemos algo de alguien, de una enseñanza, de una homilía, de un libro, etc. Por eso es muy importante que nos eduquemos lo más que podamos. Bendigo a Dios por darme los medios económicos para educarme y le agradezco que tengo al Espíritu Santo que me enseña cosas. He tenido experiencias teológicas muy profundas a través del Espíritu Santo, más que de los libros.

El Vaticano II llamó a los laicos a vivir sus votos de Bautismo. Cuando uno piensa en la Iglesia Católica, ya sea en sus sacerdotes, religiosas o laicos no siempre se piensa en ese espíritu de evangelización ni en el espíritu misionero. ¿Cómo podemos vivir así? A usted le preocupa mucho la batalla espiritual que existe a nuestro alrededor. ¿Cómo se debe confrontar hoy a los espíritus malos con ese espíritu evangelizador?

¡Excelentes preguntas! Te repito una vez más, tenemos que estar bien cimentados en la Palabra de Dios y buscar el deseo de hacer su voluntad en nuestras vidas, así como de permitirle guiarnos en un entendimiento profundo de las Sagradas Escrituras y en el servicio a Dios. Creo que esto es lo que los santos tuvieron en sus vidas. Mientras más buscaban, más se daban cuenta qué tan débiles somos y cuánto necesitamos de Dios-y cuando buscamos encontramos. Porque las Escrituras dicen: "Busca y encontrarás; toca a la puerta y se te abrirá." Por lo tanto debemos estar hambrientos de la Palabra de Dios, y cuando estamos hambrientos de las Escrituras y las estudiamos, entonces las empezamos a aplicar en nuestras vidas y empezamos a vivir como Dios lo había destinado.

Tan pronto como empezamos a hacer eso, los dones del Espíritu Santo se empiezan a manifestar en nuestras vidas. Es como darle una mordida a un pedazo de dulce de chocolate o comerse un maní saladito- una mordida no es suficiente. Mientras mas pruebas, mas quieres. La fe es así: aprendiendo la Palabra de Dios y aplicándola a nuestras vidas.

De todo esto surge la evangelización en el trabajo que hacemos y el deseo de servir a Dios, así como el deseo de mantener nuestros ojos puestos en la Cruz. En cuanto hacemos eso, no tenemos tiempo para ver las cosas del mundo ni los deseos del mundo. Tenemos el deseo del Espíritu, el deseo de enseñar a otros, el deseo de traer a otros a Cristo, el deseo de hacer la voluntad de Dios, el deseo de sanar a la gente a través de los dones que el Espíritu Santo ha derramado sobre nosotros.

A no ser que uno esté hambriento, uno no puede comer; a no ser que uno esté sediento uno no tiene el antojo del agua. Son los ríos de agua viva del Espíritu Santo corriendo dentro de nosotros cuando tenemos ese deseo; cuando buscamos y encontramos. Después de todo esto viene el resultado de Dios de llamarnos a ser evangelizadores y misioneros para salir al terreno ya que los terrenos están listos y esperando a los trabajadores.

Para los lectores de este libro y quienes han sido alertados por su testimonio y enseñanzas y tienen este afán que les quema sus corazones ¿en qué dirección los enviaría? ¿Cuál es el primer paso que deben seguir? Quizás van a Misa los Domingos y van a Confesión, pero ¿cuál es el siguiente paso? ¿Qué deben hacer?

Estudiar. No tratar de interpretar la Biblia por uno mismo. Estudiar la Palabra y ser un Católico Cristiano efectivo; no sólo rezando y trabajando, sino que también educándose en la fe. Tratar de aprender lo más que se pueda. Leer las vidas de los santos, leer la Biblia y el Catecismo. Hay tanto contenido substancial en el Catecismo. A mí personalmente me gusta leer el libro capítulo por capítulo. Seguir las guías del Espíritu Santo mientras se lee el Catecismo de la Iglesia Católica. Buscar a un director espiritual que los guie en la dirección correcta, y si se es soltero o soltera y se tiene ese llamado, que lo sigan, pero si se es casada y con niños pequeños, aconsejaría que se esperen hasta que los hijos "dejen el nido".

No salir a tratar de ganar almas mientras sus niños están todavía creciendo. Ese es su ministerio, ahí en casa. Evangelicen a sus hijos y a sus esposos. Cuando los hijos hayan crecido y hayan dejado el nido, entonces es tiempo de moverse a evangelizar~si el esposo está en total acuerdo. Si se está divorciada o separada, no dejar a los niños solos, si todavía forman parte de su familia en casa. Pero si se han ido, y si Dios le ha abierto puertas para salir a ministrar, entonces es tiempo o época para iniciar un ministerio y hay lugar en nuestra Iglesia para nuestro ministerio, trabajando en nuestra propia casa, en nuestro propio jardín, en la escuela, en el trabajo o en el juego, dondequiera que estemos. Siempre hay un lugar para ministrar, aun dentro de la iglesia—al entrar y al salir de la iglesia.

Usted le ayuda a las personas a encontrar su carisma cuando son llamadas por Dios. ¿Podría darnos un ejemplo de cuándo lo ha hecho?

Si, como líder me siento responsable de orar y discernir los dones que Dios le da a la gente bajo mi liderazgo. Luego extraigo esos dones y los pongo a trabajar. En cuanto los ponen a trabajar, esos dones empiezan a crecer y es bello ver a estas personas crecer en el Espíritu, e involucrarse profundamente en el trabajo de Dios, en el amor de Dios y en la oración hacia Dios. Ellos se hacen muy religiosos y esa es mi recompensa, observarlos crecer espiritualmente.

Usted pertenece a la Asociación Internacional del Ministerio de Liberación, la IAD (siglas en inglés). Ahí le han llamado a dar enseñanzas a muchos de los sacerdotes que están en entrenamiento. ¿Nos puede hablar sobre esas enseñanzas?

Introduzco las enseñanzas a algunos sacerdotes mientras compartimos en la mesa juntos y así es como doy inicio. Les menciono la oración en proxy, e inmediatamente me piden que les enseñe sobre esta oración y cómo lo hago. El Señor ha tenido mucho éxito trabajando a través de este ministerio en particular, orando en proxy, como lo mencioné anteriormente. Así es que eso es lo que les enseño y, bendito sea Dios, me siento como mosca en el pie de un elefante cuando me lo piden, porque heme ahí enseñando a los sacerdotes cómo hacer algo que ellos no sabían o no están haciendo.

Uno de los temas principales de los cuales a usted le gusta hablar es el poder del Espíritu Santo. ¿Nos puede decir de qué se trata?

Yo diría que un gran porcentaje de Católicos no usan el poder del Espíritu Santo o ni siquiera saben sobre el Espíritu Santo, ni qué es el Espíritu quien es El que nos está ayudando en este momento. Jesús dijo: "Voy a mi Padre pero les enviaré al Espíritu Santo. Él les recordará todo lo que les he enseñado. Ustedes recibirán el poder (Hechos 1:8)." Los Apóstoles se llenaron del Espíritu Santo, luego salieron a ministrar.

¿Y que de enseñar a los sacerdotes sobre el poder del Espíritu Santo?

Mis enseñanzas se basan en las enseñanzas de los Hechos de los Apóstoles y en el poder que los apóstoles tenían luego de Pentecostés. No se puede dejar al Espíritu Santo atrás porque el Espíritu Santo fue enviado por Jesús para que estuviera con nosotros en estos tiempos.

También les muestro a los sacerdotes la manifestación de los dones del Espíritu Santo; ¡no sólo les hablo sobre el Espíritu Santo, les muestro los dones del Espíritu Santo y ellos pueden ver que Él trabaja!

¿Me puede dar un ejemplo de cuándo hizo eso usted?

El Padre George es un buen ejemplo, cuando dijo que había estado evangelizando a los japoneses por 25 años y que en quince minutos yo hice lo que él no había podido hacer en 25 años. El poder del Espíritu Santo se manifestó a través de los ejemplos que él vio en mí cuando se dieron las conversiones. Ese es un buen ejemplo.

Muchos sacerdotes pasan por años de entrenamiento tomando cursos académicos, y cursos de ministerio sacerdotal. ¿Qué recomienda para el futuro del entrenamiento de sacerdotes? Si usted pudiera hacer una recomendación ¿qué cosas le gustaría que se añadieran o cambiaran en el entrenamiento de seminaristas?

En primer lugar que estudien mucho las Escrituras, más de lo que las han estudiado.

En segundo lugar, que les permitan a los laicos enseñarles sobre el poder del Espíritu Santo. Necesitan aprender cómo evangelizar a la comunidad, no sólo a predicarles. Jesús vino a sanar, no sólo a traer la salvación. Vino a sanarnos, a liberarnos y a hacernos libres. Entonces, no estamos liberando a la gente. No la estamos sanando.

Es verdad que podemos sanar a través de la Eucaristía, pero ¿cuántos sacerdotes le dicen eso a la asamblea desde el púlpito? Cuántos sacerdotes están enseñando a la gente cómo hacerla libre, o cómo caminar con el Señor?

Ellos tienen que predicar, luego tienen que enseñar y luego tienen que dar ejemplos, así como también tienen que darse cuenta que sus manos han sido ungidas. Deberían ejercitar ese gran don imponiendo manos sobre las personas.

Han estado observando a los evangelistas protestantes hacerlo desde hace mucho tiempo, o a los laicos imponer manos y orar y ven que hay resultados. Tenemos muy pocos sacerdotes que hacen eso y podría nombrarlos con una sola mano. Pero necesitamos hacer esto en todas las iglesias. Cada Misa debería ser sanación.

¿Al final de la Misa los feligreses podrían recibir el sacramento de sanación?

¡Absolutamente! ¡La imposición de manos! Y los feligreses lo sabrían y cuando estuvieran enfermos vendrían a Misa a recibir la Comunión. Después de la Misa se quedarían y el sacerdote impondría las manos sobre ellos.

¿Cree que esto debería hacerse a través del Sacramento de la Unción de los Enfermos? ¿Debería ofrecerse el sacramento en sí?

No me refiero al Sacramento de Unción de los Enfermos, sino a la imposición de manos. Es un don del Espíritu Santo. La Escritura nos dice en Marcos 16:17: "A los que crean acompañarán estos milagros: en mi nombre expulsarán demonios, hablarán lenguas nuevas, agarrarán serpientes con las manos y, si beben algún veneno no les dañará; impondrán las manos sobre los enfermos y quedarán curados." Y eso es también para nuestros tiempos.

Conocí a un sacerdote hace tiempo, quien más tarde dejó el sacerdocio. Un día me dijo que él no creía en la imposición de manos porque suponiendo que los fieles no sanaran, entonces dejarían la Iglesia. ¡Pero tenemos que recordar que nosotros no somos sanadores! Jesús y el poder del Espíritu Santo a través de nosotros son los sanadores. Dios responde a nuestras oraciones, pero a veces la respuesta no es la que nosotros desearíamos y tenemos que estar satisfechos porque se nos ha orado y porque Dios nos ha dado algo diferente.

Ahora bien, si lo que el sacerdote dijo fuera el caso, ¿qué tal de los doctores? ¿Por qué continuamos yendo al doctor si los pacientes de todas formas van a morir algún día? Por otro lado, cuando se acude a un sacerdote para recibir oración, o a una persona laica con dones de sanación y se nos ora, Dios derrama gracias sobre nosotros, es decir, bendiciones.

Tal vez la sanación que recibimos es para nuestra vida espiritual. He visto suceder esto muchas veces cuando he orado por alguien que buscaba sanación física pero no fue sanación física lo que la persona recibió, sino sanación espiritual. He visto que sucede tan seguido, que las personas aceptan la voluntad de Dios en sus vidas y son capaces de ofrecer su sufrimiento, como sacrificio para el Señor. A cambio de ello el Señor les da mucha paz, y aceptan cualquier cosa que sea la voluntad de Dios en sus vidas. Cuando dejan este mundo lo hacen con paz en lugar de pelear. Pero nunca sabemos cómo Dios va a usar esas oraciones. Por eso sé que ninguna oración se desperdicia. ¡Nunca!

¿Y qué tal los diáconos? ¿Cómo les sugiere que se preparen?

Todos ellos deberían ser evangelizadores. Deberían ministrar y sus homilías deberían ser enseñanzas. Muchas veces he ido a Misa donde he oído homilías que en realidad no era lo que quería escuchar. ¡No quiero escuchar lo que el sacerdote hacía cuando él tenía 15 años! Quiero oír lo que Dios está haciendo en las vidas de la gente hoy en día y lo que Él va a hacer mañana. ¿Cómo he de seguir a Cristo?

Personas se quejan de que los sacerdotes Católicos no son buenos predicadores. Usted enseña con el poder del Espíritu Santo. ¿Puede enseñar a predicar a aquellos que están en el ministerio de la predicación? ¿Cómo usted enseña en este mundo de ahora que esta retado por la batalla espiritual en la que estamos?

En primer lugar, yo paso entre cuatro o cinco horas ante el Santísimo Sacramento. Ayuno y preparo mi cuerpo espiritual, y después de todo esto vienen mis enseñanzas. Las preparo, pero diría que de 97% de las ocasiones Dios no utiliza lo que preparé. Es solo una guía y entonces el Espíritu Santo sólo llena el espacio en cuanto tomo el micrófono.

Las cosas que no escribo vienen solas pero salen de la preparación espiritual de mi vida. Así le doy a Dios el tiempo suficiente para que Él evangelice a mi espíritu y de esta manera cuando me pare frente a las personas, les evangelice a sus corazones y oídos; porque lo escuchan como trozo de carne que cae al estómago. No es pudín, es carne y se queda en el estómago. Le doy crédito al Espíritu Santo al más del 100% de la preparación.

Usted mencionó recientemente que en ocasiones algunos sacerdotes la recomiendan con personas que necesitan liberación, pero porque usted es persona laica y mujer estas personas rehúsan acudir a usted. También hay quienes piensan que el don de predicación les concierne solo a los sacerdotes, es decir, es una de las órdenes del sacerdocio.

Yo no predico, yo enseño, y hay una diferencia entre ambos. Yo enseño para abrir las puertas a la adoración en la Iglesia. ¡Eso lo podemos hacer! Podemos enseñar eso, de hecho, creo que las mujeres son buenas educadoras.

¿Nos puede decir cuál es la diferencia entre enseñar y predicar?

Sí. Al enseñar estás dando ejemplos, y además lo haces con tu propio ejemplo. Predicar es cuando solamente le dice a la comunidad que salgan a hacerlo. Pero nosotros debemos tener ejemplos para compartir. ¡No sólo se les dice, sino que se les demuestra!

Usted había mencionado que quería compartir la historia de un muchacho de 19 años de edad a quien usted evangelizó recientemente. ¿Podría compartir esa historia?

A ese joven me lo refirió un amigo de la familia. Había acudido a un par de sacerdotes pero no le pudieron ayudar, así es que mi amigo me lo refirió a mí. Y así tengo muchos otros casos de gente que viene a mí después de haber ido a buscar ayuda con el clero y no se les ha ayudado, por eso vienen a mi. Supongo que porque esos sacerdotes no han podido discernir sus necesidades.

Este joven veía sombras en su cuarto y veía a una persona que golpeaba las paredes. En cuanto prendía las luces, no había nadie. En cuanto las apagaba veía la sombra de un puño haciendo un hoyo en la pared. El muchacho estaba bien, no era un hombre mentalmente perturbado. Inmediatamente discerní que en su casa había malos espíritus. Si un sacerdote hubiera visto eso, probablemente lo hubiera enviado a un psiquiatra.

Por eso debemos ser capaces de discernir de qué se trata cada situación. Primero evangelicé al muchacho y lo guié por medio de la oración del "Yo pecador" y él entregó su vida al Señor. No lo envié a su casa sin antes ir yo para chequear lo que había ahí y que causaba esos problemas.

Ahora, aquí es donde un sacerdote no haría lo que yo dedico tiempo para hacer. Mi equipo de seis personas y yo tuvimos que viajar alrededor de 40 millas a su casa. Fuimos siete personas las que estuvimos presentes para orar y discernir. Mientras caminábamos orando por la casa, encontré muchas cosas que no eran del Señor. Encontré espíritus de lujuria, brujería y orgullo y los expulsé. Me di cuenta que también había revistas inapropiadas por ahí. Además este joven también estaba absorto en pornografía a través de la computadora. De la pornografía viene del espíritu de lujuria y este espíritu se manifiesta en diferentes maneras, así pues, cuando se discierne el espíritu de lujuria se tiene que continuar orando para saber de dónde viene. Al orar no se debe concentrar en una sola cosa, sino que se busca en otras áreas también. De la misma manera como los doctores examinan el cuerpo cuando hay dolor. Si el doctor no puede encontrar la causa o raíz del dolor, entonces examina otras partes del cuerpo. Lo mismo hacemos en el ámbito espiritual.

Por un período de tiempo a usted la llamaron a diferentes reservaciones indígenas alrededor del país. ¿Nos podría decir algo al respecto?

Primero te daré un ejemplo de cómo el Señor me llevó ahí. Había una mujer que trabajaba en el Departamento de Estado con problemas de todo tipo. Ahí mismo trabajaba otra mujer que me conocía y le sugirió que viniera a verme. Vino a verme y cuando oré por ella hubo resultados. Continuó viniendo cuantas veces podía a nuestras sesiones de oración los Lunes y observaba cómo mucha gente sanaba física, mental y espiritualmente en nuestro grupo de intercesión de los Lunes. Para entonces ella y yo ya nos conocíamos bien. Ella era una mujer Nativo-Americana.

Un año más tarde ella perdió su trabajo y se regresó a su reservación indígena de origen. Ahí se dio cuenta que había muchas personas que se suicidaban y otros que morían de diabetes porque sus organismos no toleraban ni la comida ni el alcohol que nosotros consumimos. Estas eran las tres aéreas donde la población de la aldea se encontraba muy enferma.

Un día me llamó para invitarme a la reservación. Ella había consultado a su sacerdote, el Padre John, y le había preguntado que si me podía invitar. El Padre John le dijo que estaba bien, y entonces fui. Visité una y otra reservación. Me la pasé toda una semana viajando del estado de Washington a Oregón hasta Idaho. En algunas de las iglesias, por que no tienen sacerdotes, ya que sólo hacen visitas una vez a la semana o una o dos veces al año, me pude quedar en la rectoría con mi asistente y la gente nos llevaba comida mientras nos hospedábamos ahí.

En algunas aéreas de la reservación había indios protestantes que venían a la iglesia Católica a pedir oración cuando se enteraban que teníamos servicios de sanación. Así fue como me introduje en las reservaciones indígenas—para la segunda o la tercera visita la gente podía ver que yo estaba ahí para ayudarlos, porque fui varias veces.

Uno de los jefes indígenas me invitó a compartir comida con él y su familia; lo que yo no sabía era que me invitaba porque deseaba que orara por toda su familia. ¡Me estaba poniendo a prueba! Por eso, después de la cena, me pidió que orara por un familiar suyo.

¡Y heme ahí, en medio de esta reservación indígena clamando y pidiendo al Espíritu Santo: "Tienes que manifestarte más fuerte que nunca para que ellos crean!"

Y efectivamente, el Señor se manifestó de manera muy profunda. Parecía que todo el que había ido a pedir sanación había sanado. Un hombre con diabetes sanó y esa fue la mayor manifestación para el jefe Indígena. Y debido a que el jefe fue testigo de esa sanción, me llamaron para que regresara nuevamente a la reservación.

Debemos poner todo en las manos del Señor. Sabemos que cuando nos paramos enfrente a predicar, enseñar u orar por alguien, es el Señor a través de nosotros usando nuestras manos y nuestra oración. No hay nada que yo haga por mí misma cuando evangelizo a los Indio-Americanos o a personas de otras nacionalidades.

PARTE IV

TESTIMONIOS

TESTIMONIO DE CONNIE

MI NOMBRE ES MARIA CONSUELO pero se me conoce cariñosamente como "Connie". Conozco a Stella desde 1988.

¿Cómo conociste a Stella?

Yo asistía al grupo de oracion de La Sagrada Familia y ella era uno de los líderes. Mi amiga Jean me pidió que fuera a un *Seminario de Vida en el Espiritu.* Yo no tenía ni idea de qué estaba pasando pero me gustaba lo que decían. Siempre sentí que habia algo más en la espiritualidad que yo no sabía. Tuve tan fuerte experiencia cuando fui bautizada en el Espíritu Santo que no pude hablar en Inglés por dos horas hasta que finalmente Stella cruzó el cuarto y dijo: "Di, 'Gracias Jesus.'"

Esas fueron las primeras palabras que dije. Siempre me encantaron sus enseñanzas. Era tanto lo que ella tenía que decir. Así fue como la conocí y de ahí en adelante, Jessie, mi esposo, llegó a ser líder del grupo de oración de La Sagrada Familia con el esposo de Stella. Eventualmente eso se acabó pero continuamos nuestra amistad. Hasta la fecha el esposo de Stella y mi esposo son amigos.

¿Por cuánto tiempo has estado en el ministerio con ella?

Creo que por 19 años. Fuimos a Europa por tres semanas en una misión. Éramos tres y evangelizamos a la comunidad local, mayormente a personas de origen Filipino y a otras de habla inglesa, aunque no sé exactamente de dónde eran.

¿Es este el viaje donde Stella dice que se le abrieron tanto las puertas de la Iglesia Católica como las de las Protestantes?

Sí. Creo que esa fue probablemente la primera. La gene de origen Filipino no tenía iglesia, por eso usaban una iglesia Polaca. Estuvimos en un cuarto pequeño la primera vez que fuimos, y fue allí donde Stella ministró a un grupo de personas y oró por ellas.

Estábamos orando por una persona cuando de repente Stella identificó en alta voz al espíritu de brujería; al mismo tiempo otras personas empezaron a liberar. Asi que tuvimos que lidiar con eso. El Monseñor, cuyos ojos se le abrieron grandemente, estaba muy sorprendido. A él también le ministramos, y había espíritus en él. Creo que eso le sorprende a la gente pero los sacerdotes también son humanos. Así es como yo lo veo, son humanos y hay cosas que suceden.

Había una persona en particular, una mujer alta y educada con un gran espíritu de orgullo. Empezamos a ministrarle a ella. Lo que yo hago es orar en lenguas y si discierno un espíritu en particular, le digo a Stella y ella discierne qué es y qué no es. Entonces ella llama al espíritu y sale de la persona.

¿Entonces sirves como persona de discernimiento?

Discernimiento y oración, oración de intercesión.

Habia esta mujer alta y ella estaba sentada en una silla. Cuando empezamos a orar se empezó a estremecer y finalmente la silla voló y ella también. No sé si era un animal o un tipo de espíritu, pero se manifestó corporalmente. Ella estaba bajo la mesa.

Creo que su actitud en general cuando primero llegó ahí era esta:

"Eso es mentira yo soy superior a eso." Pero cuando el Señor terminó con ella hasta su cara era diferente. Evangelizamos a toda la gente ahí y cuando salimos ya era tarde. El sacerdote Polaco había cerrado las rejas y todos nuestros carros se quedaron encerrados en el estacionamiento, así es que no podíamos salir.

Stella nos dijo: "Tenemos que irnos, tenemos que irnos a dormir."

Nos volteamos y oramos para que la cerradura de las rejas se abrieran y así fue, se abrieron; y fue así como todos sacamos nuestros carros de ahí. Seguramente el sacerdote Polaco se preguntó: "¿Cómo sucedió todo esto?

Más adelante fuimos a Lourdes, Francia por unos días, donde oramos. Fuimos a las baños de agua de Lourdes y de ahí fuimos a España donde ministramos casi por dos semanas. Nos hospedamos con una pareja, él de origen Filipino y ella de origen Chino. La primera vez que fuimos a ministrar había mayormente gente de origen Filipino y algunos de origen Español.

Tuvimos, sobre todo, servicios de sanación y de enseñanza. Stella empieza enseñando, luego el Espíritu Santo desea cambiar la situación o la enseñanza al servicio de sanación, o cualquier otra cosa, pero normalmente el orden es de una enseñanza, se habla con la gente y después se da el servicio de sanación. Cuando llegamos ahí supuestamente debíamos tener intérprete pero el intérprete no se presentó. Así es que se voltearon a mí y me dijeron: "Necesitamos que nos interpretes." Pero yo les dije: "¡Yo no soy intérprete!" Y por supuesto mi Español y el acento los Españoles son totalmente diferentes.

¿Tu idioma natal es el Español, verdad?

Español de México, el cual hablo fluidamente. Sin embargo, no es el mismo que el Castellano. Empecé a orar para que no tuviera que traducir y el Espíritu Santo se manifestó tan fuerte en Stella que ella entró ahi. Reunimos a toda la gente que nos iba a ayudar para que Stella orara sobre ellos y para que todo saliera bien.

Stella estaba orando cuando le presentaron a los ayudantes y les dijo: "tengo que orar por todos." Y fue como que una ola le llegó cuando empezó a tocar a la gente y ellos empezaron a caer. Estábamos parados en un escenario y la gente caia atraves de las cortinas. Todos los servidores caían, descansando en el Espíritu y caían atraves de las cortinas. Probablemente la gente se preguntaba que estaba pasando. Algunos de los encargados decían: "¡No, ahora no, ahora no, no puedes hacer eso ahora!" Pero Stella se mueve cuando el Espíritu Santo le dice que se mueva y esa ola de unción que cayó sobre ella era muy fuerte.

Stella empezó a hablar. Estaba hablando en Inglés porque yo no quería interpretar y todavía estábamos esperando al intérprete. De repente ella empezó a hablar en Español y empezó a enseñar en Español y todo el mundo le entendió. Pero lo interesante es que la gente Filipina que no podía hablar Español la oía en su idioma y yo la oí en Español! ¡Tremendo!

En otra ocasión fuimos a una iglesia donde había un sacerdote, el padre Armando, quien estaba muy impresionado y quería que Stella fuera a su iglesia. Recuerdo que era una iglesia muy grande; tú sabes qué preciosas son las iglesias en España. Cuando fuimos por la tarde estábamos orando. Fuimos a Misa y estábamos sentadas cercas del altar donde había tres sacerdotes celebrando Misa con el padre Armando.

Después de la Misa el padre Armando presentó a Stella a la comunidad. Una mujer estaba interrumpiendo la enseñanza y Stella discernió que había espíritus malos en ella. Caminó hacia la mujer para hablarle a los espíritus y empezó a pedirles que se salieran de la mujer y la mujer empezó a gritar. Entonces Stella dijo: "tienen que sacarla de la iglesia." Y así lo hicieron. Les tomó a varios hombres sacarla de ahí pues pesaba muchisimo, a pesar de que era una mujer pequeña—era peso espiritual.

También había una mujer que llevaba a su hijo y quien se encontraba muy afligida. Ella se había involucrado con un adivino. Ella pensaba que la divinacion ocultista era maravillosa porque ella decidio que habían muchas cosas correctas con eso. Así que involucró a su hijo también y por eso estaban sufriendo mucho los dos. Estaba preocupada e indecisa. Rezamos por ella individualmente y después de que oramos por ella se dió cuenta que había sido liberada. Asi que se fue a su casa y regresó de nuevo trayendo a su hijo, su esposo y sus otros hijos. Por supuesto que no pudimos orar por ellos individualmente pero estuvieron en la oración con el resto de la asamblea.

Cuando empezamos a orar por la gente, yo estaba de pie, al lado de Stella y creo que Peggy estaba parada detrás de ella, y estábamos orando. Durante todo el tiempo estuvimos orando en el Espíritu y observábamos. Algunas veces cuando Stella ora, la unción es tan fuerte que las personas abren sus brazos y pueden llegar a tumbar a Stella, así es que tenemos que agarrarles las manos para que no empujen.

Oramos por muchos de ellos, y luego esta mujer se acercó con sus hijos, y estoy segura que el Señor los tocó, pero entonces terminamos, y se había ido todo mundo y ya habíamos orado por todos. No me había dado cuenta que yo había sido ungida por el Espíritu Santo tan fuerte que de repente empecé a marearme. Yo me pregunté: "¿Qué me pasa?" No me podía sostener, así es que me caí al suelo descansando en el Espíritu. Finalmente vi un altar. Ellos tienen muchos altares en la iglesia, además del altar principal. Entonces me acerqué al altar y me arrodillé y bajé la cabeza, y para cuando abrí los ojos ya me sentía bien, pero me di cuenta que estaba bajo una unción muy poderosa.

Después de la cena nos invitaron a una reunión con la familia del sacerdote. Ahí conocimos a una pareja que tenía problemas y terminamos yendo a su casa, la cual ¡era preciosa! Oramos por su hija y nos quedamos un rato ahí y Stella oró. La pareja tenía dos hijas pero deseaban tener un hijo desesperadamente para pasarle la herencia y su apellido. Oramos por el esposo y un año más tarde supimos que habían tenido un hijo. De ahí en adelante oramos por la gente individualmente, a quienes Stella también les daba consejería. Cuando ella da consejería me siento a su lado, si ella desea que yo escuche la conversación. De lo contrario, me siento afuera de la puerta, lejos y orando en el Espíritu. Eso es lo que yo hago.

El último día que estuvimos en España fuimos a un auditorio y teníamos un intérprete. Stella empezó a dar enseñanzas. Yo estaba sentada al fondo agradeciéndole a Dios que no tuve que interpretar. Por alguna razón, mientras Stella daba la enseñanza, la intérprete no interpretaba correctamente. De repente Stella viene a la parte de atrás del auditorio y me dice: "Connie, ven aquí arriba."

Subí ahí y le dije a Dios: "Señor, no sé qué hacer. Tu sabes que no soy intérprete." Nos tomamos de los brazos, cerré los ojos y en cuanto ella empezó a hablar en Inglés yo empecé a interpretar. No sé qué dije; solo sé que estaba hablando en Español. Luego se terminó y oramos por las personas y la unción era muy fuerte. La gente venía a montones porque se pasaba la voz.

Haz acompañado a Stella a Reservaciones Indígenas. ¿Puedes darnos a conocer un incidente importante para ti?

Sí. La mujer que la invitó era una mujer Indígena. Aterrizamos en Seattle, Washington y de ahí viajamos por 13 horas para llegar a donde debimos haber aterrizado. No podíamos entender por qué había sucedido esto. Sin embargo, ella se tomo tiempo para darnos instrucciones de cómo nos deberíamos comportar con la comunidad indígena. Nos dijo todo lo que podíamos hacer y lo que no podíamos hacer y que si nos ofrecían comida la debíamos aceptar. No podíamos rechazarla, aun si hubieramos comido algo ya en otro lugar. Nos dio todas las reglas que debíamos seguir.

Llegamos a Lopwai, una Reservación en el estado de Utah donde nos hospedamos con una familia. Eran buenas personas y conversaban con nosotras. Cuando recién llegamos a Lopwai, la gente no estaba muy receptiva. Sospechaban de nosotras como lo hacen habitualmente con gente de fuera, ya que les han ocurrido muchas cosas decepcionantes a través de la historia. No confían en nadie que no sea parte de la Reservación.

Ahí en Lopwai, tuvimos un servicio de sanación y de enseñanza. Conocimos a la gente de la Reservación y había muchas caras diferentes y yo pesaba que eran preciosas. Mientras estuvimos ahí desayunamos y nos hicieron preguntas antes de siquiera tocar el tema de las enseñanzas. Querían saber quienes éramos y por qué estábamos ahí y cuáles eran nuestras credenciales.

Recuerdo que Stella nos llevó a un cuarto pequeño donde empezó a dar una enseñanza. Empezó con los niños porque todavía no habían llegado los adultos. Empezó a hablarles y a enseñarles— ella es muy buena maestra. Con una pizarra les hacía preguntas y ellos contestaban, si no sabían les enseñaba o les decía cuál era la palabra correcta.

Por ejemplo, hablaba con respecto a ser bautizado en el Espíritu y los Sacramentos de la Iglesia. Tenía dulces y si ellos contestaban correctamente les daba uno y ellos se emocionaban con esto.

Finalmente llegó toda la gente y nos desayunamos. Recuerdo que una mujer indígena se me acercó y le preguntó: "¿Qué haces aquí? A Stella le pedimos que viniera, pero no a ti."

Y le contesté: "Bueno, Stella no viaja sola. Ella siempre viaja con alguien para que le ayudemos a rezar y para que oremos por ella. Stella no debe andar sola, de esta manera ella está más segura." Así es que lo aceptaron. Logramos acercarnos a ellos y creo que rompimos la barrera gradualmente.

Mas tarde fuimos a la siguiente Reservación llamada Swan. Stella dio una enseñanza y la unción del Señor se derramó grandemente. Había un sacerdote en la Reservación. Este sacerdote era parte de la razón por la que Stella había ido ahí, ya que se había estado comunicando con él y con la mujer que nos invitó. El sacerdote estaba muy emocionado. Era Carismático, lleno del Espíritu Santo y se sentía feliz de que ella estuviera ahí.

Mientras estuvimos ahí, oramos por la comunidad, y para entonces ya había como una señal de humo. Se llamaban unos a otros y venía gente a montón. Había muchas sanaciones. Sabíamos que había cambios en la gente y que había sanaciones ocurriendo. Había sanación espiritual y emocional.

En realidad no oíamos hablar de las sanaciones hasta que nos mudábamos a la siguiente Reservación porque la gente empezaba a hablar de ello. Pasábamos de Reservación en Reservación. Para cuando llegamos a la tercera nos empezaron a llamar "las sanadoras" solo porque empezaron a creer que lo que Stella les ofrecía venia del Señor y era sanación espiritual.

Un anciano estaba enfermo y fuimos a orar por él. Cuando llegamos estaba dormido y no nos oyó llegar.

Stella dijo: "Oraremos por él de todas formas."

Le impuso las manos sobre la frente e inmediatamente algo empezó a suceder en él. Empezó a gemir y a quejarse y sus oídos se le pusieron muy rojos. Después de orar por él nos retiramos. Pero sabemos que el Espíritu Santo lo tocó sólo por la manera que reaccionó.

La otra cosa que quisiera señalar es que en los años 1800's la Iglesia envió sacerdotes Jesuitas a evangelizar a los indígenas y a convertirlos al Catolicismo. Los indígenas llamaban a los jesuitas "los hombres de vestiduras negras" porque usaban hábito negro; pero los jesuitas convirtieron a muchos indígenas y por eso ahora muchos de ellos son Católicos.

Sin embargo los indígenas están resentidos porque hay muchas iglesias pero no hay suficientes sacerdotes que les ministren. Los laicos se ministran unos a otros. Es muy, muy triste. De vez en cuando llevan gente como Stella para que les ministre y Stella les dio enseñanzas mientras estuvo ahí.

Ahora bien, si vas al pueblo cercano se ven iglesias Luteranas por todas partes. Los pueblos son muy pequeños y otras denominaciones han entrado ahí a evangelizar.

Stella ha ido varias veces a Colombia y a Sur América en misión. Tengo entendido que usted la ha acompañado a Colombia. ¿Nos puede hablar sobre el trabajo que Stella está haciendo con los huérfanos de guerra en Colombia y cómo es la pobreza en esa área?

Hay pobreza por todas partes. Cuando Stella fue una vez escuchó hablar de un orfanatorio y fue a hablar con una monja, la hermana Lucía, y le prometió que le ayudaría. Esto es en Colombia, Amrica del Sur. Cuando yo la acompañé, el orfanatorio ya estaba establecido, ya que Stella le había llevado dinero anteriormente para ayudarla. La hermana Lucía compra todo a crédito, la comida y todo lo que los niños necesitan y cuando los visitamos acepta el dinero que le llevamos para pagar la deuda. Cuando nos vamos de Colombia se empieza a endeudar nuevamente hasta nuestro siguiente viaje.

La primera vez que Stella fue los niños dormían en el piso y casi no tenían nada. Para cuando yo fui ya se les había comprado camas. Habían transferido a las niñas mas grandes a un dormitorio sólo para niñas. Asistían a la escuela y estaban a punto de comprarles uniformes. Todos estaban muy agradecidos.

Cuando Stella primero fue, los niños estaban mal vestidos—

tenían muy poca ropa. Después del segundo viaje, Stella les llevó mucha ropa y las monjas nos enviaron fotografías de los niños con la ropa nueva puesta. ¡Fue precioso! Los niños se sentían felices con sus vestidos y trajecitos nuevos. Estaban muy agradecidos. Cuando yo fui nos dijeron que estos eran niños que venían de las montañas porque los guerrilleros bajan y asesinan a los esposos y por eso el resto de la familia emigran a las ciudades. Una vez que llegan a las ciudades no hay quien les ayude, por lo tanto, construyen casas de tablones, cartón y palos; luego duermen en el piso. Las familias cocinan sobre fogatas al aire libre y sobre piedras.

En esa época la gente estaba hambrienta. Los niños podían ir al orfanatorio a comer una vez al día, luego regresaban a casa y no comían nada hasta el siguiente día.

Tenían un pequeño auditorio y nosotros fuimos ahí y Stella decidió comprarles algo de tomar mientras hablaba con ellos. Se armó un caos, pues todos, amontonados, querían algo de tomar. No están acostumbrados a recibir nada gratis. Nos tuvimos que meter en la cocina y pedirles que entraran uno por uno.

Ahí es cuando el Señor puso en el corazón de Stella que construyera una iglesia para los pobres. Se sienten muy emocionados porque dicen que las personas que van a ayudarles no son Católicas pero quieren una iglesia Católica.

También nos dimos cuenta que solamente tomaban agua una vez por semana. Llegaban
camionetas a llenar con agua sus tanques sucios. La gente iba con recipientes improvisados tratando de obtener agua para llevarla a sus chozas. La hermana Lucia trata de darles clases ahí y los niños se sientan sobre el piso. Stella tine esperanza de que si pudiéramos recaudar suficientes fondos podríamos cambiar todo eso.

Una parte interesante de la historia de la escuela es que se nos pidió que fuéramos a ministrar a un hombre adinerado, cuya esposa estaba en el hospital con cáncer. Se le había dicho que el cáncer podría estar ya ramificado y ella estaba muy nerviosa. Fuimos a orar por ella. Stella le impuso las manos y le dijo que le iba a pedir su intercesión a Juan Pablo II para que ella sanara. Oramos por ella.

Inmediatamente después fuimos a la ciudad de los pobres. Cuando Stella mencionó que quería construir una iglesia, el hombre de dinero, creo que se llamaba Juan, nos llamó y nos preguntó que si nos podíamos reunir con él. Así es que nos regresamos al hospital. Resultó que el cáncer que le encontraron a la señora estaba contenido en un tejido como si fuera un globo y por eso sólo lo tuvieron que extirpar ese "globo" y ¡todo el cáncer desapareció, fue un milagro!

¡El hombre estaba tan agradecido! El nos dijo: "Quiero hacer algo por la gente pobre."

Stella le dijo: "!Ah! Queremos construir una iglesia para los pobres." Resultó que el hombre era arquitecto. ¡Dios es maravilloso!

El hombre estaba tan emocionado. Luego fuimos a ver al Sr. Obispo. El quería saber que estábamos haciendo en Colombia. Le contamos lo que hacíamos y él nos dio su bendición. Resultó ser que Juan era muy buen amigo del Sr. Obispo. Ellos eran eran responsables de construir las iglesias en Colombia. Todo se iba arreglando conforme a los planes de Dios y no sabíamos cómo iba a terminar todo.

Cuando Stella regresó a los Estados Unidos recaudó fondos y donaciones para la construcción de la iglesia.

¿Comentó algo sobre el problema del agua?

¡Ah, por supuesto que sí! Resultó que la esposa de Juan trabajaba para la compañía de agua, de modo que le preguntamos que si podían hacer algo para obtener agua potable para esa comunidad. Ahora ellos tienen agua, llaves, tubería y todo lo demás. Las cosas iban saliendo a pedir de boca en todos los lugares a donde íbamos y siempre había gente disponible.

Como miembro del equipo del ministerio y como miembro de CWIA ¿cuál es la lección más grande que ha aprendido con Stella?

¡Dios mío! Son tantas las cosas. La lección más grande es que podemos luchar contra el enemigo, pero también que podemos evangelizar la gente. Ella es una evangelizadora y ella nos ha enseñado la forma de llegarle a la gente y a no tener miedo cuando evangelizamos. Tenemos que dar el paso con valentía, sabiendo que el Señor nos va a ayudar.

¿Cómo evangeliza usted a la gente según ella le ha enseñado?

Escucho los problemas de la gente y después, si hay una oportunidad, les ofrezco ayuda. Por ejemplo, la semana pasada me encontré con una mujer que había ido a Lourdes, Francia en 1993 (Stella me había dicho que obtuviera peticiones de la gente y las pusiera en un sobre para ella llevarlas a Lourdes. Tomamos la petición de esta mujer por su hermana). La hermana de esta mujer necesitaba un trasplante de riñón y ella misma se lo iba a donar.

Yo la vi a y le dije a Dios: "Señor, pon las palabras en mi boca" (esa es otra cosa que Stella nos ha enseñado, a pedirle a Dios que nos ayude a llegarle a la gente). Así es que eso fue lo que hice. Antes hubiera tenido miedo y no lo hubiera podido hacer.

Le pregunté que cuál era su fe. "Fui educada Luterana," ella respondió.

Le pregunté: "¿Recuerdas cuando llevé la petición de tu hermana a Lourdes?"

"Nunca lo olvidare," me dijo ella.

"¿Sabes? Podrías hacer que Nuestra Señora intercediera por tu hermana otras ves. Te puedo dar un rosario para que reces con y por tu hermana?" Le pregunté. "Así podrá meditarlo ella mientras está en casa." Continúe. "Te daré un pequeño folleto para que aprendas a rezar el rosario."

He dicho cosas como esas, cositas pequeñas. Tenemos que llegarle a la gente, estar disponibles y buscar una oportunidad, cosa para lo cual Stella es muy buena. Ella no se retracta de lo que dice. Conoce gente, les hace preguntas y "¡Zaz!" ahí va. ¿Cómo lo hace? El Señor la guía y creo que me ha ensenado a ser valiente.

¿Te consideras una persona penosa?

Si, si, lo soy.

¿Quién hubiera pensado que viajarías alrededor del mundo evangelizando?

Si, eso es bueno. ¡Sabes? ¡Dios es bueno! Pero también he aprendido de Stella que Dios provee de lo que necesitamos cuando sales a la viña del Señor a evangelizar y a ministrar a la gente. Esa es una de las lecciones que he aprendido. He aprendido mucho de ella.

No podemos luchar contra el enemigo, sino con Dios; Él nos da los dones para hacerlo por otra gente, para orar por otra gente. Hemos recibido el don de sanación, y entonces podemos salir a imponer las manos a nuestros nietos, hijos u otra gente.

Entonces, he aprendido mucho, ¡bastante! Por ejemplo, he aprendido también sobre el don de discernimiento y todos los dones del Espíritu Santo. Los frutos del Espíritu: amor y gozo, son regalos que he recibido de Dios. Stella me llevó a Medjugorje en 1991. Yo era una mujer temerosa, le tenía miedo a todo, inclusive de volar. En Medjugorje fue donde nuestra Señora me quitó el miedo a volar y el miedo a salir. Ahora puedo volar. Bendito sea Dios.

Entonces ahora que vive la Vida en el Espíritu ¿cuáles son algunos de los dones que usa diariamente por trabajar con Stella?

El don de orar en lenguas (siempre oro así), el don de discernimiento y el de gozo. Disfruto cosas nuevas y diferentes como el don de la paz, mucha paz. La paz va más allá de cualquier medida que puedas tener. Es la paz del Señor. Nosotras también recibimos el don de profecía y también lo usamos. En ocasiones puedo discernir espíritus y lucho contra los espíritus. Cuando veo que algo no está bien, empiezo a orar en el Espíritu. Una de las cosas de discernimiento es que puedo entrar a una habitación y discernir espíritus en el momento. Stella también me lo ha enseñado.

*Stella te llamó hoy para que vinieras a su casa a dar testimonio.
¿Puedes decirme lo que sucedió?*

Me llamó para decirme que tú estarías aquí y que a usted le
gustaría entrevistarme. Eso es todo lo que dijo. Pero noté esta
mañana, cuando estaba lista para venirme, que me empezaron a
llegar a la mente ciertos pensamientos. Es casi como lo que
llamarías los dardos feroces del enemigo. De repente, me llegó una
mala palabra a la mente y dije: "Rechazo cualquier imaginación que
me asalta contra la palabra de Dios, y la pongo en cautiverio por
Nuestro Senor Jesucristo."

Luego sucedió de nuevo; después otro incidente sucedió y pensé:
"Ay, Satanás, sé lo que tratas de hacer. Tratas de impedirme que
vaya. Tratas de frustrarme, y desviarme con estos pensamientos,
enojada o algo así." Porque había empezado a enojarme con mi
esposo y fue así como me di cuenta de lo que estaba pasando, sabía
que esa no era yo. Y ahí es cuando empecé a pensar: "Ah, ya sé
quién es. Es el enemigo." Ahí es cuando empecé a hablarle en el
nombre de Jesús y de repente todo se calmó. El enemigo sabe
cuándo vamos a servirle a Dios.

*En su ministerio al lado de Stella, ¿se enfrenta a la batalla
espiritual cuando va a una misión? ¿Podría darme un ejemplo?*

Estábamos una vez en una casa y nos hiban a hospedar en el
ático. Asi que comenzamos a desempacar. Había un pequeño
cuartito atrás en el ático y se suponía que yo me quedara ahí con la
conductora del coche que nos llevaba. Mientras desempacaba, sentí
la presencia del maligno. Cuando volteé, hacia la entrada de la
puerta, en mi espíritu, vi a un demonio gigante, mitad hombre y
mitad animal. Tenía pesuñas, cascos, alas, pero también tenía
brazos y uñas largas.

Cuando me di la vuelta para ir atrás al cuartito, el se alejaba,
retrocediendo, y cuando entré en el cuartito y doblé en la esquina,
ahí había oscuridad. No vi al demonio pero vi oscuridad y
definitivamente era un lugar donde no quería dormir.

Regresé a la habitación del frente y le dije a Stella: "Stella, no puedo dormir aquí, hay un demonio." Y le pregunté: "¿Puedo dormir contigo?"

Ella me respondió: "No, vámonos, no nos podemos quedar aquí."

La lección fue que no pudimos quedarnos a dormir ahí porque en esa casa había espíritus malos y era mejor que nos saliéramos. El Señor le dijo a Stella que nos fuéramos. Era la medianoche y nos tomó entre cuatro y cinco horas llegar hasta el próximo lugar. Esa noche Dios nos dio una luna llena. Atravesamos las montañas de Utah donde el paisaje era precioso, absolutamente hermoso. No parábamos de orar y orar en el Espíritu durante el camino. Así que todo funcionó perfectamente. Esa es otra cosa que he aprendido: el Señor nos sostiene en la palma de Su Mano a dondequiera que vamos. Siempre está ahí para cuidarnos, y esa es otra cosa que he aprendido de Stella. A veces nos hemos metido en líos pero Él nos ha sacado de todos. Al final todo se soluciona.

¿Nos podría contar sobre su entrevista con el Jefe Indígena?

Sí, cuando llegamos a la Reservación Swan, nos informaron que el Jefe de la tribu quería vernos. Fuimos a la casa de una persona no-Indígena casada con un Indígena, donde nos tenían preparada una preciosa recepción. Comimos mientras aprendimos algunos ritos tradicionales que ellos hacen durante las comidas. Al terminar de comer limpiaron todo y el Jefe estaba muy callado. Luego le habló a Stella y le pidió que hablara y así lo hizo. Cuando se sentó Stella, volteó su mirada hacia mí y me dijo: "Ahora habla tú."

"Está bien," le dije sin saber qué iba a decir. Yo estaba ahí para ayudar a Stella; yo no estaba ahí para hablar. De modo que dije algunas palabras y al parecer lo apreció. Además de ser Jefe también era curandero. Sospecho que nos estaba examinando porque para entonces todas las reservaciones de los alrededores le llamaban para preguntarle: "¿Quien está en el área y por que estan aqui?"

También fuimos examinadas por una curandera en una de las iglesias. Estaba ahí muy callada, no dijo mucho, pero a ella no le pareció bien que estuviéramos ahí. Definitivamente no nos quería ahí. Pude discernirlo pero no nos quedamos ahí por mucho tiempo.

El Señor nos protegió. ¡Fue un viaje precioso! Aprendí muchísimo sobre esa comunidad y su cultura. Había mucha tristeza en ese lugar. Aunque el sol brillaba, pude discernir tristeza.

Le comenté a Stella: "Es tan brillante pero tan gris a la vez." Mucha gente estaba enferma de diabetes y les habían amputado muchos miembros del cuerpo. Necesitabamos orar por mucha gente sin brazos o piernas. El espíritu de depresión se sentía en el aire, suspendido sobre toda la Reservación.

Algunas personas podrían decir que los misioneros son cosa del pasado o que la gente ya no los necesita. En su experiencia, ¿a quién considera usted misionero y cómo contestaría a esas críticas?

No estoy de acuerdo con las críticas porque hay mucho sufrimiento en la gente. La gente está espiritualmente hambrienta y emocionalmente deshecha, por muchas razones. Cuando alguien como Stella viene a ministrar a esas personas, hay esperanza. Hay vida. Eso realmente les ayuda, con esa esperanza de que pueden ser sanados. Pueden acercarse al Señor y Él lo puede hacer por ellos, tú sabes, a través de los Sacramentos de la Iglesia. Sienten mucha esperanza. Eso era obvio porque cuando empezamos a ir de lugar en lugar la gente acudía, y creo que eso sucede en todas partes.

Sin embargo, cuando la gente lee libros sobre exorcistas, les parecen libros intimidantes y se imaginan a una persona dura de pie, a gran distancia, ordenando a los espíritus que salgan de la persona afectada. ¿Cuál es su experiencia con Stella en el ministerio de liberación? ¿Qué cree que ella aporta a ese ministerio y que sirve como lección para la Iglesia?

Ella trae esperanza. Les da el amor de Dios que no experimentan de otra forma. Hay esperanza en su situación, que puede cambiar. Si trataran todo lo que pudieran, entonces se dan cuenta que es Dios quien puede cambiarlo todo. Eso es lo que ella les enseña y lo hace con bondad y amor, y con dureza, a veces, cuando la gente lo necesita. Por eso creo que los misioneros y evangelizadores son necesarios. A pesar de que podamos tener aquí toda la educación y todo lo demas, la gente siempre está sufriendo. La gente necesita al Señor y personas como Stella salen y les muestran que Dios está ahí. ¡Así es que hay esperanza! ¡Esperanza, esperanza!

Connie, hay algo más que le gustaría añadir, alguna memoria o cosa en particular que desea que los lectores sepan sobre Stella o su ministerio?

Te diré que Stella es una verdadera amiga y te diré algo más; ella ha hecho muchas cosas por mí. Mi padre murió en 1983 y fui a su casa en la Semana Santa. Llamé a Stella y le dije que iba a casa y que mi padre estaba pasando por momentos difíciles y necesitaba mucha liberación espiritual. Stella dijo: "Está bien. Estaremos en oración exactamente a las 12 en punto. Mantente alli con él a esa hora." Y así lo hice. Entonces ella habló conmigo a larga distancia a esa hora y me pidió que le pasara el teléfono a mi padre.

Stella le habló y le profetizó sobre el. Mi padre había estado pasando por momentos muy duros y como no hablaba inglés muy bien, Stella se sirvió de una intérprete para que mi padre le entendiera todo. Cuando ella terminó de orar, mi padre estaba espiritualmente tan cambiado, que no sufrió durante su muerte ni emocional ni espiritualmente. Empezó a ver ángeles. Esto fue un Lunes y el murió el Jueves de esa semana. Para el Jueves había mucha paz. Murió con mucha paz. Así es que esa es una cosa que ella ha hecho por mí. Ella hace eso por la gente, sale y si la necesitan ella está ahí.

¿Tienes otra historia que te gustaría compartir con nosotros?

Sí. Fue acerca de mi primer viaje a Colombia con Stella. Nos hospedamos con una mujer y su esposo, y la madre de la mujer vivia con ellos, y la madre tenia hermnas. Nos invitaron a la iglesia donde asistían las hermanas de la madre. El edificio era como un auditorio. Estábamos orando por la gente y entre la congregación había una niña con espíritus malos. La unción del Espíritu Santo es muy fuerte. Aveces, hacen salir manifestaciones del demonio. Ella gritaba y hacía todo tipo de cosas, así es que Stella interrumpió la oración y dijo: "Llévensela a la parte de atrás, voy a orar por ella mas tarde."

Una vez que terminamos de orar por todos los feligreses nos fuimos a la parte de atrás donde la niña estaba realmente vomitando clavos. Nos le acercamos y empezamos a orar mientras hacíamos una marcha de Jericó. Hicimos la marcha de Jericó a su alrededor porque gritaba, se trataba de avalanzar sobre nosotras y arañaba. Entonces cuando Stella finalmente la calmó, oró por ella, le impuso manos y la niña empezó a vomitar. Le salían clavos. Había una maldición que le había hecho un miembro de la familia por lo que había estado sufriendo y no podía comer. No podía hacer nada. Después de que Stella oró por ella, la niña fue liberada y quedó en completa paz. Tuvimos que orar por ella en un cuarto porque, tanto para la niña, como para el resto de la gente presente era una escena muy emocional porque este demonio gritaba, rasguñaba, arañaba y no quería salir de la niña.

Otra historia de mi primer viaje a Colombia. Ministramos a un sacerdote asignado como capellán de la fuerza Naval Colombiana, y quien también trabajaba para la diócesis. Buscó a Stella porque había escuchado hablar de su ministerio de liberación y quería hablar con ella. La rectoría en la que vivía estaba adjunta y conectada a la capilla. Lo único que tenía que hacer era abrir la puerta y ya estaba en la iglesia. Nos explicó que estaba experimentando manifestaciones demoníacas en su habitación, especialmente por la noche. Muchas veces rociaba agua bendita y oraba para combatir esas cosas. Veía sombras que se movían y escuchaba arañazos dentro de las paredes y en el techo, acompañados por sonidos que parecían como maullidos de gato. Dice que mantenía el ciborio en su habitación sobre una mesa pequeña y que oraba por mucho tiempo antes de irse a la cama.

Pero estos espíritus malignos se manifestaban y el sacerdote tenía mucho miedo de dormir. Le pidió al obispo que hiciera un exorcismo en su habitación y estuvo de acuerdo, pero después de ello las manifestaciones continuaron. Fuimos a su parroquia y la primera cosa que Stella hizo fue pedirle que le diera la historia de la capilla y la rectoría. Nos dijo que por muchos años un jefe del cartel de narcotráfico y su gente habían ocupado la academia y vivido en la rectoría. Dijo que habían sucedido muchas cosas pecaminosas en ese lugar. Cuando los echaron de ahí, La Marina tomó el lugar y lo convirtió en Academia de Entrenamiento para los marineros.

El sacerdote nos pidió que oráramos y que expulsáramos los espíritus que Stella le dijo que

habían poseído la rectoría, debido a los cárteles de drogas. Esa tarde, después de la liberación, nos dijo que las manifestaciones diabólicas habían desaparecido y que él sentía mucha paz. Estaba tan agradecido que le pidió a Stella que ministrar a los soldados y así lo hicimos y mientras ellos pedían oración, orábamos no sólo por ellos, sino también por sus familias.

El Testimonio De Rosalie

ME LLAMO ROSALIE MAINEY, soy Vice-Presidenta de *Christian Women in Action* (Mujeres Cristianas en Acción).

¿Ha viajado también con Stella como miembro del equipo de sanación y liberación?

Sí, lo he hecho en muchas ocasiones. Hubo un caso específico con una chica. Tendría unos 21 años de edad y le pasaban cosas terribles físicamente porque estaba poseída por demonios. La madre llamó a Stella frenéticamente y le dijo: "Stella mi hija va a morir, por favor tiene que ayudarnos. Ella está sufriendo terriblemente. No la podemos controlar."

Recibí una llamada para que viniera a la casa de Stella, lo cual hize, y cuando la joven llegó a la casa, su madre y dos jóvenes venían con ella. Uno de los jóvenes era su novio y el otro su hermano. No sé cuánto tiempo les tomó meterla en la casa; era muy fuerte y no quería entrar a la casa.

Finalmente la metieron pero les tomó un buen rato meterla en la capilla. Cuando finalmente la metieron a la capilla tuvieron que usar la fuerza de los dos hombres para mantenerla ahí. Stella nos pidió a mí y a Gracie que rezáramos la *Coronilla a la Divina Misericordia*. Yo no hablo Español pero oré en Inglés, mientras Gracie oró en Español. Nos la pasamos rezando *la Coronilla* una y otra y otra y otra vez.

Mientras nosotras orábamos, Stella hablaba con la madre de la chica en otra habitación para obtener más información. Luego habló con el hermano y más tarde con el novio. A Gracie y a mí nos dejaron solas con ella. Lo único que se me ocurría pensar era: "¡Señor, esta chica podría destruir todo este lugar!" Pues sé de qué son capaces los demonios. Sólo nos quedaba orar y orar y orar. No sentí miedo para nada. Luego Stella entró y le ordenó al espíritu que se callara y empezó a liberar a la joven. No sé cuánto tiempo le tomó, pero Gracie y yo solamente orábamos. También empezamos a orar en lenguas.

Cuando la liberación terminó, la jovencita era otra persona, aun las facciones de la cara. Tenía un gesto angelical en su rostro, y su madre, su hermano y su novio se sentían aliviados de ver eso. La joven salió caminando con sus propias fuerzas y aquello fue absolutamente hermoso. ¡Una transformación increíble!

¿Sabe por qué estaba poseída la muchacha y qué tipo de demonios eran?

Creo que pudo haber sido una maldición que alguien le pudo haber puesto.

¿Podría contarnos otra anécdota de batalla espiritual que usted haya experimentado durante el ministerio?

Sí, hay una historia increíble que me sucedió a mí en uno de nuestros retiros. Una vez al año, nuestro equipo se retira para estar a solas con el Señor, meditar y refrescarnos para ese año.

Ese año, Stella y yo fuimos las últimas en entrar a la casa de retiro y nuestros brazos estaban llenos de cosas que llevábamos cargando en los brazos. Stella entró a la casa primero y yo fui la última, y en cuanto empujé la puerta con el codo para cerrarla, de repente, una fuerza ajena me elevó literalmente del piso y me aventó contra Stella.

Yo no tenía control de eso. Y sé que no me resbalé, te lo puedo asegurar. Mis pies no alcanzaban a tocar el piso. Estaba suspendida en el aire, moviéndome a una alta velocidad. No podía controlar lo que me sucedía, sin embargo, me dio gusto que no golpee a Stella. En ese momento no me di cuenta qué me estaba sucediendo, solo estaba impactada por lo que pasaba y porque sucedió tan rápido.

Luego caí al piso y me dañé la rodilla. Stella y mis compañeras me ayudaron a subir las escaleras, me recostaron en la cama de la habitación y me pusieron bolsas de hielo en mi rodilla, luego Stella oró por mí. Nosotras siempre rociamos las habitaciones con agua bendita en cuanto llegamos, y así fue como lo hicimos esta vez. Yo entré en choque emocional y Stella me preguntaba: ¿Te tropezaste?," porque había un pequeño tapete al entrar por la puerta principal de la casa. Pero créeme, no me tropecé, mis pies no se apoyaban en el piso; los dedos de los pies ni siquiera tocaban el suelo.

En fin, me la pasé en choque emocional todo el fin de semana. Hicimos nuestra meditación normal, compartimos y enseñamos, y cuando regresé a casa me la pasé orando por el incidente: "Señor, qué me sucedió realmente?" Luego me di cuenta que había sido un incidente de naturaleza espiritual, ¡que algo terrible había pasado!

Recuerdo que haber visto a dos hombres salir de la casa, justo cuando llegamos nosotras; al
parecer, habían hecho reparaciones en la casa. Había algun tipo de demonio esperando justo en la puerta. Eventualmente fui al doctor para que me examinara la rodilla. Según los exámenes nada se me había roto, pero había hinchazón, por lo tanto, solamente tuve que cuidarme por un par de semanas. Le pedí a Stella que orara por mi pierna y ella me extendió la pierna para examinarla. Se dió cuenta que la pierna estaba torcida y yo no me había dado cuenta. Cuando ella oró sentí que algo se movió en la rodilla; se escuchó un pequeño crujido y, desde entonces, mi pierna quedó perfectamente. ¡Bendito sea Dios!

¿Cuando conoció usted a Stella?

La conocí en 1986 en un desayuno del comité timón de la Renovación en Falls Church, Virginia. Era un evento de la Renovación dentro de la Iglesia. Fue la primera vez que la conocí y hablaba de organizar un desayuno para mujeres Católicas. Pensé que era idea muy buena porque yo asistía a otro grupo internacional llamado *Women Aglow* (Mujeres Aglow).

Inmediatamente le dije: "Sea lo que sea que hagas yo quiero formar parte del grupo. Quiero ayudar."

Luego me dijo: "Muy bien," y tomó mi nombre y número de teléfono.

Un par de meses antes de conocerla, mi esposo y yo habíamos ido a Nuevo Orleans a una gran reunión Carismática y Stella también estaba ahí, pero como había miles y miles de personas, no logré conocerla. Así es que he sido muy honrada y bendecida al conocerla y de servir a Dios a través de su ministerio.

¿Puede hablar sobre alguna lección importante que ha aprendido de Stella sobre la batalla espiritual que nunca antes había aprendido antes de conocerla a ella o antes de pertenecer al equipo de ministerio de liberación?

Es muy interesante porque siempre pensé que yo era una niña rara, ¿vez? Siempre pude sentir la presencia demoniaca. Pero cuando era una niña nunca supe lo que era. Cuando conocí a Stella aprendí lo que era. Mi fe ha crecido tremendamente con este don. He aprendido a luchar espiritualmente. He aprendido a reconocer cosas de naturaleza espiritual mala y a orar por esas cosas y hacerme cargo de ellas.

Díganos cómo aprendió de Stell a orar.

Bueno, lo que hago es que yo uso agua bendita y aceite bendito. La oración en lenguas es muy poderosa. También sé que debo bendecir mi casa ocasionalmente. Y lo sé porque puedo percibir los malos espíritus que a veces entran a la casa. Ahora sé que debo hacerlo, lo cual no sabía antes.

Sé cómo orar por mis hijos cuando me doy cuenta que están involucrados en algo que no deberían. La oración en lenguas es una de las oraciones más poderosas que se puede hacer. Sé lo importante que es asistir a Misa diariamente y recibir la Eucaristía.

Sé que es importante estar cerca del Señor. Nuestro caminar con el Señor no es fácil a veces, pero es una conversión diaria y es algo que también he aprendido en este ministerio. Siento más compasión por la gente. Siento su dolor y sus heridas.

¿Hay algo que quiera decir, especialmente sobre lo que usted ha visto del ministerio de Stella y que tu sientas que es una lección importante que la Iglesia todavia tiene que aprender acerca de ministerio, o evangelización o trabajo misionero?

Creo que este tipo de ministerio debería ser una parte bien activa dentro de la Iglesia. Esto es lo que Jesús encomendó hacer a los apóstoles: que salieran y sanaran a los enfermos, que los liberaran, les enseñaran y les predicaran. Y esto es parte del ministerio de liberación y sanación.

No sé qué pasa con la Iglesia. Supongo que tiene que tener mucho cuidado, porque tampoco se puede tener a toda la gente haciendo lo que le plazca. Debe haber reglas. En el ministerio de liberación se tiene que saber lo que se está haciendo y con qué se está lidiando.

Pero creo que es muy importante tener más liberación y sanación, especialmente en esta época en que vivimos. El Señor está preparado, deseoso y esperando para sanarnos. No tenemos sucediendo suficientes servicios de sanación. Yo siento que es un ministerio muy importante. Somos como Cristo y sus apóstoles saliendo a ayudar a Su gente y haciendo lo que Él desea que hagamos.

Usted es una persona timida. ¿Diría que eso es un buen ingrediente para ser evangelizadora? o ¿cómo hace Dios de alguien como usted una evangelista?

Podría mirar atrás a mi infancia. Siempre fui una niña timida. Siempre tuve un espíritu muy gentil. Mi abuela me enseñó acerca de Cristo y cuando asistí a una escuela Católica con hermanas religiosas mi fe se fortaleció aún más. Sabía que El me amaba y yo lo amaba a Él y yo lo acepté a El a una edad muy temprana.

¿Entonces hay esperanza para el resto de nosotros?

Sí, sí, no tienes que ser una persona extrovertida. Yo siempre tuve una personalidad callada pero una vez que empecé a hablar sobre Cristo no podía callar.

¿Cuál es la lección más importante que ha aprendido de Stella?

Tengo que decir que la fe porque todo se deriva de la fe. Si tienes una fe fuerte, puedes hacer casi todo. Puedes avanzar y aprender más sobre el Señor. En verdad creo que es la fe lo que ayuda tanto en malos como en buenos tiempos. Creo que fe es una de las virtudes más importantes que uno debe tener, así como el amor.

Entonces usted ha aprendido de Stella lecciones de amor?

Sí, definitivamente. Ella comparte tremendo amor y compasión con toda la gente que viene a verla, con toda la gente que a quienes ella ministra. Hay en ella tremenda fe, amor y paz que solamente puede venir de Dios.

¿De qué otra manera ha aprendido de Stella además de sus enseñanzas?

Con su ejemplo. Ella da ejemplo de fe, de amor y esperanza; de la fortaleza del Señor. En realidad nunca la he escuchado hablar de algo negativo, nunca. Ella conoce al Señor tanto que literalmente lo vive y lo respira. Su puro ejemplo, aun sin sus enseñanzas, nos muestra todo lo que necesitamos saber y hacer. Cómo debemos ser buenos Católicos, buenos Cristianos, cómo debemos tratar al prójimo, como debemos lidiar con malas situaciones y como debemos orar para salir de una situación.

Me siento humilde y honrada de conocerla y de ser parte de este ministerio. Apenas lo puedo creer. Sabes, siempre me siento como una pequeñita piedra en el estanque.

¿Nos podría hablar sobre otro viaje de misión?

Si, me gustaría compartir nuestro viaje a Madrid, el cual fue realmente mi primer viaje con el ministerio de sanación. Fue alrededor de 1997. Los grupos de oración en Madrid, España le habían pedido a Stella que trajera su grupo a Madrid. Necesitaban refrescarse espiritualmente y querían que les diera enseñanzas y servicio de sanación.

De modo que viajamos a Madrid y llegamos a esta iglesia preciosa. No recuerdo su nombre. Era una iglesia enorme con una pequeña capilla en la parte de arriba. Stella me pidió que subiera al equipo a la capilla y que pasáramos tiempo frente al Santísimo en preparación para la sanación que tomaría lugar esa tarde. Stella se quedó en la iglesia mientras les daba enseñanzas a la gente.

Mas tarde, Stella me hizo una señal para que bajara con el equipo de sanación a la iglesia caminado de dos en dos en el centro del pasillo mientras que ella nos imponía manos y oraba para que la unción callera sobre nosotros antes de iniciar el servicio de sanación.

De modo que pasamos por el pasillo del centro de la iglesia, pero las personas en la iglesia no entendían lo que sucedía y ellos también empezaron a acercarse a empujones para que se les orara. En cuanto Stella empezó a imponer manos sobre el primer miembro del equipo de sanación y con la gente oprimiéndonos, alguien me empujó hacia una banca. Cuando Stella oraba por la gente, caían al piso, descansando en el Espíritu. Parecía que iban cayendo como cuando haces un efecto con el dominó, desde el frente hasta la parte de atrás de la iglesia.

Luego le hice una señal a Stella y le dije: "¡Stella, estoy aquí, en la banca, ora por mí Stella!" Entonces me impuso las manos sobre la cabeza y caí sobre la banca descansando en el Espíritu. Después de que todos terminamos de descansar en el Espíritu, Stella tomó al equipo de sanación y los colocó frente al altar de dos en dos. Mi compañera era Patt Diliberto y estábamos en el centro del altar.

Stella entonces dijo: "Está bien, procedan de esta forma: una persona va a orar y la otra impondrá las manos sobre ellos."

Las personas se acercaban para que se les orara. Luego, después de un rato nos turnamos y la persona que había estado orando al lado imponía manos y oraba.

Recuerdo a una mujer en particular que se acercó. Era doctora. Pidió oración y no hablaba mucho Inglés pero levantó la mano y dijo: "No me hagan eso a mí, no me hagan eso a mí."

Me di cuenta que ella no deseaba descansar en el Espíritu. Yo no hablaba Español pero sé que el Espíritu Santo respeta a la persona y nunca va a hacer algo que ella no desee. De modo que yo sabía que esta mujer no descansaría en el Espíritu. Procedí a orar por ella y todo resultó bien. Luego, con el transcurso del tiempo la mayoría de la gente por quien oré descansó en el Espíritu.

Después de que se le había orado a casi toda la gente, Stella dejó para el final los casos más severos: aquellos en sillas de ruedas, con bastones y muletas. Luego Stella empezó a orar por ellos. No sé cuantos pares de muletas y bastones arrojó Stella al altar, pero había mucha gente
que podía levantarse de sus sillas de ruedas y caminar–luego Stella los hacía caminar alrededor de la iglesia.

Fueron increíbles las sanaciones que tomaron lugar. Fue un momento maravilloso, y te diré que nuestro ministro de música estuvo muy bien. Estuvimos en una reunión de oración la noche anterior y el ministro de música no estaba satisfecho con la manera en que tocaron.

Stella les dijo: "necesitan pasar tiempo frente al Santísimo, ahí es donde recibirán su fortaleza. Ahí es donde se recibe la unción."

El día que se suponía que íbamos a tener el servicio mayor de sanación el ministerio de música pasó todo el día frente al Santísimo. Tú podías ver la diferencia. La música estuvo sumamente ungida esa noche durante el servicio. Me imagino que el servicio duró hasta la medianoche. ¡Fue increíble! ¡Fue increíble! La iglesia estaba llena también, absolutamente llena, hasta atrás.

Usted está involucrada en liberación usando el método que Stella usa, es decir, gente laica que la asiste, gente que se prepara con la Confesión sacramental, la Eucaristía y el ayuno. Usted ha experimentado el don del Espíritu Santo y la unción del Espíritu Santo que está presente durante una liberación. También ha asistido a conferencias con otros ministros de liberación y ha hablado a exorcistas. Muchos exorcistas quizás trabajan solos o quizás tienen un ayudante. Cuáles son algunas formas que usted cree que Stella ha enseñado a exorcistas en sus ministerios?

Stella no hace exorcismos porque esos sólo los hacen los sacerdotes, usando las oraciones de la iglesia. Stella hace liberaciones a través de la fuerza del Espíritu Santo. He notado a través de los años que nuestras liberaciones pueden ser mas rápidas cuando tenemos un grupo de gente rezando la Coronilla a la Divina Misericordia mientras el equipo que la asiste en la liberación ora en lenguas haciendo la marcha de Jericó.

Bien, estas son cosas poderosas, son oraciones poderosas. Noto que la liberación es mucho más rapida cuando tenemos todo este apoyo respaldandonos. Ahora bien, algunas liberaciones toman más de una sesión. Si vas a un médico con un problema de salud, tienes que ir más de una vez. Pues bien, la liberación es como una cirugía espiritual y quizás tengas que ir más de una vez. Pero el poder de la oración es tremendo.

¿Cree que podría ser útil para los sacerdotes tener como apoyo durante sus exorcismos a un equipo de intercesión?

Sí, si el sacerdote tuviera un equipo de intercesión (no necesariamente presente en la misma habitación, definitivamente no). Stella solamente tiene al equipo de intercesión presente en la habitación con ella durante una liberación, para ayudarle y asistirla. El resto de la gente se queda en la capilla orando. Creo que realmente ayudaría a los sacerdotes en su ministerio de exorcismos si tuvieran a algunas personas orando por ellos, ya sea en la iglesia o en la casa de alguien. Podrían reunirse como grupo para orar la Coronilla a la Divina Misericordia. Pero todos deberán haber ido a Confesión, a Misa y a Comulgar y estar en ayuno.

¿Cómo podría una persona laica asistir a los sacerdotes con el discernimiento? ¿Qué tan importantes son para Stella los asistentes de discernimiento? ¿Podría Stella discernir ella sola?

Sí, sí podría, pero muchas veces el equipo también discierne cosas que le ayudan a saber con qué está lidiando, con qué demonios está tratando o cómo debe acercarse a la personas. Eso ayuda muchísimo. Si el sacerdote no apoya esta idea, quizás podría haber alguien con él con un profundo don de discernimiento. Es un don y no toda la gente tiene este don. El sacerdote podría encontrar a alguien, a un amigo sacerdote o a alguien con muy, pero muy buen discernimiento y que sepa cómo prepararse. La preparación es muy importante.

Usted es como una madre espiritual para nuestro grupo, Christian Women in Action (Mujeres Cristianas en Acción). Ha estado involucrada en el ministerio por muchos años y está muy llena del Espíritu Santo. Ha asistido a conferencias para sacerdotes que están en el ministerio de liberación. Muchos de estos sacerdotes están en los primeros meses de su entrenamiento y necesitan aprender. Algunos de ellos solo aguantan un año o algo así debido a lo peligroso que es el ministerio. ¿Podría compartir con los lectores lo que usted cree que se necesita para educar a un buen exorcista?

Bueno, yo noto que a algunos sacerdotes que van a estas conferencias sus Obispos les acaban de decir que deben ser exorcistas para su Diócesis. En las conferencias somos instruidos por profesores y realmente siento que un exorcista nuevo necesita un entendimiento básico de lo que deben hacer. Necesitan saber cómo protegerse a sí mismos, cómo prepararse para hacer esto porque es un ministerio peligroso. Tienes que saber lo que estás haciendo. Tú sabes con quién estás tratando, con el demonio. Él es capaz de cualquier cosa. Realmente pienso que se deben tener buenas bases en el ministerio del exorcismo.

Yo puedo contarte sobre mi propio crecimiento. Yo sabía que los espíritus malos existían. Yo no sabía qué era lo que yo percibía de pequeña. A través de Stella aprendí que esto es de lo que se trataba. Puedo percibir malos espíritus en un lugar o persona. Muchos de estos sacerdotes quizás no tengan este don y tal vez necesitan a alguien que lo tenga para que les ayude en el ministerio de exorcismo. No pueden salir y empezar a hacer cosas. Necesitan saber cómo protegerse a sí mismos de lo contrario el demonio se va a reír de la persona.

Entonces, quizás un tipo de sistema de aprendizaje donde los sacerdotes pudieran trabajar junto con otros sacerdotes o gente laica un determinado tiempo antes de empezar su propio equipo. ¿Cree usted que eso sería útil?

Sí, creo que sí; necesitan algo así como un curso básico de exorcismo. El mismo demonio, o los demonios te dirán tus propios pecados. Si no has ido a Confesarte y estás ayudando en la liberación, el demonio te va a decir tus pecados.

¿Le ha sucedido eso a usted alguna vez?

No, nunca porque sé cómo prepararme. Tienes que estar limpio porque él sabe, el demonio lo sabe.

EL TESTIMONIO DE GRACIE

MI NOMBRE ES GRACIE BRYAN.

¿Desde cuándo conoce a Stella?

Desde hace como 19 años.

¿Dónde la conoció?

En su casa. Vinimos a verla a causa de mi hermana Ester. Ella estaba enferma.

¿Cuándo empezó a trabajar en el ministerio con Stella?

Bueno, casi después de un año. Cuando vine a ver a Stella por primera vez yo no conocía al Señor. Conocí a través de ella cómo realmente el Señor nos ve. Más tarde empecé como integrante del grupo.

Usted empezó como intercesora durante las liberaciones o era parte del equipo de liberación en el cuarto con ella?

Yo era parte del equipo de liberación.

¿Tiene historias especiales sobre Stella que le gustaría compartir?

Bueno hay una historia de la época en que me inicié. Invitamos a Stella a ir a Colombia, en Sur América. Yo soy de Colombia. Ella se suponía que asistiera a una reunión. La gente la estaba esperando y la estaba buscando. Pero el lugar estaba tan lleno que no podíamos ni entrar al lugar. No había forma de entrar al lugar debido a la multitud, así es que fuimos a la iglesia de al lado y empezamos a orar. La líder del grupo de oración había dicho que si Stella no llegaba a la reunión ella misma intentaría ayudarlos a todos.

Stella, algunos amigos y yo estábamos orando en la iglesia por la gente del grupo de oración cuando, de repente, Stella empezó a flotar en el aire en la iglesia, hacia el altar donde estaba una estatua de la Santísima Virgen.

¿Empezó a flotar en el aire desde su banca donde estaba hincada hasta el altar? ¿Qué tan alto estaba suspendida en el aire?

¡Ay, flotaba alto! Como diez pies (alrededor de 3 metros) de altura y a la vez se transportó hacia donde estaba el grupo de oración!

¡¿Pero flotaba frente al Tabernáculo?!

Sí, se quedó ahí. Pero personas que estaban presente en el grupo de oración vieron a Stella hablando.

¿Cuán lejos estaba el grupo de oración?

Estaba al otro lado de la calle. Yo veia a Stella flotando sobre el altar, pero una de mis amigas, quien estaba en el grupo de oracion me dijo: "¡Llegó Stella, llegó Stella!

¿Hablaste después con tu amiga sobre lo que le había pasado a Stella? ¿Ella mencionó lo que había sucedido?

Sólo dijo que Stella había estado dando enseñanzas y hablando.

¿Qué tanto duró el incidente?

Como treinta minutos.

¿Se quedó suspendida durante 30 minutos?

Sí, treinta minutos.

¿Y qué pasó después? ¿Como bajo ella?

Ella caminó de regreso.

¿Qué dijo?

Vimos su cara. Estaba radiante. La vi porque estábamos con otras dos amigas.

¿Podrías describir su cara?

¡Sí! Estaba muy brillante. Su mirada era muy dulce.

¿Entraste en choque? ¿Cómo te sentías en ese momento? ¿Sentías miedo?

Entré en choque porque para mí era la primera vez que experimentaba esto.

¿Qué te dijo cuando regresó?

Dijo: "Manténganse orando; oren, oren." Regresó y se hincó y estuvimos orando.

¿Le preguntaste más tarde si había estado dando enseñanza en el grupo de oración?

No. Sólo dijo: "Estaba orando." Pero la gente en el otro cuarto veía la cara de Stella en lugar de ver la cara de la líder del grupo de oración.

Creo que estoy un poco confundida porque ellos conocían a su líder y la ropa que llevaba ¿y aun así vieron la cara de Stella en ella en lugar de ver su cara?

¡Solo la cara! Era la cara de Stella. La gente gritaba: "Es Stella, es Stella, es Stella!"

¿Daba su enseñanza en español?

En Español. Fue un gran choque para mí; yo apenas me iniciaba en el grupo! ¡Era principiante!

Gracie ¿tienes algún don especial o lección que has aprendido durante el tiempo que llevas trabajando con Stella?

Sucedió la primera vez que conocí a Stella. Cuando me bautizó en el Espíritu Santo, estaba orando cuando de repente una luz cayó sobre mi frente. Yo gritaba, gritaba y empecé a llorar, llorar y a llorar, luego le dije: "Señor Jesús, te lo entrego. Prometo alabarte y amarte." Estaba muy emocionada y sorprendida. Empecé a cantar como soprano. ¡Fue precioso!

¿Has oído a Stella dar enseñanzas en otro idioma en un país extranjero?

En el primer grupo que llevamos a Colombia no teníamos a nadie que nos tradujera. De repente empezó a hablar con la voz de Jesús. Todos estaban en silencio escuchándola, pero su voz no era su voz; era la voz de Jesús.

¿Le hablaba Jesús a la gente?

Sí, Él nos dijo: "Mis hijos, estoy con ustedes. No tengan miedo. Siempre cuido de ustedes. Sean humildes. Ámenme, ámenme siempre." ¡Que sorpresa para mí, en mi primer viaje! ¡Dios Mío!

¿Se le quedó grabada en su mente alguna sanación?

Hubo una. Fuimos a un pequeño pueblo cerca de la ciudad y nos reunimos en una iglesia. Había una mujer con un tumor en el cerebro. Vino a ver a Stella llorando y Stella le preguntó: "¿Dónde tienes el tumor?" Ella señaló su cabeza. Stella puso su mano sobre su cabeza y de repente cayó al piso. La mujer se sorprendió y dijo: "Sentía la cabeza pesada." La pesadez había desaparecido. Fue una sanación.

¿Se fue a chequear al doctor?

Sí, pero los doctores no pudieron encontrarle nada.
También mencionaste que viste sanar a un hombre en silla de ruedas.

Eso pasó en Bogotá. Había un gran grupo de oración. Mucha gente le trajo a Stella gente enferma pero este hombre estaba en el hospital. Esperaban su muerte. Le llevaron a Stella al hospital y oró por él y le ordenó: "Estás sano. Caminarás." Todo esto en el nombre de Jesús. Ese hombre se levantó y la abrazó. Empezó a cantar y se sentía muy feliz.

TESTIMONIO DE ESTER

¿Desde cuándo conoces a Stella?

Desde hace diecinueve años.

¿Cómo la conociste?

Mi hermana me llevó a la casa de Stella en Virginia. Una mujer le dijo a mi hermana Gracie: "Es muy importante que la lleves al grupo de oración de Stella Davis."

Fuimos a verla pero fue difícil manejar ese día porque estaba lloviendo. Nos perdimos y no podíamos encontrar la casa. Llegamos tarde. Éramos las únicas dos personas Hispanas en el grupo.

Luego oró por mí y cuando oró por mí Stella empezó a llorar porque podía sentir mi dolor. Ella dijo: "Esta muchacha tiene dolor en su corazón." Entonces empezó a llorar y yo también. Sé que estaba tumbada en el piso llorando y maldiciendo a la vez. Esta era la primera vez que yo maldecía. Luego maldije otra vez y vomité.

[*Stella*: "Alguien le había hecho una maldición. Había estado enferma por mucho tiempo. Los doctores no podían encontrar nada malo en ella porque era una enfermedad espiritual. Ella fue liberada."]

Hace mucho tiempo sentí que había algo en mi oído. Pero nadie podía encontrar nada malo, ni los doctores. Me dieron medicina pero nunca me ayudó. Sin embargo, después de la liberación, me salió lo que tenía y me sentí bien. Me sentí bien y desde ese momento hasta

ahora todavía siento esa paz. Soy feliz. Luego mi vida empezó a cambiar. Empecé a sentir felicidad en la mañana. Empecé a orar en lenguas y después, poco a poco, recibí más dones espirituales.

Ester, ¿participas en su ministerio de liberación en las sesiones semanales?

Si, cuando vamos a sus sesiones cada semana sentimos mucha paz. Muchas sanaciones ocurren entre la gente. En una ocasión una pareja no podía concebir hijos. Luego Stella oró sobre el vientre de la mujer y después de un año ella tuvo un bebé. Hubo varios casos como ese.

Ella ora por algunas personas para que se casen. Sonia encontró un buen hombre y ahora tiene una gran familia. La gente llega triste y cuando sale, sale feliz y algunos desean quedarse en el grupo porque es un lugar de paz.

¿Qué regalo podrías decir que Stella te ha dado en tu vida? Me mencionaste que tú siempre has sido religiosa, pero después de conocer a Stella ¿qué sucedió?

Para mí Stella es la confirmación de que la fe es verdadera. Me ayudó a ser más fuerte en mi fe y a creer en Dios y a trabajar por y para Él. Porque para mí ella es una mujer fuerte, quien hace todo por el Señor. Me ayudó a seguir a Cristo.

¿Hay algo más que te gustaría decirnos?

Le dije a mi hermana cuando recién conocí a Stella: "No nos podemos quedar con esto para nosotras mismas."

Le pregunté a Stella si quería ir a mi tierra natal, Colombia, y ella dijo: "Sí."

Le pagamos su pasaje y nos fuimos a Colombia para que orara por toda la familia. Llevó paz y cambió a mi familia. Luego llamamos a nuestros vecinos, por quienes también oró, y a partir de ese momento, Stella empezó a regresar a Colombia.

¿Cuál es el regalo más grande que puedes decir que Stella te ha dado?

Cuando fui a la casa de Stella me di cuenta que mi vida cambió completamente porque recibí la paz que necesitaba. Después empecé a trabajar para el Señor de una manera más profunda de como lo hacía antes. Cuando voy a su casa mi corazón se siente feliz~ independientemente de lo que suceda. Tengo paz. Siempre asisto a las sesiones de Stella porque ahí encuentro al Señor.

PARTE V

HISTORIAS DE CASOS DE LIBERACIÓN

Estos son ejemplos de casos reales de liberación que se han dado en la casa de Stella Davis.

Típicamente Stella y su equipo de liberación ayunan y van a Misa antes de una liberación. Su equipo incluye a aquellos con dones de: intercesión, oración en lenguas, profecía, discernimiento y tribulación. El don de tribulación es aquel que se le da a un intercesor y quien experimenta él o ella misma la liberación de la persona a quien se está liberando. Este don se usa cuando la persona en liberación es o muy joven, débil, mayor de edad, o le da miedo experimentar una liberación por ella misma.

Las personas que vienen pidiendo liberación se entrevistan con Stella previamente y se les dice que antes de ser liberadas vayan a Confesarse y a Comulgar. Las liberaciones preceden un tiempo de oración, alabanza y adoración en la capilla de la casa de Stella. Durante la liberación otros visitantes y miembros del equipo de oración de Stella se quedan afuera del cuarto orando la Coronilla a la Divina Misericordia consecutivamente durante el tiempo que toma la liberación.

CASO #1–EMILY

Emily era una joven atractiva de casi 20 años de edad. Ella confesó que había tenido relaciones sexuales con cuatro "novios" a la vez. Stella descubrió que uno de estos novios le había hecho una maldición en el vientre. Durante las cuatro horas de liberación, Emily experimentó muchas fenomenos como: dolores similares al de un parto, se caía al piso, se contorsionaba, gritaba y le salía espuma de la boca, así como su cabeza se le torcía, es decir, su cara se le volteaba completamente hacia atrás.

De repente, Satanás mismo, usando las cuerdas vocales de Emily, grito: "Déjenme en paz, no me voy a salir." En ese momento Stella, en voz muy baja, le pidió al grupo de liberación que llamara a los miembros de *CWIA* para que la apoyaran con sus oraciones. A pesar de la imposibilidad de que Stella fuera escuchada, Satanás le grito a Stella: "¡No, no les llames!"

A la vez, el esposo de Stella estaba en el pasillo orando el rosario. Emily torcía su cabeza hacia atrás y lo veía con caras horribles.

Finalmente Emily fue liberada. Este ejemplo sirve como lección de lo que puede sucederle a una persona que comete fornicación, es decir, que tiene sexo fuera del matrimonio. Los Demonios pueden y torturan a la persona que se abre a las influencias del demonio a través de la lujuria.

CASO #2—DENISE

Denise era una joven pequeña, soltera y profesional de más de 20 años de edad. Ella se había mudado a vivir con su novio, quien a la misma vez dormía con otra mujer. Cuando Stella empezó la liberación Satanás le dijo a Stella: "No la dejaré porque ella me pertenece." Stella discernió que alguien había entregado a Denise a Satanás.

Durante la liberación Denise voló en el aire, se giró y cayó al piso de loseta golpeándolo con el puño. Stella llamó a uno de sus asistentes, un hombre de 6 pies (1.82 metros) de alto, para que tratara de levantarla pero no pudo. Denise estaba experimentando un fenómeno llamado "gran peso."

Stella y su equipo continuaban orando mientras que Denise apretaba y rechinaba los dientes. Stella podía ver que Satanás la veía a través de los ojos de la joven. Y hasta intentó golpearla y agarrarla con las manos y brazos de Denise pero Satanás no pudo tocarla.

Cada vez que Satanás trataba de hablar, Stella lo silenciaba en el nombre de Jesús. Después de esto se mantuvo en silencio por dos horas más mientras que Stella continuaba en batalla espiritual para liberar a Denise. Finalmente Denise fue liberada.

CASO #3—PHILLIP

Un familiar de este hombre profesional, Phillip, lo recomendó porque no tenía paz. No podía encontrar trabajo, y si lo encontraba, no lo podía mantener. Tenía problemas de confusión mental, por lo cual fue al doctor. Este último no encontró ningún problema físico como causa de su confusión.

Phillip se consideraba Católico pero no recordaba la última vez que había ido a Misa o que había recibido el sacramento de la Reconciliación. Le dijo a Stella que se estaba divorciando de su esposa porque ella era celosa. Admitió también que había "dormido con varias mujeres por ahí." Resulta que una de estas mujeres le había hecho una maldición. Stella le pidió que fuera a Confesarse y a Misa antes de venir a recibir liberación el Lunes.

Cuando Stella empezó a orar durante la sesión de liberación, una legión de demonios, en formas variadas, empezaron a salir de él. Había también muchos espíritus de la línea ancestral de su padre. Se dio cuenta Stella que la maldición que le habían puesto a él era que no pudiera encontrar trabajo. Stella decidió quitarle la maldición durante otra sesion.

En cierto momento Stella también discernió el espíritu de oscuridad. Le preguntó que si había embarazado a alguna mujer y la había llevado a abortar—cosa que sí había hecho. Después de la liberación Stella le dijo que regresara a su esposa y le pidiera perdón.

Sobre la Autora

Stella Davis ha estado casada durante 53 años con el Sr. John Davis, de profesión Físico de Salud. Es la madre de cuatro hijos y doce nietos. Stella Davis es la fundadora y presidente de *Christian Women in Action*, CWIA (Mujeres Cristianas en Acción), un grupo de mujeres Católicas dedicadas a ganar almas para Jesucristo, especialmente aquellas que normalmente no se han alcanado con métodos comunes de evangelización. CWIA fomenta hermandad con las personas de edad avanzada, las viudas y separadas, así como con las madres solteras y las encarceladas. El trabajo del grupo incluye encuentros, estudio de la Biblia, talleres y retiros de fin de semana para crecimiento espiritual.

Stella asistió al Instituto de Biblia de la Universidad de Steubenville, Ohio en 1980. En esa época, el padre Michael Scanlan, T.O.R. la comisionó como evangelizadora para enseñar con la Palabra de Dios. En esa época las puertas se le empezaron a abrir y el ministerio de Stella la ha llevado alrededor del mundo. Stella continúa sus estudios de maestría en teología en *Notre Dame Graduate School* (Universidad de Notre Dame), en Alexandria, Virginia.

Stella Davis es actualmente miembro de la *International Association for Deliverace*, IAD (Asociación Internacional de Liberación), en Roma, Italia. Este grupo está compuesto de sacerdotes Católicos exorcistas, así como de personas laicas y terapistas involucradas en el ministerio de la liberación. Ha pertenecido al ministerio de liberación por cuarenta y ocho años, más tiempo que nadie más dentro de la organización.

Stella es Ministro Extraordinario de Eucaristía en el hospital de Fort Belvoir, Virginia y para su propia parroquia en Alexandria, Virginia. Se ha presentado en radio y televisión Cristiana. Miles de personas se han acercado a Dios, han sido sanadas y liberadas a través de su ministerio.

PARTE VI

FOTOGRAFÍAS

Una fotografía de Stella con algunos de sus hijos y nietos. Han nacido
más nietos desde que se esta fotografía fue tomada.

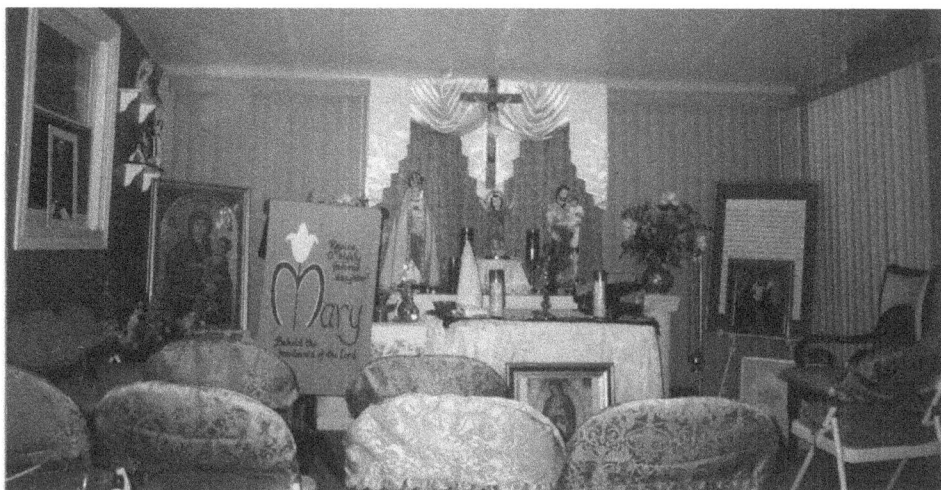

La capilla de Stella en su casa.

El equipo de liberación.

*Stella posa al lado de la estatua de San Martín de Porres en Perú.
Cuando Stella tenía 14 años de edad leyó la historia de San Martín y le
pidió a Dios que le diera una vida como la de él.*

El Padre Pío "dándome su bendición "en San Giovanni, Italia.

*El Obispo Tamayo, la hermana Luz y algunos de los huérfanos de
Barranquilla, Colombia donde CWIA está construyendo una iglesia.*

Stella con las Mujeres y Hombres Cristianos en Acción en Colombia.

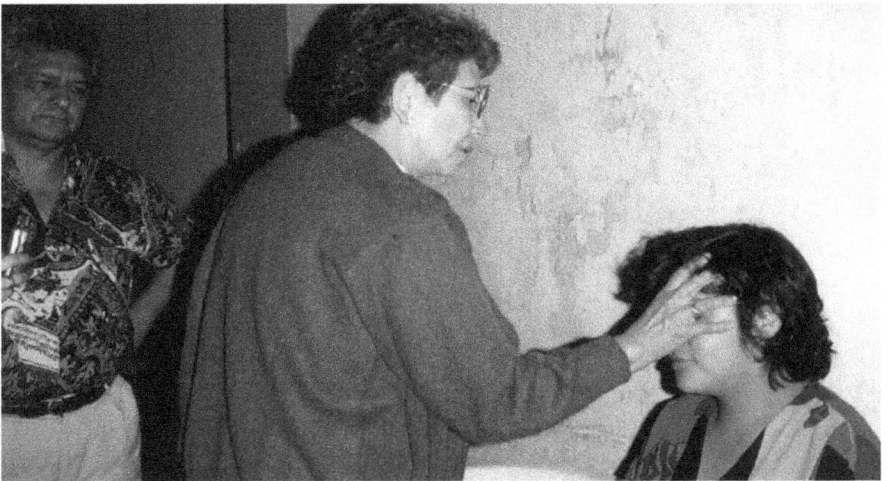

Stella orando por una mujer, quien eventualmente fue liberada, y quien había escupido clavos.

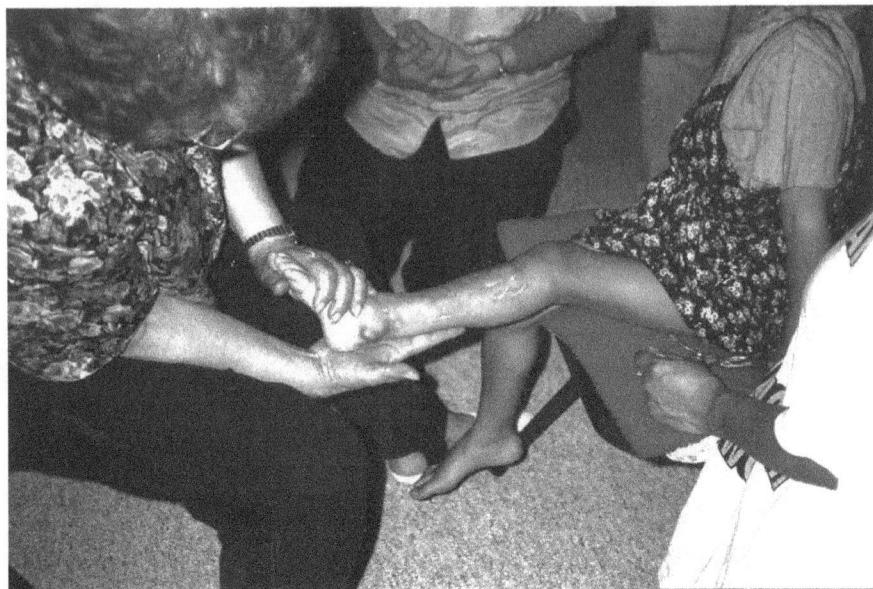

Aquí Stella ora por una jovencita con gangrena.

Stella con algunos miembros de la International Deliverance Association, IDA (Asociación Internacional de Liberación) en Roma.

Stella en Sur América sanando a un grupo de huérfanos.

Stella con una jovencita, quien la recibió cuando llegó
al aeropuerto en Japón.

Stella hablando con la ayuda de una intérprete en Japón.

El obispo Peter Baptist T. Ishigami, OFM Cap., Adeline Jenkins, y Stella en Okinawa. Adeline tenía alrededor de 80 años de edad cuando esta fotografía fue tomada. Ella viajó y tocó el piano con Stella. Su padre había sido misionero en Japón y estaba muy agradecida de que la hubieran invitado a este viaje. Dijo que le había traído muchas memorias de su padre.

Stella en Polonia con dos sacerdotes párrocos. En esa época no podía viajar abiertamente como católica pero le permitieron ir como misionera Cristiana.

Adoración y alabanzas durante una conferencia en Lima, Perú. ¡Cientos de personas se congregaron a la intemperie en un estadio adonde llegaron desde la 4:00 AM para asegurar un espacio!

Adoración y alabanzas durante una conferencia en Lima, Perú.

Stella y Sonia, su intérprete, en Lima, Perú.

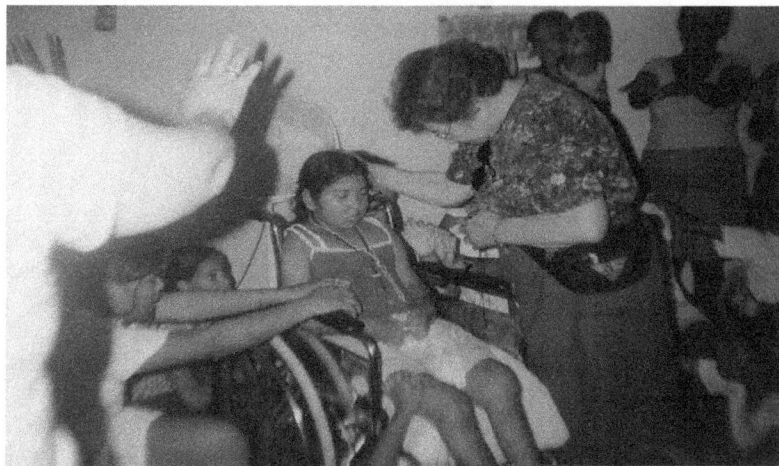

Aquí Stella ora por una niña con espalda incapacitada cerca de Lima, Perú. Stella había estado orando por sanación todo el día en el sol de Lima. Luego fue a una parroquia en las montañas. El sacerdote ahí se dio cuenta qué tan cansada estaba y le ofreció su cabaña para que descansara. La gente en el área se reunió y empezó a alabar y adorar a Dios.

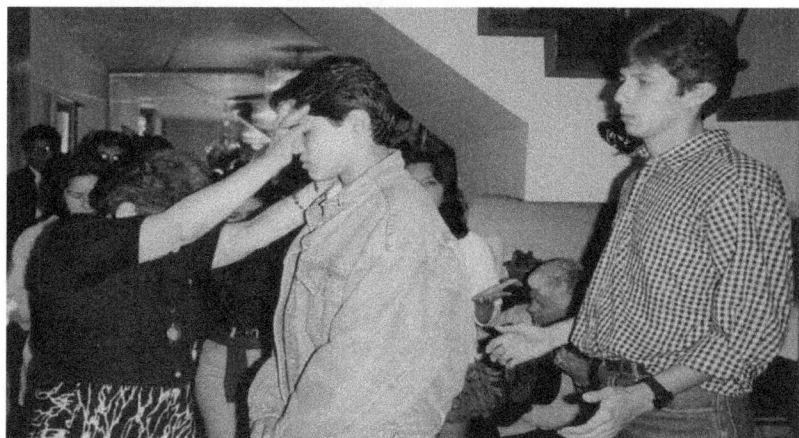

tella orando por adolecentes en Perú.

Stella con jóvenes a quienes les evangelizó en Polonia. Esta fotografía fue tomada antes de que cayera la cortina de hierro o telón de acero en Europa.

El Sr. Clinton Proctor el día de su cumpleaños celebrando sus 85 años de edad. Él siempre tenía que saber cuándo iba a salir de viaje Stella y cuándo iba a regresar para orar por ella mientras estaba fuera. Stella le dio su palabra de que estaría con él a la hora de su muerte y Dios honró su palabra.

Orando por Stella antes de dar una enseñanza en un taller
en Emmitsburg, Md.

Estas son las puertas de las rejas alrededor de una iglesia en Francia que un grupo de personas Filipinas del área habían rentado para que Stella prestara sus servicios ahí. Lo que Stella no sabía es que les habían dado instrucciones de salir a las 9:00 PM. La gente había venido de todas partes y ya eran pasadas de las nueve cuando Stella terminó. Cuando la congregación finalmente empezó a retirarse se dio cuenta que las puertas de la reja estaban cerradas con candados y no había forma de salir. Unos hombres trataron de abrir los candados usando todas las llaves que encontraron pero ninguna servía. Un hombre se le acercó a Stella y le dijo que tenía que venir a orar sobre el candado con el que estaban cerradas. Ella impuso las manos sobre uno de los candados y todos empezaron a orar. ¡El candado hizo un "clic" y cayó al piso! Inmediatamente todos se apresuraron a salir. Cuando salió la última persona, los líderes cerraron los candados por afuera. "Ya nadie será la misma persona porque todos vieron un milagro de Dios," dijo Stella más tarde.

www.ingramcontent.com/pod-product-compliance
Lightning Source LLC
Chambersburg PA
CBHW032038080426
42733CB00006B/116